SŁOWA UZNANIA I RECENZJE Z CAŁEGO ŚWIATA

„*Umysł mistrza* odsłania techniki mentalne i strategie, jakimi posługują się mistrzowie olimpijscy, aby osiągać szczyty swoich możliwości dokładnie wtedy, gdy ma to największe znaczenie. Książka doktora Afremowa to jedyny w swoim rodzaju podręcznik, który musi przeczytać każdy sportowiec i trener".

– SHANNON MILLER
złota medalistka igrzysk olimpijskich w gimnastyce artystycznej,
prezes firmy Shannon Miller Lifestyle

„Zacząłem czytać tę książkę ze szczególną uwagą, a zawarta w niej wiedza sprawiła, że do ostatniej strony nie straciłem nic ze swojego podziwu i zainteresowania. Zarówno porady, jak i wskazówki Jima są bardzo proste. Polecam czytanie tylko jednego rozdziału na raz i stosowanie zdobytych w ten sposób informacji w podejściu do tenisa, uprawiania sportu i życia".

– NICK BOLLETTIERI
założyciel i prezes Szkoły Tenisa Nicka Bollettieriego

„*Umysł mistrza* to książka o treningu mentalnym, która pomoże ci osiągnąć pełnię sportowego potencjału. Gorąco polecam tę pozycję wszystkim sportowcom i trenerom".

– JACKIE SLATER
członek Galerii Sław NFL

„Jakże niezwykłym doznaniem jest zaglądanie w głąb umysłu wybitnego sportowca! Wspaniała jest również możliwość poznania tak wielu metod, które pozwalają samemu osiągnąć podobny poziom. Lektura *Umysłu mistrza* przypomina zażycie eliksiru, który wydobywa na wierzch tę tkwiącą w każdym z nas cząstkę sukcesu".

– MORTEN ANDERSEN
jeden z najskuteczniejszych graczy w historii NFL,
dwukrotnie wybierany do zespołu gwiazd dekady (za lata 80. i 90. XX w.)

„*Umysł mistrza* to książka wypełniona wspaniałymi lekcjami, radami i strategiami dotyczącymi odnoszenia sukcesu. Z pewnością nie trzeba być sportowcem lub trenerem, aby móc z niej korzystać. Umiejętności i strategie, które opisał Jim, stanowią podstawę umożliwiającą samodzielne wytyczenie drogi do wymarzonego celu bez względu na to, w jakiej dziedzinie działasz. Przyznaję szczerze, że każdego dnia postępuję zgodnie z wieloma przedstawionymi w tej książce poradami i chciałbym wdrażać ich jeszcze więcej. Co istotne, nigdy nie jest za późno, by być tak dobrym, jak to tylko możliwe!".

– DAN JANSEN
złoty medalista igrzysk olimpijskich,
były rekordzista świata w łyżwiarstwie szybkim

„To, co zazwyczaj odróżnia największe gwiazdy od reszty sportowców, znajduje się między ich uszami. Jim Afremow wykonał świetną robotę, zgłębiając ten temat i tworząc wspaniałą książkę dla trenerów i sportowców w każdym wieku, którzy chcą poprawić wyniki na każdym poziomie zaawansowania w każdym sporcie".

— **SHAWN GREEN**
dwukrotny zawodnik meczu gwiazd MLB

„Doktor Afremow wymienia i tłumaczy wszystkie najważniejsze zagadnienia, dając czytelnikom doskonałą możliwość zapoznania się z tym, jak funkcjonuje umysł mistrza zarówno przed procesem, jak i w jego trakcie".

— **RANDY CROSS**
trzykrotny zdobywca tytułu Super Bowl

„Umysł to potężny twór. Jako zawodowy bejsbolista mogę potwierdzić, że im bardziej jestem pewny siebie i przygotowany mentalnie, tym lepiej radzę sobie w chwilach, od których przebiegu zależy najwięcej. *Umysł mistrza* pomoże ci wykorzystać swój potencjał zarówno na boisku, jak i poza nim!"

— **TRAVIS BUCK**
gracz ligii MLB, zapolowy w drużynie San Diego Padres

„To książka, którą powinni przeczytać sportowcy pragnący poznać tajniki mentalnej strony sportu".

— **CARLI LLOYD**
dwukrotna złota medalistka olimpijska,
wybrana w 2008 r. zawodniczką roku amerykańskiej federacji piłki nożnej

„Każdy zawsze może się nauczyć czegoś od innych. *Umysł mistrza* oferuje ogromną i różnorodną wiedzę o tym, jak można stać się zwycięzcą w życiu codziennym".

— **PHIL MAHRE**
złoty medalista igrzysk olimpijskich w narciarstwie alpejskim

„Sposób, w jaki doktor Afremow opisuje proces, przez który każdego dnia przechodzą wybitni sportowcy, sprawia, że czytanie tej książki okazało się niesamowitym przeżyciem. Sama doświadczyłam wielu z przedstawionych tu sytuacji. To niezwykły zbiór prostych, ale bardzo przydatnych wskazówek i zasad, które mogą pomóc poprawić twoje wyniki w sporcie".

— **BRITTA HEIDEMANN**
wybitna szpadzistka, trzykrotna uczestniczka igrzysk olimpijskich,
zdobywczyni złotego medalu na Igrzyskach Olimpijskich w Pekinie w 2008 r.

„*Umysł mistrza* to bardzo pouczająca i pełna świetnych zasad oraz wskazówek książka stworzona z myślą o każdym sportowcu, który pragnie osiągnąć doskonałość w swoich działaniach".

— **MIKE CANDREA**
trener amerykańskiej kobiecej drużyny softballowej, która w 2004 r. zdobyła złoty medal na igrzyskach olimpijskich, wraz z prowadzoną przez siebie drużyną Uniwersytetu w Arizonie jest też ośmiokrotnym zdobywcą tytułu mistrza Stanów Zjednoczonych

„Sportowcy mogą osiągnąć nowy poziom wydolności, odkrywając moc, jaką daje trening umysłu podczas treningu ciała. Od przygotowań, poprzez regenerację, aż po udział w zawodach – w tej książce znajdziesz wiele niezbędnych wskazówek dotyczących mentalnego aspektu docierania do pełni sportowego potencjału. Podręcznik doktora Afremowa na temat zwiększania siły umysłu wyznacza czytelnikowi wyraźny kierunek, po obraniu którego można stać się nie tylko lepszym sportowcem czy lepszym członkiem zespołu, ale także lepszym człowiekiem".

– CURT TOMASEVICZ
bobsleista, złoty medalista olimpijski w kategorii czwórek

„W jakimś stopniu wszyscy jesteśmy sportowcami – każdy człowiek urodził się, by biegać, skakać, pływać i rywalizować w ten czy inny sposób. Złoty medal olimpijski uważa się za największe uhonorowanie dyscypliny, zaangażowania, mocy, siły, finezji, pasji, precyzji, cierpliwości, szybkości i umiejętności, by wymienić tylko kilka z cech wyróżniających mistrzów. Dzięki strategiom Jima ty też możesz sięgnąć po złoto we wszystkich dziedzinach życia. Określ, czego chcesz, i walcz o to każdego dnia, wykorzystując wszystko, co masz do zaoferowania. Tajemnica sukcesu kryje się w codziennych aktach doskonałości. Już dziś zacznij sięgać po złoto".

– NATALIE COOK
siatkarka plażowa, pięciokrotna uczestniczka igrzysk olimpijskich,
złota medalistka Igrzysk Olimpijskich w Sydney w 2000 r.

„Chcesz dowiedzieć się, w jaki sposób najlepsi na świecie osiągnęli swój status? *Umysł mistrza* to swoisty leksykon zawierający esencję wydobytą z wielu wspaniałych historii olimpijskich, którą Jim podaje nam w postaci nieskomplikowanych, łatwych do zastosowania narzędzi. Jestem pewny, że treść tego podręcznika pomoże ci osiągnąć szczyt w twojej dyscyplinie sportu. To wiedza, która inspiruje. Dziękuję ci, Jim, za napisanie tej książki!"

– ADAM KREEK
dwukrotny uczestnik igrzysk olimpijskich,
złoty medalista olimpijski w ósemkach wioślarskich w Pekinie w 2008 r.

„Muszę przyznać, że czytając *Umysł mistrza*, przypomniałem sobie wiele momentów, sytuacji i myśli towarzyszących mi podczas przygotowań do startu na igrzyskach olimpijskich. W rezultacie zyskałem wiele nowych rozwiązań, pomysłów i wskazówek, które mogę teraz przekazać trenowanym przeze mnie sportowcom. Wybierz swoją ścieżkę i podążaj nią – każda warta wyboru droga usiana jest sukcesami i porażkami, ale wiedza zawarta w tej książce pozwoli ci na ciągłe kontynuowanie wędrówki. A umiejętność skoncentrowania się na celu pomoże ci dotrzeć na szczyt w tym, czego pragniesz".

– NICK HYSONG
złoty medalista olimpijski w skoku o tyczce

„Doktor Afremow zdobywa tą książką wielkiego szlema. Każdy sportowiec powinien trzymać ją w swojej szafce w klubie lub nosić cały czas w torbie".

— LEAH O'BRIEN-AMICO
amerykańska softbalistka, trzykrotna złota medalistka olimpijska

„Plan treningowy oraz wskazówki doktora Afremowa były ważną częścią przygotowań i sukcesu naszych zawodników podczas testu Wonderlic, będącego swoistą przepustką do gry w lidze NFL. W *Umyśle mistrza* doktor Afremow proponuje proste, a jednocześnie skuteczne strategie, które pomagają sportowcom i trenerom rozwinąć pełnię ich możliwości".

— MARK VERSTEGEN
założyciel i prezes Exos, autor książek z serii *Core Performance*

UMYSŁ
MISTRZA

JIM AFREMOW

UMYSŁ MISTRZA

JAK MYŚLĄ I TRENUJĄ
NAJLEPSI SPORTOWCY ŚWIATA

Przedmowa: Jim Craig

Przekład:
Piotr Pazdej

GALAKTYKA

Informacje zawarte w niniejszej publikacji nie mogą być traktowane jako profesjonalna porada. Nie zastępują więc odpowiedniego treningu pod okiem specjalisty, a jedynie go uzupełniają. Każdy rodzaj ćwiczeń wiąże się z ryzykiem. Wydawca stanowczo doradza czytelnikowi wzięcie pełnej odpowiedzialności za swoje bezpieczeństwo i przystąpienie do ich wykonywania wyłącznie ze świadomością własnych ograniczeń. Zanim rozpoczniesz trening, upewnij się, że sprzęt, którego będziesz używał, jest sprawny, i nie podejmuj ryzyka przekraczającego twoje doświadczenie, umiejętności, wytrenowanie oraz sprawność fizyczną. Zanim zaczniesz stosować zalecenia opisane w niniejszej książce, powinieneś skonsultować się z lekarzem i uzyskać jego zgodę.

Autor i wydawca nie ponoszą odpowiedzialności za szkody i straty powstałe w wyniku stosowania instrukcji oraz sugestii zawartych w niniejszej publikacji. Choć autorzy i wydawca dołożyli wszelkich starań, aby zawarte w tej książce informacje były rzetelne i kompletne, nie ponoszą oni żadnej odpowiedzialności za mogące pojawić się błędy, nieścisłości, przeoczenia lub niezgodności.

Adresy internetowe oraz numery telefonów podane w książce były aktualne w chwili oddawania tekstu do druku.

Tytuł wydania oryginalnego:
THE CHAMPION'S MIND
HOW GREAT ATHLETES THINK, TRAIN AND THRIVE
Copyright © 2013 by Jim Afremow
All rights reserved. Wszelkie prawa zastrzeżone.

Wydanie polskie © 2021 by Galaktyka sp. z o.o.

90-644 Łódź, ul. Żeligowskiego 35/37
tel. +42 639 50 18, 639 50 19, tel./fax 639 50 17
e-mail: info@galaktyka.com.pl; sekretariat@galaktyka.com.pl
www.galaktyka.com.pl
ISBN: 978-83-7579-834-0
Wydanie I, dodruk 2022

Konsultacja: Paweł Drużek
Redakcja: Bogumiła Widła
Korekta: Monika Ulatowska
Redakcja techniczna: Renata Kozłowska
Redaktor prowadzący: Marek Janiak

Okładka: Garamond
Skład: Garamond

Druk: Drukarnia im. A. Półtawskiego

> Pełna informacja o ofercie i planach wydawniczych:
> www.galaktyka.com.pl
> info@galaktyka.com.pl; sekretariat@galaktyka.com.pl
> Zapraszamy!

Wszelkie prawa zastrzeżone. Bez pisemnej zgody wydawcy książka ta nie może być powielana ani w częściach, ani w całości. Nie może też być reprodukowana, przechowywana i przetwarzana z zastosowaniem jakichkolwiek środków elektronicznych, mechanicznych, fotokopiarskich, nagrywających i innych.

Żonie – Anne,
i naszej córce – Marii Paz

Urodziłeś się, by grać. Miałeś tu być.
Ta chwila jest twoja.

— HERB BROOKS
legendarny trener „cudownej" amerykańskiej
reprezentacji olimpijskiej w hokeju z 1980 r.

SPIS TREŚCI

PRZEDMOWA, Jim Craig 11

WSTĘP
Jeżeli dostrzegasz wybitność, to znaczy, że masz ją w sobie 13

ROZDZIAŁ 1
Bądź swoim własnym mistrzem 17

ROZDZIAŁ 2
Doskonalenie zdolności mentalnych 43

ROZDZIAŁ 3
Bądź częścią tego, co chcesz wygrać 79

ROZDZIAŁ 4
Mądrość mistrza 105

ROZDZIAŁ 5
Ćwiczenia, odżywianie, ból, kontuzje i regeneracja 133

ROZDZIAŁ 6
Przejmij kontrolę nad swoim przeznaczeniem 159

ROZDZIAŁ 7
Zen w strefie 175

ROZDZIAŁ 8
Złote refleksje 199

ROZDZIAŁ 9
Twój mistrzowski plan 223

ROZDZIAŁ 10
Długowieczność w sporcie a sprawność umysłu 245

EPILOG
Ostateczne zwycięstwo jest twoje 259

DODATEK A
Jak być mistrzem sportu w młodym wieku 265

DODATEK B
Bądź mistrzem w spaniu 267

ŹRÓDŁA 269

PODZIĘKOWANIA 273

INDEKS 275

PRZEDMOWA
JIM CRAIG

Większość ludzi pamięta mnie jako bramkarza olimpijskiej drużyny hokejowej z 1980 roku*. Od tamtego czasu minęło już ponad 30 lat, podczas których odniosłem wiele sukcesów w branży sprzedażowo-handlowej i stałem się cenionym mówcą motywacyjnym oraz szkoleniowcem. Podróżuję po kraju, przekazując wiedzę na temat zwycięskiej pracy zespołowej i sposobów osiągania sukcesów w biznesie.

Jim skontaktował się ze mną po przeczytaniu mojej książki *Gold Medal Strategies: Business Lessons from America's Miracle Team*. Łączy ona moje wieloletnie doświadczenie w sprzedaży bezpośredniej i byciu zawodowym sportowcem z praktycznymi zdolnościami, które wykorzystałem podczas udziału w tamtym pamiętnym turnieju oraz całej mojej karierze w NHL. Jim chciał, aby moje przemyślenia znalazły się w tej książce, ponieważ zdobyłem złoty medal olimpijski i jestem doświadczonym szkoleniowcem oraz trenerem biznesowym.

Pomysł ten napełnił mnie niebywałym entuzjazmem, już od dawna zdawałem sobie bowiem sprawę z roli, jaką umysł odgrywa w dotarciu na najwyższy stopień podium. *Umysł mistrza* to książka przemyślana, wciągająca i napisana w przystępny sposób. Wszystkie rozdziały zawierają łatwe do zrozumienia przekazy i sugestie, dzięki czemu każdy sportowiec może od razu zacząć z nich korzystać.

---

* Podczas rundy medalowej Zimowych Igrzysk Olimpijskich w Lake Placid w 1980 r. prowadzona przez Herba Brooksa hokejowa reprezentacja USA pokonała drużynę ZSRR 4 : 3, czym utorowała sobie drogę do złotego medalu. Mecz ten okrzyknięty został mianem „cudu na lodzie" (przyp. red.).

Jim oferuje fachowe porady i sprawdzone techniki mentalne umożliwiające stopniowe budowanie planu poprawy, tak aby osiągnąć założone cele. Wykonał świetną robotę w zakresie nauczania. Jasno twierdzi, że każdy może zostać mistrzem we wszystkich aspektach swojego sportu, a nawet życia i działać optymalnie w najważniejszych momentach. Jego uwagi są przejrzyste i łatwe do zapamiętania.

Jestem żonaty, mamy nastoletnich syna i córkę. Oboje są bardzo aktywni fizycznie. Aby mogli zwiększyć przyjemność z uprawiania sportu i poprawić swoje wyniki, często dzielę się z nimi ulubionymi cytatami i wskazówkami dotyczącymi sportu oraz życia codziennego. Trzymam w domu słoik wypełniony małymi karteczkami, na których spisałem je wszystkie, i każdego dnia zachęcam dzieci do wyciągnięcia jednej lekcji, a następnie zastosowania jej w praktyce.

Bez względu na to, czy jesteś sportowcem, rodzicem czy trenerem, potraktuj książkę, którą właśnie trzymasz w rękach, jak swój osobisty słoik z najlepszymi wynikami. *Umysł mistrza* jest bowiem wypełniony po brzegi złotymi radami i regułami, z których będziesz raz za razem korzystać w dążeniu do osiągnięcia maksymalnego potencjału sportowego. Trzymaj więc tę książkę pod ręką – w torbie sportowej lub szafce w klubie – i sięgaj po nią zawsze, kiedy poczujesz potrzebę dodatkowej inspiracji lub będziesz chciał popracować nad swoimi zdolnościami mentalnymi. Tworzenie własnej, niezdobytej i zwycięskiej twierdzy psychicznej naprawdę może być tak proste, jak przeczytanie kilku stron tej książki przed treningiem lub podczas podróży z drużyną na kolejny mecz czy zawody.

Już dziś zacznij przekształcać swoją mentalność z dobrej na mistrzowską. Będziesz szczęśliwy, że to zrobiłeś.

WSTĘP
JEŻELI DOSTRZEGASZ WYBITNOŚĆ, TO ZNACZY, ŻE MASZ JĄ W SOBIE

Nie zazdrość mistrzom – stań się jednym z nich.

Przedstawiony w tej książce ambitny plan zawiera szczegółowe informacje, dzięki którym osiągniesz szczyt fizycznej doskonałości i zostaniesz mistrzem. Nieważne, czy jesteś uczniem szkoły średniej, studentem, czy uprawiasz sport na poziomie amatorskim albo zawodowym lub jesteś już członkiem reprezentacji swojego kraju na igrzyska olimpijskie. Zastosowanie tych informacji będzie oznaczało pełne zaangażowanie się we wszystkie obszary sportu i życia poprzez robienie tego, co ma dla ciebie największą wartość, w najlepszy możliwy sposób. Wykonanie tej pracy zapewni ci pełną gotowość do sprostania wyzwaniom w chwilach, od których będzie zależało zwycięstwo.

Pomyśl o obecnych w twoim życiu osobach prowadzących aktywny tryb życia. Tych, które szanujesz i stawiasz sobie za wzór. Jakie specyficzne cechy charakteru najbardziej cenisz u tych przyjaciół, kolegów z drużyny i trenerów? Kto, kogo znasz, ma naprawdę wysoki poziom odporności psychicznej?

Weź pod uwagę również twoich osobistych bohaterów sportowych, zarówno tych wciąż aktywnych, jak i tych, którzy zapisali się na kartach historii sportu w przeszłości – olimpijczyków, zawodowych sportowców, podróżników i miłośników sportów ekstremalnych. Którego lub których z nich darzysz największym szacunkiem i którą z ich najsilniejszych cech najbardziej podziwiasz: pewność siebie, zdolność koncentracji, opanowanie, zaangażowanie czy jeszcze coś innego?

Masz te same pozytywne, podziwiane przez ciebie cechy charakteru, które tylko czekają, aż je odkryjesz i w pełni wyrazisz. Być może widziałeś, jak w 2001 roku Tony Womack w końcówce dziewiątej rundy siódmego meczu World Series odbija piłkę rzuconą przez Mariano Riverę, miotacza Jankesów, co dało jego drużynie wyrównujące dwa punkty i umożliwiło zwycięstwo w dogrywce… Może wtedy pomyślałeś: „Chciałbym umieć tak panować nad nerwami". A może oglądałeś Tigera Woodsa kroczącego po zdobyciu kolejnego dołka w ostatni dzień turnieju U.S. Masters spokojnym, ale zamaszystym krokiem lidera i myślałeś z zachwytem: „Chciałbym być tak spokojny i pewny siebie na polu golfowym".

Jeśli potrafisz dostrzec wybitność w kimś innym, to znaczy, że sam również masz jej zalążek. Tylko ktoś obdarzony danymi cechami jest w stanie rozpoznać je u innych. Pomyśl: „Jeżeli to widzę, też to mam!".

Podziw i zazdrość to charakterystyczne dla rodzaju ludzkiego psychologiczne reakcje, które pojawiają się podczas obserwowania innych osób odnoszących ogromne sukcesy w niezwykle trudnych momentach. Te same mechanizmy mogą jednak powodować też, że inni będą sprawiać wrażenie dużo lepszych od ciebie, choć w rzeczywistości jest dokładnie na odwrót. Niestety, większość z nas zbyt szybko odrzuca myśli o tym, że może stać się takimi samymi – albo nawet większymi – bohaterami jak te podziwiane i szanowane osoby.

Zamiast tego musisz zrozumieć, że wszyscy ludzie mają więcej cech wspólnych niż takich, którymi się różnią, dzięki czemu każdy jest zdolny do osiągnięcia takiej mentalnej wybitności, jaką widzisz i doceniasz u innych. Może zamiast tylko próbować naśladować te cechy, poszukaj własnego sposobu na to, aby jak najpełniej wyrazić swoje pozytywne aspekty oraz cechy, i stań się taki, jak mistrzowie, których podziwiasz?

Życie zgodnie z takim właśnie nastawieniem i dążenie do tego, by być jak najlepszym, tworzą drogę, która pozwala na stanie się mis t r z e m – to właśnie ten rodzaj doskonałości został opisany w tej książce. Twoim głównym celem jest osiągnięcie maksymalnego potencjału sportowego poprzez rozwijanie mentalności mistrza. Parafrazując jedno z najbardziej wnikliwych stwierdzeń misia Yogi: Sport to w dziewięćdziesięciu procentach głowa, a druga połowa to wysiłek fizyczny. Jeśli chcesz mieć takie same wyniki jak najlepsi sportowcy, musisz też zacząć myśleć jak oni. Osiągnięcie tego celu wymaga programu bazującego na przygotowaniu psychicznym oraz powiązanych ze sobą umiejętnościach fizycznych, strategiach mentalnych i odpowiedniej wiedzy.

Poszczególne rozdziały podzieliłem na zwięzłe, konkretne sekcje, które opracowałem w taki sposób, aby ułatwić lekturę dzisiejszym zapracowanym i obarczonym wieloma obowiązkami sportowcom, trenerom i rodzicom. Każdy rozdział przedstawia ważne kroki prowadzące do zwycięstwa w mentalnej rozgrywce, do której masz zamiar przystąpić, dzięki czemu już od samego początku zaczniesz myśleć i działać we właściwy sposób. Wskazówki te są logicznymi, szczegółowymi technikami przeznaczonymi dla każdej grupy wiekowej i wszystkich rodzajów celów. Korzyści płynące z opanowania tych zwycięskich postaw i nawyków są też ważnymi elementami sukcesu zarówno w środowisku korporacyjnym, akademickim, jak i w życiu codziennym.

Otrzymasz także wiele wskazówek i lekcji od światowej klasy sportowców. Przeczytasz przemyślenia złotych medalistów, którzy dzięki mistrzowskiej mentalności zdołali wyjść zwycięsko z olimpijskiego ognia. Książka przedstawia dziewięć złotych refleksji, na które składają się osobiste i poruszające wyobraźnię historie opowiedziane przez wybitnych mistrzów i mistrzynie, którzy swoje triumfy święcili podczas letnich i zimowych igrzysk. Każda z tych osobistości prezentuje indywidualne nastawienie, którym kierowała się najpierw podczas treningu, a następnie w trakcie rywalizacji o olimpijskie złoto. Nauczysz się myśleć, czuć i zachowywać jak mistrz, co zbliży cię do osiągnięcia największych celów – sportowych lub związanych ze sprawnością i zdrowiem.

Informacje i sugestie zawarte w tej książce opierają się na rzetelnych opracowaniach naukowych oraz najnowszych wynikach badań z zakresu psychologii sportu i aktywności fizycznej. Część z nich to również moje własne, obszerne, sprawdzone i wyselekcjonowane doświadczenia, które zyskałem w czasie pracy zawodowej. Polecam czytanie jednego rozdziału – lub sugestii – każdego dnia, bo łatwiej w ten sposób całkowicie przyswoić zawartą w nim wiedzę. Znajdziesz się wtedy na drodze do wykorzystania swojego najprawdziwszego i najpełniejszego potencjału. Staniesz się swoim własnym mistrzem.

Czas na igrzyska!

ROZDZIAŁ PIERWSZY

BĄDŹ SWOIM WŁASNYM
MISTRZEM

> Nastawienie, z jakim podchodzimy do danej sytuacji,
> może zdecydować o tym, czy odniesiemy sukces,
> czy poniesiemy dotkliwą porażkę.
>
> — PEYTON MANNING

Co w świecie sportu odróżnia kilku najlepszych od całej rzeszy pozostałych? Mentalność. Znaczenie psychiki w sporcie zostało kiedyś znakomicie podsumowane przez legendę koszykówki Kareema Abdula-Jabbara: „Twój umysł jest tym, co sprawia, że wszystko inne działa". A wybitny tenisista Novak Djokovic dodaje: „[Pomiędzy] setką najlepszych graczy nie ma dużej różnicy fizycznej...To psychiczna zdolność radzenia sobie z presją do grania na najwyższym poziomie w odpowiednich momentach".

Zatem największe znaczenie ma to, co dzieje się w twojej głowie. Same tylko zdolności fizyczne rzadko przekładają się na lepsze wyniki sportowe. Nawet obdarzeni naturalnym talentem sportowcy potrzebują ponadprzeciętnych sił fizycznych i psychicznych, aby móc wykorzystać cały swój potencjał. Tajemnicą stojącą za ich wspaniałymi osiągnięciami nie są ani wrodzone uwarunkowania fizyczne, ani doskonałe opanowanie techniki. Tajemnica tkwi w ich umysłach.

Najlepszych sportowców często wyróżnia się (szczególnie chętnie robią to media), wykorzystując do tego niepowtarzalne cechy, jakimi obdarowała ich natura. Na przykład Michael Phelps, najwybitniejszy zawodnik w historii pływania, ma rozpiętość ramion równą rozpiętości skrzydeł albatrosa, gwiazda tenisa Roger Federer może poszczycić się wyczuciem czasu i ruchu tak precyzyjnym, jakimi charakteryzują się najlepsze szwajcarskie zegarki, a najszybszy człowiek świata Usain Bolt zbudowany jest z przypominających działaniem błyskawice szybkokurczliwych włókien mięśniowych.

Jednak tym, o czym mówi się zdecydowanie za mało, jest fakt, że wszystkie te naturalne możliwości zostały wzmocnione za pomocą siły umysłu oraz etyki pracy. Jeśli aspirujesz do bycia mistrzem, nie daj się oczarować blaskowi doskonałości tych herosów – pamiętaj natomiast o tym, że oni również musieli spędzać tysiące godzin w basenie, na boisku i na bieżni, aby rozwinąć swoje ciała i ukształtować umysły.

Długodystansowy biegacz, Paavo Nurmi, nazywany „Latającym Finem" zdobywca dziewięciu złotych medali olimpijskich (w tym pięciu na Igrzyskach Olimpijskich w Paryżu w 1924 roku), stwierdził: „Umysł jest wszystkim. Mięśnie to tylko kawałki gumy. Wszystko, co osiągnąłem, to zasługa mojego umysłu". Ty również możesz rozwijać zdolność do osiągnięcia stanu koncentracji i samodyscypliny potrzebnych do uprawiania sportu, mając umysł działający na poziomie mistrzowskim. Umiejętności psychiczne takie jak pewność siebie, skupienie i opanowanie są niezbędne, aby stać się najlepszym we wszystkim – czy to w pracy zawodowej, sporcie, czy w obu tych obszarach.

W przeciwieństwie do zdolności fizycznych poziom zdolności mentalnych może zmieniać się z sekundy na sekundę, ponieważ umysł jest wrażliwy na presję założonego wyniku i wymagania wynikające z danej sytuacji. To naprawdę tak właśnie działa i dlatego powierzanie swojego wyniku przypadkowi jest błędem. Podobnie jak w przypadku siły fizycznej, siłę mentalną również można rozwijać poprzez trening. Sprawność umysłowa musi być ćwiczona i rozwijana w zaplanowany, ukierunkowany sposób, abyś wszystkie swoje działania mógł wykonywać na mistrzowskim poziomie.

Stań się mistrzem. Wszyscy – niezależnie od uprawianego sportu czy aktywności fizycznej – doświadczamy podobnych trudności i stawiamy czoła równie ogromnym wyzwaniom w dążeniu do doskonałości. Abyś w ogóle miał szansę zostać mistrzem, twoje prawdziwe, najlepsze „ja" musi stać się warunkiem osobistej i sportowej doskonałości. Podobnie jak my wszyscy, tak i ty wiesz doskonale, że tylko ci zawodnicy, którzy myślą o złocie i nigdy nie zadowalają się srebrem, będą nadal przeć dalej tak długo, aż w końcu osiągną swój najwyższy (lub złoty, jeżeli jest im pisany) poziom. Mistrz s p r a w i a, że wybitność ma szansę zaistnieć, mimo że z początku się to wydaje niemożliwe do osiągnięcia.

Oczywiście większość z nas nigdy nie wystąpi na igrzyskach olimpijskich i nie zarabia na życie uprawianiem sportu. Ale każdy sportowiec jest w stanie wypracować odpowiednią mentalność. Każdy z nas potrafi osiągnąć najwyższy poziom w życiowej grze, docierając do szczytów własnych możliwości. Da się walczyć o to, by być najlepszą wersją samych siebie. A kiedy na drodze pojawią się przeciwności losu, każdy z nas potrafi zachować się jak „zawodowiec". I wykrzesać taką determinację, silną wolę oraz mentalność, które będą pchały do przodu. Naprawdę każdy człowiek może zacząć stosować mistrzowskie podejście.

Część tego procesu wymaga umiejętności ciągłego podtrzymywania zapału do nauki i rozwoju oraz podejmowania dobrze zaplanowanych, rygorystycznych działań, które pozwolą na dokonanie trwałych zmian w całym życiu.

Niestety tylko niewielu ludzi dociera na poziom sportowej doskonałości pozwalający im wziąć udział w igrzyskach olimpijskich lub żyć z uprawiania sportu. Jeszcze smutniejsze jest jednak to, iż tak niewiele osób zdobywa się na odwagę, by rzucić sobie wyzwanie i ostatecznie wygrać rozgrywkę o najlepszą wersję samego siebie. Wiem, jak trudno jest zaakceptować tę prawdę, ale jeśli to zrobisz i wystarczająco mocno będziesz pragnął odnosić kolejne zwycięstwa w życiu, to ruch jest po twojej stronie. I teraz pojawia się pytanie: podejmiesz grę czy się wycofasz?

Zrozum, że różnica pomiędzy wyniesieniem śmieci a dotarciem do granic własnych możliwości zaczyna się od stanu twojego umysłu i na nim się kończy. Jak już wiesz, każdy z nas p o t r a f i nauczyć się myśleć jak mistrz, istotną kwestią jest to, czy t a k s i ę s t a n i e. Przyjęcie zwycięskiego sposobu myślenia ułatwi osiągnięcie najlepszych możliwych wyników w wybranej dziedzinie i odniesienie sukcesu wtedy, gdy będziesz chciał tego najbardziej. Masz ukryty potencjał, który możesz wykorzystać, aby uwolnić swojego wewnętrznego mistrza.

Zwycięska mentalność odblokowuje fizyczne zdolności podczas rywalizacji. Mistrzowie rozwijają i utrzymują całościowe – obejmujące nie tylko ciało, a l e r ó w n i e ż umysł – podejście do wszystkiego, co ma wpływ na to, jak wypadną podczas zawodów. To właśnie jest idealne połączenie mentalności, wytrenowania i techniki. Z entuzjazmem wykorzystują każdą sytuację, konsekwentnie wykonują ciężką pracę i bez wahania poświęcają dodatkowy czas na realizację swoich celów.

Przygotuj swoje sportowe CV. Jako sportowiec powinieneś dysponować czymś w rodzaju raportu o samym sobie. Przy jego tworzeniu musisz szczerze uwzględnić wszystkie aspekty swojego przygotowania i poziomu zaawansowania. Zacznij od zastanowienia się nad sferą psychiki, poziomem sprawności fizycznej, techniką i strategią. Jak sam oceniasz siebie w tych czterech obszarach? A jak oceniłyby cię inne osoby? Zawsze podchodź do wszystkiego z optymizmem, ponieważ negatywne nastawienie, niewystarczające zaangażowanie lub niechęć do poprawy swojej kondycji, techniki i strategii spowodują, że zamiast na podium, skończysz na trybunach.

Tabela 1 pokazuje, że mistrzów charakteryzuje nieustanne dążenie do osiągnięcia jak najlepszego poziomu poprzez poprawianie takich cech, jak nastawienie, kondycja fizyczna, technika i strategia. Nawet jeśli jesteś wybitnym, obdarzonym naturalnym talentem sportowcem, wciąż musisz wypracować tę zdolność, a następnie umiejętnie ją wykorzystać. Nawet gdy jesteś członkiem zwycięskiego zespołu, nadal musisz przeć do przodu i wierzyć, że możesz być jeszcze lepszy. „Żaden trener czy zespół nie myślą w kategoriach szczęścia lub wygody – takie pojęcia w ogóle nie istnieją. Ciągle rywalizujesz, realizujesz plan i starasz się poprawić. To, czy twój wynik jest najlepszy, czy najgorszy, nie ma żadnego znaczenia" – powiedział Gregg Popovich, główny trener San Antonio Spurs, jednej z drużyn NBA, amerykańskiej ligi zawodowej koszykówki.

Który poziom pragniesz osiągnąć: brązowy, srebrny czy złoty? Bez względu na aktualny stan wytrenowania, nigdy nie zapominaj o tkwiącej w tobie zdolności do stania się mistrzem zarówno w sporcie, jak i w życiu. Stać cię na znacznie więcej. Możesz zrealizować swój prawdziwy potencjał. Możesz mieć duży wpływ na swoje własne życie, wystarczy jedynie, abyś zmienił tkwiące w tobie przekonania i oczekiwania co do własnych możliwości. Nastawienie to decyzja. A także wyuczone zachowanie, którego ciągłe podtrzymywanie wymaga dyscypliny i energii.

Aby osiągać wyniki na poziomie mistrzowskim, konieczne jest wyobrażanie sobie złota jako oficjalnego koloru doskonałości. Przyjrzyj się swoim życiowym i sportowym staraniom przez okulary ze szkłami koloru złota. Wyobraź sobie złoto jako nagrodę, kolor podjętych działań lub zachętę do podkreślenia swoich najlepszych cech i osiągnięć. Mistrz olimpijski w zapasach Jordan Burroughs mawiał: „Wszystko, na co patrzę, ma barwę złota". To jego mantra. Bądź jak Burroughs, szukaj pozytywnej strony każdego wydarzenia i zawsze dąż do osiągnięcia jak najlepszego wyniku.

Bez względu na to, czy jesteś studentem należącym do akademickiego klubu sportowego, uprawiasz sport amatorsko lub zawodowo, czy też jesteś poważnym pretendentem do tytułu mistrza olimpijskiego, natychmiastowa zmiana nastawienia na „złote" to warunek niezbędny, abyś mógł osiągać doskonałe wyniki i zdobywać prawdziwą przewagę

TABELA 1
Osiągnięcie doskonałości zawsze wymaga mistrzowskiego wysiłku

	PSYCHIKA (nastawienie)	CIAŁO (sprawność/siła)	TECHNIKA (prawidłowa mechanika)	TAKTYKA (strategia)
BRĄZ	dobrze	dobrze	dobrze	dobrze
SREBRO	lepiej	lepiej	lepiej	lepiej
ZŁOTO	najlepiej	najlepiej	najlepiej	najlepiej

nad konkurencją. Dążenie do najwyższego poziomu to najlepsza droga do doskonałości. Wszyscy zasługujemy na to, by błyszczeć i odnosić sukcesy, ale możemy to osiągnąć tylko dzięki przemyślanej, ciężkiej pracy.

Uświadom sobie, że nigdy nie będzie lepszego czasu i miejsca niż właśnie tu i teraz, aby zostać mistrzem. Parafrazując Boba Dylana: Jesteś zajęty albo przychodzeniem na świat, albo umieraniem. Spraw, aby twoim głównym zajęciem było spełnianie sportowych marzeń. Podejmując działanie, wyobraź sobie, że właśnie rozpocząłeś walkę o złoty medal – nieważne, czy „tylko" pakujesz torbę na siłownię, zakładasz buty przed biegiem po szlaku, czy też wychodzisz właśnie na boisko, aby za chwilę rozpocząć mecz o mistrzostwo. Jaki jest sens w zadowalaniu się czymś mniej wartościowym? Pomyśl tylko:

- Nie masz czasu? Jesteś wart każdej minuty!
- Nie masz energii? Zdobędziesz ją!
- Nie wierzysz w siebie? Zacznij podważać własne wątpliwości!

PYTANIE MISTRZA

> Nikt nie staje się mistrzem dzięki treningowi.
> Mistrza kształtuje to, co tkwi głęboko
> w jego umyśle – pragnienie, marzenie, wizja.
> – MUHAMMAD ALI

Jak będzie wyglądało twoje życie, gdy staniesz się swoim własnym mistrzem? Oto najważniejsze pytanie, jakie powinna zadać sobie każda aspirująca do tego miana osoba. Poświęć teraz trochę czasu i wyobraź sobie, że oto właśnie w twoim życiu i karierze sportowej dokonał się przełom. Zostałeś mistrzem. Jesteś nim dziś, będziesz nim jutro, pojutrze, zawsze. Następnie wyobraź sobie, jak w takiej sytuacji wygląda zwykły dzień powszedni, trening i kolejne zawody. Sporządź szczegółową listę opisującą życie na takim poziomie, a następnie korzystaj z niej, aby zawsze być jak najlepszą wersją siebie. Jakie konkretne działania lub zachowania są w tej wizji lepsze lub inne?

Teraz, kiedy zmieniłeś i na nowo zdefiniowałeś swoje nastawienie, co twoim zdaniem zauważą inni? Na co chciałbyś zwrócić ich uwagę? Jaka zmiana naprawdę zaskoczyłaby kolegów z drużyny, trenerów lub rywali? Gdybyś mógł spojrzeć na siebie z zewnątrz i ocenić swoje osiągnięcia, co charakterystycznego dostrzegłbyś w swoich nowych postawach i zachowaniach?

Określ dokładnie, które z twoich działań najbardziej szkodzą twojej własnej sprawie. I natychmiast przestań to robić lub (jeżeli chodzi o punkt widzenia) myśleć w ten sposób. Aby działać na poziomie mistrzowskim, musisz przełamać wszelkie złe nawyki, takie jak skłonność do spóźniania się na trening lub po prostu mechaniczne, pozbawione pasji wykonywanie kolejnych ćwiczeń, kiedy już zaczniesz. Każdy z nas jest mistrzem dopóty, dopóki nie przegra z samym sobą.

Postaraj się, aby twoja nowa złota wizja była nad wyraz przekonująca, wypełniona dynamiką i na wskroś osobista. Musisz sprawić, by stała się jak najbardziej realna, bo tylko w ten sposób można ją urzeczywistnić. Za każdym razem, gdy będziesz wykonywał to ćwiczenie, twoja wizja postępowania jako mistrz stanie się wyraźniejsza i mocniejsza. Stworzony przez ciebie obraz mentalny sprawi, że twój dalszy rozwój będzie zmierzał we właściwym kierunku.

Aby pójść o krok dalej, warto skonfrontować dumę i spokój ducha, wynikające z mistrzowskiego podejścia do życia z bólem i żalem, które pojawią się gdzieś w głębi serca na skutek uświadomienia sobie prędzej czy później, że zadowoliłeś się czymś znacznie mniejszym niż to, co umożliwiał twój potencjał. Czy po takim porównaniu nadal będziesz poświęcał to, co najbardziej chcesz osiągnąć, w imię tego, co zapewnia chwilowy komfort? Czy też raczej z jeszcze większym zapałem zaczniesz dalej robić wszystko, co w twojej mocy, szczególnie w takich chwilach, w których świat krzyczy do ciebie, żebyś przerwał?

Mój ulubiony opis doskonałości w świecie sportu pochodzi od Ansona Dorrance'a, legendarnego trenera żeńskiej drużyny piłki nożnej Uniwersytetu Karoliny Północnej. Jadąc pewnego ranka do pracy, mijał opuszczone boisko i dostrzegł w oddali jedną ze swoich zawodniczek, która samotnie wykonywała dodatkowy trening. Nie zatrzymał się, później jednak zostawił w jej szafce kartkę, na której napisał: „W moim wyobrażeniu mistrz to ktoś zgięty wpół, zlany potem i wyczerpany wtedy, gdy nikt inny tego nie widzi". Tą młodą kobietą była Mia Hamm, która kilka lat później stała się jedną z największych zawodniczek w historii tego sportu.

Wypracowanie wielkiego marzenia i jasnej wizji tego, jak będzie wyglądało dążenie do osiągnięcia doskonałości w rywalizacji, zawsze stanowi inspirację, czynnik, dzięki któremu łatwiejsze staje się dotarcie do mistrzostwa. Jaki jest twój wymarzony cel? Jak w twojej grze, sporcie, życiu wygląda doskonałość, stan, w którym jesteś w pełni zaangażowany i z pasją dążysz do realizacji swojego marzenia – bycia najlepszym? Opisz to w jak najbardziej sugestywny sposób, dzięki któremu poczujesz gwałtowne uderzenie adrenaliny dokładnie wtedy, gdy będziesz tego potrzebował. Uderzenie, które może być wynikiem tylko udanego nawiązania połączenia z tym, czego prawdziwie pożądasz całym swoim sercem.

Uhonorowana Orderem Imperium Brytyjskiego Kelly Holmes, jedna z największych gwiazd lekkiej atletyki, nigdy nie przestała trzymać się swoich sportowych marzeń. Nawet wtedy, gdy musiała stawić czoło trudnościom w życiu osobistym i problemom fizycznym. Aby zalśnić oślepiającym blaskiem na największej arenie sportowych zmagań – zdobywając w 2004 roku w Atenach podwójne olimpijskie złoto na dystansach 800 i 1500 metrów – Holmes musiała pokonać depresję i poważną kontuzję fizyczną. W swojej książce, zatytułowanej *Just Go For It! 6 Simple Steps to Achieve Success*, wyjaśnia, jak ważne jest, aby zawsze myśleć w kategoriach możliwości: „Osiągnęlibyśmy o wiele więcej rzeczy, gdybyśmy nie traktowali niektórych z nich jak czegoś niemożliwego do uzyskania. Marzenie nie jest czymś niewykonalnym, więc bierz się do roboty i spełnij swoje!".

DZIAŁAJ JAK MISTRZ

Bądź wielkim w czynie, jakim byłeś w myślach*.

— WILLIAM SZEKSPIR

Nie ma jednej, uniwersalnej drogi ku doskonałości – to doskonałość jest drogą. Tak długo, jak długo wahasz się przed zrobieniem pierwszego kroku, nie będziesz miał szansy tego ideału osiągnąć. Dlatego też każdego dnia wyznacz sobie określony czas i postępuj wtedy tak, jakbyś był mistrzem absolutnym, oraz wykraczaj daleko poza normalne oczekiwania. To właśnie moment konfrontacji z rzeczywistością. Jesteś pewny siebie, skoncentrowany, pełen energii i panujesz nad sytuacją.

Jak bardzo różni się przebywanie na wyższym poziomie od codzienności? Czy pojawiasz się w klubie wcześniej, czy też spóźniasz się jak kiedyś? Przygotowujesz tygodniowe plany treningowe czy po prostu improwizujesz, bo jesteś zbyt zmęczony lub zajęty? Czy podejmujesz dodatkowe wysiłki niezbędne do osiągnięcia doskonałości?

Osoba, która nie zdobyła nigdy żadnego medalu, mówi: „Pewnego dnia to zrobię", podczas gdy mistrz świata działa, a potem stwierdza: „Dziś to zrobiłem". Sergiej Bubka, ukraiński tyczkarz, rekordzista świata i złoty medalista Igrzysk Olimpijskich w Seulu w 1988 roku, zawsze przekonywał innych do postawy „Najpierw zrób, a potem o tym opowiedz". Czyny naprawdę są głośniejsze niż słowa, więc znajdź chwilę i zadaj sobie pytanie: „Czy moje przygotowania do zawodów nie wyglądają przypadkiem tak, że więcej o nich mówię, niż robię?".

W niektóre dni będziesz odczuwał brak motywacji albo coś wyprowadzi cię z równowagi do tego stopnia, że na niczym nie będziesz mógł się skupić. Tuż przed najważniejszymi zawodami odniesiesz wrażenie, że nie jesteś dostatecznie przygotowany. Ta chwila okaże się twoją chwilą prawdy. Wyobraź sobie na przykład, że tuż przed rozpoczęciem treningu odczuwasz paraliżujący strach. Postaraj się utrzymywać jak największy

---

* W. Shakespeare, *Król Jan*, akt 5, scena 1, tłum. J. Korzeniowski; https://pl.wikisource.org/wiki/Kr%C3%B3l_Jan_(Shakespeare,_t%C5%82um._Korzeniowski,_1895)/ca%C5%82o-%C5%9B%C4%87 (dostęp: 25.09.2021).

entuzjazm przez pierwsze 30 minut treningu, jakby naprawdę sprawiał ci ogromną przyjemność. W większości przypadków stan ten utrzyma się o wiele dłużej, ponieważ niejako podświadomie dopasujesz się do niego, a zarówno podjęcie aktywności, jak i to, co uda ci się osiągnąć, sprawi, że poczujesz się lepiej niż wcześniej.

Najlepszym i najszybszym sposobem na przezwyciężenie wewnętrznego oporu, zakwestionowanie starych wzorców i zmianę złych nawyków jest markowanie entuzjazmu tak długo, aż znajdziesz swój główny sportowy cel, co sprawi, że albo odzyskasz motywację, a w rezultacie i formę, albo jakoś dotrwasz do chwili jego osiągnięcia. Zwolnij trochę i przełam chwilowe zwątpienie czy zniechęcenie. Panika nie jest rozwiązaniem godnym mistrza.

Robienie jednej rzeczy, której nie chcesz robić (chodzenie na siłownię / trzymanie się planu żywieniowego), zamiast ulegania lękom/obawom poprzez trzymanie się tego, co znane (odkładanie treningu na następny dzień / zjedzenie całej pizzy), to decyzja podejmowana po dotarciu do miejsca, w którym droga rozgałęzia się w różnych kierunkach. Od tego, co postanowisz w tej chwili, zależy to, czy osiągniesz swoje cele sportowe. Zrozum, że to wyłącznie twoja sprawa – możesz albo zachowywać się jak mistrz, albo pójść po linii najmniejszego oporu, unikając jednocześnie konieczności sprostania wyzwaniu.

Zmuś się do wyjścia z impasu. Bądź pewny siebie i bez wahania walcz o swoje. Nie daj się rozproszyć, bądź skupiony na celu. Wykorzystaj cały swój potencjał mentalny. Ostatecznie wykształcisz nowe pozytywne sposoby działania, które staną się automatycznymi procesami. To strategia całkowicie odmieniająca nie tylko twoje podejście, ale i same działania, co z kolei wyposaży cię w całkowicie nowy zestaw wyjątkowych, charakterystycznych dla szczytu formy i wydolności zachowań oraz emocji. Postępowanie tak, jakby było się mistrzem, naprawdę działa, pod warunkiem jednak, że nieustannie się nad tym pracuje. A zatem zacznij już teraz.

LICZY SIĘ KAŻDY DZIEŃ

Nie co cztery lata. Codziennie.

– MOTTO KOMITETU OLIMPIJSKIEGO I PARAOLIMPIJSKIEGO
STANÓW ZJEDNOCZONYCH

Chip Kelly, główny trener Philadelfia Eagles, zawodowego klubu futbolu amerykańskiego, wymyślił podczas pracy z uniwersyteckim zespołem Oregon Ducks, z którym odniósł bezprecedensowy sukces, niezwykłe hasło motywacyjne: „Wygrać dzień". Według niego oznacza to, że należy skorzystać z oferowanej przez każdy kolejny dzień nowej szansy, aby być jak najlepszym sportowcem. „Jeśli nie robisz postępów, to znaczy, że stajesz się coraz gorszy" – oto zwycięska filozofia, którą należy przyjąć, aby osiągnąć doskonałość i sportową wybitność. Szczytowa forma to pojawiająca się codziennie obręcz, do której chcemy trafić zza linii trzech punktów.

Doskonałość można osiągnąć tylko d z i s i a j – nie wczoraj czy jutro, ponieważ w obecnej chwili to w zasadzie abstrakcyjne pojęcia. Dziś to jedyny dzień, w którym trzeba zaprząc do pracy swoje talenty i czerpać z tego jak największą radość. Twoim wyzwaniem jest zwycięstwo we wszystkich aspektach życia. Aby osiągnąć ten cel, musisz nastawić się na sukces, wygrywając każdy dzień. Prokrastynacja nie jest działaniem godnym mistrza.

Tylko poprzez wyznaczanie codziennych celów i dążenie do ich realizacji możliwe jest osiągnięcie statusu mistrza. Co zamierzasz zrobić d z i s i a j, aby stać się lepszym? Co d z i s i a j osiągniesz? Ludzie, którzy nie mają żadnych sukcesów lub nie zdobyli żadnych medali, charakteryzują się jednym z dwóch typów postaw: „wczorajszą", czyli skupiają się na rzeczach, które zawiodły w poprzednich zawodach, lub „jutrzejszą", co znaczy, że odwlekają wszystko, aby tylko uniknąć działania t e r a z.

Mark Spitz, amerykański pływak, brał udział w dwóch igrzyskach olimpijskich (1968, 1972), na których zdobył dziewięć złotych, srebrny i brązowy medal. Jako pierwszy sportowiec zdobył siedem złotych medali na jednych zawodach – oszałamiający wyczyn poprawiony dopiero 36 lat później przez Michaela Phelpsa, który zdobył osiem złotych medali w Pekinie w 2008 roku. Spitz rozumiał doskonale, jak ważne jest skupienie się na codziennych aktach doskonałości. Twierdził: „Staram się dawać z siebie wszystko. Nie obchodzi mnie jutro, tylko to, co dzieje się dzisiaj".

Bądź jak Chip Kelly i Mark Spitz, przyjmując podejście „wygrać dzień", niezależnie od tego, czy oznacza to wykonanie dodatkowego treningu, zapewnienie odpowiednio dużej ilości czasu na odpoczynek i regenerację czy też dawanie z siebie wszystkiego podczas występów. Tak właśnie zdobywa się sportowe doświadczenie – poprzez całkowite zaangażowanie oraz branie odpowiedzialności za jak najlepsze wykorzystanie tego stanu. Każdy nowy dzień to całkowicie nowa okazja, by zrobić kolejny krok na drodze ku zwycięstwu. Nie pozwól, aby cokolwiek wybiło cię z tego rytmu. Nie rozpraszaj się.

Co musisz zrobić dzisiaj, aby jako sportowiec znaleźć się w korzystniejszej pozycji? Jako ktoś z nastawieniem mistrza nigdy nie powinieneś zadowalać się czymś, co nie jest choćby zbliżone do twoich możliwości. Z drugiej strony musisz jednocześnie zdawać sobie sprawę z tego, że nie musisz cały czas być maksymalnie zdyscyplinowany – jest to ważne tylko w tych kilku najważniejszych momentach w ciągu dnia, kiedy trzeba oprzeć się pokusie i/lub rozpocząć pozytywne działanie. Osiągnięcie poziomu mistrzowskiego jest możliwe tylko wtedy, gdy potrafi się odróżnić moment, w którym niezbędne jest zachowanie dyscypliny, od tego, w którym należy zwolnić i odpocząć, czyli oczyścić umysł i czerpać radość z chwili wyciszenia. Których ze swoich największych pokus musisz się wystrzegać? Które z twoich najbardziej pozytywnych działań powinieneś zainicjować?

Pamiętaj, że każde zawody składają się zarówno z chwil wymagających żelaznej samodyscypliny, jak i takich, kiedy najlepszym rozwiązaniem jest wyluzowanie. Golfista na przykład musi być całkowicie opanowany, gdy nadchodzi czas na wykonanie rutynowych czynności przed uderzeniem, ale już po, idąc w kierunku miejsca zatrzymania się piłki, może pozwolić sobie na częściowe rozproszenie i odprężenie.

Używaj zwrotu „Myśl o złocie i nigdy nie zadowalaj się srebrem" jako mantry przypominającej o potrzebie zachowania dyscypliny w chwilach, kiedy jest ona absolutnie konieczna. Możesz na przykład krzyknąć na głos coś w rodzaju „Myśl o złocie!" czy „To będzie mój rekord!" albo wyobrazić sobie, że słowa te rozbrzmiewają z głośnika czy słuchawek zawsze wtedy, kiedy musisz dokonać ważnego wyboru – jak chociażby w zimny, ponury i deszczowy poranek, gdy masz dwie możliwości: wyłączyć alarm i spać dalej albo wstać z łóżka i iść na trening.

CODZIENNY TEST DETERMINACJI

> Kiedy zasypiam w nocy, jestem lepszym zawodnikiem, niż byłem, gdy budziłem się rano.
>
> – GEORGES ST-PIERRE, KANADYJSKI ZAWODNIK MIESZANYCH SZTUK WALKI, MISTRZ WAGI PÓŁŚREDNIEJ FEDERACJI UFC

Gdy wschodzi słońce, zadaj sobie pytanie:

> Co zrobię dziś jak mistrz? (ZAŁOŻENIE)

Gdy słońce zachodzi, zadaj sobie pytanie:

> Co zrobiłem dziś jak mistrz? (ROZRACHUNEK)

LISTA RZECZY DO ZROBIENIA TERAZ PRZEZ KAŻDEGO MISTRZA

> Podporządkuj swoje życie swoim marzeniom i obserwuj, jak się spełniają.
>
> – ANONIM

Rywalizacja na poziomie mistrzowskim wymaga sporządzenia zwycięskiego planu postępowania także poza boiskiem czy trasą zawodów. Plan ten musi z kolei zawierać konkretne strategie, jak na przykład dobrze dopasowane do otaczającej cię na co dzień rzeczywistości wskazówki, które możesz wykorzystać w celu osiągnięcia doskonałości i które będą ci przypominać o tym, że robisz właśnie wszystko, aby zwyciężyć. Przyklej w widocznym miejscu karteczkę z napisem: „Myśl o złocie i nigdy nie zadowalaj się srebrem", a także wrzuć ją jako tło pulpitu na swoim komputerze, aby motywować się w ten sposób do rozpoczynania i kontynuowania dnia z umysłem nastawionym na wygrywanie.

Myśl o złocie i nigdy nie zadowalaj się srebrem.

Ustaw w telefonie lub komputerze automatyczne przypomnienia motywacyjne – na przykład tak, aby o określonych godzinach rozbrzmiewał jakiś dzwonek i wyświetlał się komunikat typu „myśl o złocie" lub „Mistrz". Dobrym pomysłem jest wybranie tych pór dnia, kiedy najczęściej czujesz się zmęczony lub jesteś szczególnie podatny na różnego rodzaju rozpraszacze – przeglądanie bezwartościowych stron w internecie, śmieciowe jedzenie lub alkohol.

Efektywne gospodarowanie czasem to jedna z najważniejszych umiejętności. Ustalanie priorytetów powinno być zasadniczą częścią codziennego i cotygodniowego planowania każdego sportowca, niezależnie od tego, czy chodzi o studenta, zawodowca czy weekendowego wojownika. Oto jeden z przykładów: stwórz zarys swojego planu (swojego pomysłu na osiągnięcie mistrzostwa) na każdy dzień tygodnia. Wybierz najlepsze sposoby zainwestowania swojego czasu, energii i zasobów. Podczas treningu mistrzowie nigdy nie marnują ani czasu, ani uwagi. To jedna z cech, dzięki którym odnoszą ciągłe sukcesy.

Nie wolno jednak zapominać o innej ważnej kwestii, jaką jest przyjemność. To istotne, aby codziennie robić coś, co nie wymaga całkowitego skupienia i powagi, bo odrobina zabawy stanowi nieodzowny element satysfakcjonującego i udanego życia. Cokolwiek poza sportem sprawia ci przyjemność, rób to i ciesz się tym. Te dające możliwość mentalnej regeneracji przerywniki zapewnią ci nowe pokłady energii, dzięki której osiągniesz doskonałość. Mistrzowie są świadomi tego, że nikt nie przeżyje za nich życia, nie będzie za nich trenował czy walczył o medale. Mistrzowie są mistrzami, gdyż biorą odpowiedzialność za swoje życie i robią to, co według nich jest dla nich najlepsze.

Zaplanuj odpowiednią liczbę codziennych wyzwań. Tworząc zbyt trudny, nierealny plan, skazujesz się na porażkę. Takie plany działają deprymująco, lepiej więc wyznaczyć sobie na początku mniej zadań, niż już na starcie pozbawiać się szans na powodzenie. A na koniec dnia ciesz się tym, co udało ci się osiągnąć, nawet jeśli pozostało ci jeszcze dużo do zrobienia.

Codzienne harmonogramy i listy zadań to doskonałe narzędzia pomagające osiągnąć maksymalną wydajność i produktywność. Na liście nie może być zbyt wielu elementów o mniejszym znaczeniu lub całkowicie nieistotnych. Aby każdy dzień był dniem przebiegającym na poziomie mistrzowskim, lista rzeczy do zrobienia musi być listą rzeczy, które zrobię teraz.

Jesteś w stanie przełamać początkowy dyskomfort odczuwany z powodu utrzymywania dyscypliny podczas ciężkiej pracy lub zmiany nawyków. W osiągnięciu pozytywnych rezultatów pomocne może okazać się myślenie o satysfakcji, jaką daje wykreślanie poszczególnych pozycji na liście. Życie to seria wyborów, a czas to skarb. Skoro tak, to przejmij kontrolę, podejmując właściwe decyzje i mądrze wykorzystując każdą chwilę.

Aby zwiększyć swoją codzienną efektywność, namaluj lub przyklej małą złotą kropkę na odwrocie dłoni albo załóż złotą opaskę na nadgarstek. Te wizualne bodźce wyzwalające będą służyły jako pozytywne sygnały przypominające o tym, że powinieneś działać jak najlepiej, w pełni się angażować i zachować mistrzowskie podejście do życia. Złota kropka lub opaska zawsze będą powiązane z przesłaniem „Myśl o złocie i nigdy nie zadowalaj się srebrem". I zawsze będą tam, dokąd się udasz.

Organizacja w celu synchronizacji. Wielu z nas musi również popracować nad organizacją swojego życia, co jest konieczne, aby osiągnąć większą wydajność i spokój umysłu. Czy masz dobrze przemyślany plan posiłków na każdy dzień, łącznie ze zbilansowanymi przekąskami? Czy masz listę niezbędnych rzeczy, które musisz spakować przed podróżą na zawody?

Jeżeli chodzi o wyjazdy, szczerze polecam spakowanie się dzień wcześniej. Rozłóż ubrania, sprzęt, dodatkowy ręcznik, zdrowe przekąski (rodzynki, orzeszki ziemne i banany), wodę mineralną i gotówkę. Następnie naładuj telefon komórkowy oraz iPoda.

Pamiętaj o tym, że zmiany organizacyjne w stylu życia naprawdę mogą poprawić nastrój i osiągane wyniki. Jedne z najskuteczniejszych, jakie znam, to utrzymywanie czystości i porządku w sypialni, miejscu pracy oraz sportowej szafce, stosowanie segregatorów z kolorowymi kartotekami do porządkowania wszystkich dokumentów, recykling wszystkiego, co nadaje się do ponownego wykorzystania, a także codzienne planowanie i ustawianie tylko niezbędnych przypomnień.

Co jakiś czas, aby uniknąć poważnej dezorganizacji, poświęć 30 minut na porządkowanie i czyszczenie swojej codziennej przestrzeni. Im mniej bałaganu wokół, tym mniejszy poziom stresu. Jeżeli potrzebujesz pobudzenia podczas tych czynności, słuchaj muzyki. Nie trzymaj się swojej ulubionej playlisty. Bądź ciekawy i szukaj nowych doznań: eksperymentuj z jazzem, klasyką, hip hopem, klasycznym rockiem, heavy metalem, country, zydeco i muzyką trance czy techno. Bardzo możliwe, że zaskoczy cię, jak bardzo niektóre z gatunków muzycznych pasują do tego, co robisz w różnych sytuacjach.

POTĘGA WSPÓLNEGO DZIAŁANIA

*Kontynuowanie rozmowy było niemożliwe,
bo wszyscy za dużo gadali.*
— MIŚ YOGI

Relacje społeczne mogą ułatwić, ale i utrudnić osiągnięcie doskonałości. Oznacza to, że w odniesieniu do czerpania przyjemności oraz szansy na odniesienie sukcesu w sporcie zdolności interpersonalne mogą być tak samo ważne jak zdolności fizyczne. Odpowiednio duże umiejętności dotyczące relacji międzyludzkich obejmują między innymi zdolność do rozumienia siebie oraz innych, efektywnego mówienia i słuchania, a także budowania pozytywnych oraz konstruktywnych relacji.

Partnerki z zespołu – Misty May-Treanor i Kerri Walsh Jennings – to najbardziej utytułowane siatkarki plażowe w historii tego sportu. Rozumiejąc wartość efektywnej komunikacji, współpracowały z psychologiem sportowym podczas przygotowań do startu na igrzyskach olimpijskich w 2012 roku, aby jeszcze bardziej udoskonalić wzajemną wymianę informacji zarówno na boisku, jak i poza nim. W Londynie ten pełen energii duet dokonał rekordowego wyczynu, zdobywając złoto na trzecich igrzyskach olimpijskich z rzędu.

Niezależnie od tego, czy uprawiasz sport indywidualny czy zespołowy, dobre zdolności interpersonalne są niezbędne do stworzenia prawidłowych relacji i rozwiązywania ewentualnych konfliktów z innymi osobami, z którymi jako sportowiec masz lub będziesz miał do czynienia – trenerami i szkoleniowcami, kolegami z drużyny, przedstawicielami mediów, urzędnikami, przeciwnikami, rodziną i przyjaciółmi. Oto kilka punktów dotyczących rozwijania dobrych relacji międzyludzkich:

Poznaj swoje prawa i przywileje. Nie pozwól, aby inni naruszali przysługujące ci prawa. Nie toleruj przemocy werbalnej, fizycznej ani seksualnej. Jeżeli czyjeś zachowanie ogranicza twoje prawa, natychmiast poinformuj o tym tę osobę, zamiast czekać, aż dopuści się tego czynu ponownie. Najlepiej jest zrobić to w sposób niepozostawiający żadnych wątpliwości co do twoich intencji oraz posiadanej wiedzy. Oczywiście działa to w obie strony i ty również musisz szanować prawa innych.

Słuchaj z należytą uwagą. Poświęć drugiej osobie całą swoją uwagę, zamiast zastanawiać się nad swoją reakcją lub myśleć o czymś zupełnie niezwiązanym z prowadzoną rozmową. Bądź zainteresowany, nawiązuj kontakt wzrokowy i przytakuj. Podsumuj wypowiedź rozmówcy, potwierdzając w ten sposób swoje zaangażowanie i dając znać, że zrozumiałeś przekaz. Umiejętność uważnego słuchania sprawia, że druga osoba chętniej dzieli się uwagami czy przemyśleniami.

Nie próbuj odczytywać cudzych intencji czy myśli. Zapytaj drugą osobę, co myśli, czuje lub przeżywa, zamiast oznajmiać jej to, co jest tylko twoim domysłem. Tak samo inni nie powinni być zmuszeni do odgadywania tego, co dzieje się w twojej głowie. Zawsze utrzymuj otwarte i pełne wzajemnego szacunku relacje.

Rozmawiaj o problemach od razu po ich powstaniu. Nie pozwól, aby konflikt z drugą osobą się zaostrzył. W razie potrzeby zrób krótką (albo nawet całodniową) przerwę, aby oczyścić umysł lub się uspokoić. Dopiero wtedy wyraź dokładnie, jak się czujesz i co chcesz poprawić. Takie podejście może szybko rozwiązać wszelkie nieporozumienia i przywrócić właściwy bieg rzeczy. Obrażanie się lub ciągłe roztrząsanie problemu nie przynosi żadnych korzyści.

Krytykuj zachowanie, nie osobę. Zamiast mówić: „Jesteś takim…", co może zostać odebrane zbyt osobiście, wykorzystaj dużo bardziej produktywne podejście i powiedz: „Kiedy przed całą drużyną powiedziałeś o mnie tamtą rzecz, poczułem się znieważony. Czy taki był twój zamiar?". Odniesienie się do będącego wyzwaniem konkretnego zachowania zawsze przynosi lepsze efekty. Należy unikać uogólnień typu „Ty nigdy…" lub „Ty zawsze…".

Spraw, aby każdy dzień przebiegał pod znakiem bezstronności. Nie staraj się być doskonały i nie oczekuj tego od innych. Gdy pojawiają się jakiekolwiek różnice, poszukaj sposobu na osiągnięcie kompromisu. Gdy chodzi o relacje z innymi, zadaj sobie ważne pytanie: „Co w tej sytuacji będzie sprawiedliwe i rozsądne dla obu stron?". Celem jest wspólna praca nad znalezieniem rozwiązania, które będzie odpowiadało każdej z zaangażowanych stron. Unikaj myślenia w kategoriach zło – dobro, wszystko albo nic czy też dychotomicznego podziału na to, co słuszne i błędne.

PRACA ZESPOŁOWA: WSPÓLNE PRZEZNACZENIE

*Pojedynczą strzałę łatwo można złamać,
ale nie wtedy, gdy połączy się ją z dziewięcioma innymi.*
— JAPOŃSKIE PRZYSŁOWIE

Japońska przypowieść *Dziesięć dzbanów wina* stanowi dobry przykład ilustrujący różnicę pomiędzy samym byciem członkiem zespołu a prawdziwie wspólnym działaniem. Dziesięciu starszych mężczyzn postanawia świętować Nowy Rok przy wielkim glinianym garncu gorącego sake. Ponieważ żaden z nich nie ma aż takiej ilości napitku, uzgadniają, że przyniosą po jednym dzbanie. W drodze do swojej piwnicy każdy ze starców myśli: „Moje sake jest zbyt cenne, aby się nim dzielić! Na pewno nikt się nie zorientuje, jeżeli zamiast niego przyniosę w dzbanie wodę".

I tak oto, kiedy cała dziesiątka gromadzi się ze swoimi dzbanami, po kolei wlewają uroczyście ich zawartość do wielkiego garnca, a następnie patrzą na siebie z zakłopotaniem, gdy okazuje się, że każdy z nich dostaje porcję gorącej wody.

Próżniactwo społeczne to termin używany w psychologii społecznej do opisania zjawiska odpowiadającego za prezentowane przez starców z przypowieści zachowanie. Konkretnie chodzi o tendencję ludzi do zmniejszania własnych wysiłków na rzecz wykonania zadania w sytuacji, gdy są częścią większej grupy, w porównaniu z tym, jak ciężko pracowaliby, gdyby powodzenie zadania zależało wyłącznie od każdego z nich osobno. Sytuacja ta spowodowana jest rozproszeniem osobistej odpowiedzialności poprzez przynależność do większej grupy.

Każdy, kto chciałby wraz ze swoim zespołem zdobyć złoty medal, musi pamiętać o starcach z przytoczonej powyżej przypowieści. Zamiast się powstrzymywać czy świadomie zmniejszać swój wkład, zawsze – od początku do końca – działaj, wykorzystując pełnię swoich możliwości. Korzystaj z okazji, aby wspierać pozostałe osoby z zespołu, i pomagaj personelowi szkoleniowemu w codziennych obowiązkach związanych z realizacją wyznaczonych celów. Nie oszczędzaj się ani na boisku, ani poza nim, myśląc, że nikt tego nie zauważy.

Pamiętaj o tym, że „wzbierający przypływ unosi wszystkie łodzie". Innymi słowy: im więcej dasz, tym więcej zyska twój zespół. A im więcej zyska zespół, tym większa będzie także i twoja nagroda, bo zwycięstwo jest wspólne i każdy czerpie z niego korzyści. Osoby, które przykładają się na miarę swoich możliwości, otrzymują w zamian więcej zarówno pod względem wewnętrznym (przyjemność, spełnienie oraz satysfakcja), jak i zewnętrznym (trofea, punkty w rankingu bądź akceptacja innych).

Oddani wspólnej sprawie członkowie zespołu pomagają sobie nawzajem w osiągnięciu takiego poziomu, jaki jest im pisany. Dlatego zawsze trzeba szukać sposobów na wydobycie z siebie tego, co najlepsze, i w razie potrzeby wzajemnie się wspierać. „Praca zespołowa jest najważniejsza, bo nic tak nie wyzwala talentu, jak grupa facetów, którzy grają dla siebie nawzajem, grają twardo i razem" – mówi Chris Paul, zawodnik Los Angeles Clippers, jeden z najskuteczniejszych rozgrywających w NBA.

Całkiem niedawno rozmawiałem z pewnym zawodowym tenisistą, który podzielił się ze mną takimi przemyśleniami: „Zauważyłem, że grając w deblu z kimś, kto jest na wyższym poziomie, mamy tendencję do skupiania się na obopólnym nastawieniu i pozytywnym podejściu do meczu. Robimy to, mówiąc na przykład coś w stylu: »Nie martw się tym uderzeniem, jest dobrze. Zero stresu«. To zupełne przeciwieństwo tego, co zauważam u początkujących graczy, którzy zawsze komentują nawzajem swoją formę lub sposób uderzenia w piłkę. I to mimo świadomości tego, że następne uderzenie nie będzie takie jak ostatnie!".

Członkowie zespołów, które osiągnęły mistrzostwo, często używają takich pojęć jak **chemia, wspólnota i jedność serc**. Równie ważne jest wzajemne zaufanie, które stanowi podstawę silnego podejścia nastawionego na „my". Wszyscy dążą (lub ciągną) w tym samym kierunku. Walcz dalej, bądź pozytywnie nastawiony i rób to jako zespół, aby wspólnie przebrnąć przez okresy słabszych występów lub porażek. Zawsze szukaj sposobu, by pomóc swojej drużynie. Zespół łączy to samo przeznaczenie i dlatego wszystkie działania jego członków muszą służyć wyższemu dobru.

Oto trzy pytania do samodzielnego przemyślenia dotyczące roli związanej z byciem częścią zespołu:

1. Czy robię coś, co szkodzi mojemu zespołowi (np. narzekanie, plotkowanie)?
2. Czy jest coś, czego **n i e** robię, przez co szkodzę mojemu zespołowi (np. nie kibicuję kolegom z zespołu, nie akceptuję swojej roli w zespole)?
3. Jakie konkretne działania podejmę, aby pomóc swojemu zespołowi i stać się lepszą jego częścią (np. granie na maksa podczas każdego meczu, bycie bardziej aktywnym w podtrzymywaniu motywacji i woli walki w trakcie gry)?

KREDO I CZYNY

> Siła grupy to siła jej liderów.
> – VINCE LOMBARDI

Pozytywny wpływ liderów objawia się poprzez pomoc okazywaną innym w trakcie ich rozwoju na drodze ku zwycięstwu. Rolę lidera drużyny może – i powinien – pełnić każdy jej członek, nie tylko trener czy wyznaczony przez niego kapitan. Każdy powinien szukać możliwości objęcia przywództwa we własnym życiu i myśleć o tym, w jaki sposób może pozytywnie oddziaływać na zespół.

Przykładanie dużej wagi do odpowiedzialności, z jaką związana jest rola lidera, to cecha wyróżniająca zespoły o randze mistrzowskiej. Nie ma nic trudnego w zachowywaniu się jak zwycięzca, gdy zajmuje się pierwsze miejsce w tabeli wyników, ale tylko największe mistrzowskie zespoły wiedzą, że takie podejście jest najbardziej potrzebne w trudnych czasach. I zamiast wytykania się nawzajem palcami lub narzekania, ich członkowie podchodzą do przegranej z postawą „wszyscy się poprawimy i znajdziemy sposób, aby to osiągnąć".

John Wooden, były trener akademickiej męskiej drużyny UCLA Bruins, poprowadził swoich podopiecznych do 10 zwycięstw w finałach rozgrywek akademickich organizowanych przez NCAA. Przez cztery sezony z rzędu jego drużyna nie poniosła ani jednej porażki i wygrała w tym czasie 88 spotkań. Wooden, który stanowi uosobienie skrupulatnego niemal, choć nad wyraz pozytywnego podejścia do przywództwa, został uznany przez ESPN za najlepszego trenera koszykówki XX wieku. W swojej pouczającej książce zatytułowanej *Wooden on Leadership: How to Create a Winning Organization*, którą napisał zarówno z myślą o sobie, jak i wszystkich osobach, którym przewodził, zawarł następującą definicję sukcesu:

> Zanim będziesz mógł przewodzić innym, musisz być w stanie przewodzić samemu sobie. Wyjaśnij tym, których chcesz prowadzić, że sukces oznacza całkowite zaangażowanie i wysiłek na rzecz dobra zespołu. Następnie udowodnij to samemu sobie własnym wysiłkiem i osiągnię-

ciami. Większość z osób, którym przewodzisz, dokona tego samego. A tym, którzy nie wezmą z ciebie przykładu, powinieneś zasugerować, że nie pasują do twojego zespołu.

To ważne, aby przyjęty styl przywództwa opierał się na połączeniu zdecydowania z pozytywnym nastawieniem, gdyż ani nadmierna krytyka, ani zastraszanie, wyśmiewanie czy gnębienie nie działają motywująco – w praktyce natomiast często powodują, że ludzie tracą motywację i przestają się starać. Liderzy kierujący się w swoich działaniach podejściem afirmatywnym zazwyczaj tworzą relacje oparte na zaufaniu i wzajemnym szacunku. Jak lubisz być traktowany przez osoby mające władzę? Z dużym prawdopodobieństwem mogę stwierdzić, że raczej w sposób pozytywny i zachęcający do działania niż negatywny i karzący. Upewnij się więc, że traktujesz innych podobnie. Zawsze staraj się zachęcać, nawet zawczasu, i być szczery w tym, co mówisz i co przekazujesz.

Oto 10 wskazówek, jak zostać idealnym liderem:

1. Opracuj własną wizję sukcesu i realizuj ją z pasją oraz entuzjazmem.
2. Wybitni liderzy zachęcają innych do wyrażania opinii i nigdy nie blokują krytyki. Zawsze dziel się zasługami i akceptuj winę.
3. Miej silne poczucie pewności siebie i myśl optymistycznie o tym, co robisz. Zachowaj spokój i kontrolę w chwilach kryzysu. Sportowcy potrzebują świadomości tego, że zawsze jest nadzieja, i będą szukać porad oraz wsparcia zarówno u trenerów, jak i liderów zespołów.
4. Szczerze troszcz się o innych. Interesuj się osobą, która nosi strój, a nie tylko jej wynikami.
5. Szanuj i doceniaj tak samo mocno swoją rolę, jak i każdej innej osoby.
6. Nigdy nie zapominaj o tym, że siła twojego wpływu nie opiera się wyłącznie na osiąganych przez ciebie wynikach sportowych – świeć przykładem na boisku, ale i poza nim.
7. Rozliczaj wszystkich (również siebie) z zachowania podczas gry i postawy w życiu prywatnym. Musisz wiedzieć, kiedy najlepsze

efekty przyniesie przyjacielskie poklepanie po plecach, a kiedy trzeba zastosować spokojne, ale stanowcze upomnienie.
8. Naucz się dostosowywać do każdej sytuacji i podchodź do niej adekwatnie.
9. Dziel z innymi wszystkie poświęcenia i trudy, nigdy nie proś innych o zrobienie czegoś, na co sam nie masz ochoty.
10. Postępuj właściwie, nawet jeśli jest to trudne czy niepopularne.

ZMIANA – PODSTAWA ZWYCIĘSTWA

> Koło życia obracane jest przez nieustanne zmiany,
> dzięki czemu rzeczywistość ukazuje się nam
> we wszystkich jej różnorodnych formach.
> – BUDDYJSKIE POWIEDZENIE

Większość ludzi raczej nie lubi zmian, może z wyjątkiem kierowcy autobusu, mokrego niemowlaka lub kogoś, kto wrzucił właśnie pieniądze do automatu z kawą czy kanapkami. A poważnie – faktem jest, że prawdziwie znaczące zmiany w życiu lub duże niepowodzenia mogą doprowadzić do utraty ciężko wypracowanej rutyny, komfortu i funkcji, jaką pełniło się w rodzinie, zespole, organizacji lub społeczności. Na szczęście zmiany i przekształcenia to rzeczy, którymi można kierować.

Dobrym sposobem jest dopasowanie się do zmian poprzez zachowanie elastycznego podejścia – można je porównać do swobodnie płynącego strumienia. Wyobraź sobie ogromny głaz, który po wrzuceniu w sam środek nurtu blokuje jego bieg: na tym właśnie polega sztywne, jednotorowe myślenie. Zamiast ulegać zniechęceniu, dostosuj się do przeszkody oraz wymuszonej przez nią zmiany poprzez zaciekawienie, w jaki sposób uda ci się odnaleźć nową drogę (lub nawet czerpać korzyści z samej przeszkody).

Oto kilka spośród największych i najczęstszych problemów, z jakimi spotykają się sportowcy:
- wykluczenie z kwalifikacji lub testów rekrutacyjnych
- rozpoczęcie studiów

- utrata miejsca w pierwszym składzie
- nieoczekiwana zmiana trenera
- poważna kontuzja
- przejście do nowego zespołu w środku sezonu
- zakończenie udziału w zawodach

Trudności niezwiązane ze sportem mogą obejmować:
- rozwód rodziców
- śmierć w rodzinie
- rozpad związku
- trudności finansowe
- kwestie związane ze współlokatorami
- przeprowadzkę do innego miasta lub innej części kraju oraz tęsknota za domem
- wyzwania wynikające z realizacji programu nauczania
- zmianę w relacjach z rówieśnikami

W obliczu przeciwności losu ludzie często dają się przytłoczyć poczuciu wstydu oraz winy i przestają dbać o samych siebie. Czasami kierują swój gniew do siebie i podejmują autodestruktywne zachowania, nadużywając alkoholu lub innych zabójczych używek, odkładając wszystko na później bądź zaniedbując wygląd. Mogą także kłócić się z bliskimi lub przyjaciółmi, próbując tym samym zrazić wszystkich do siebie dokładnie wtedy, gdy wsparcie z zewnątrz jest im najbardziej potrzebne

Jeżeli otrzymałeś od losu potężny, niszczący cios i zostałeś powalony na ziemię, musisz się z tego jak najszybciej otrząsnąć. Prawdziwy mistrz postępuje zgodnie z zasadą „gram tam, gdzie upadnie piłka", co objawia się aktywnym podejściem do sytuacji, a nie unikaniem jej poprzez pozorowanie odporności na rozczarowanie. Pamiętaj, że im częściej będziesz uchylał się od rozwiązywania problemów, tym łatwiej będzie ci to przychodziło w przyszłości. Gdy na twojej drodze pojawi się coś, co wymusza zmianę, natychmiast działaj – uciekanie w bezczynność tylko pogorszy sytuację.

Wzmacniaj pozytywne nastawienie poprzez robienie właściwych rzeczy, takich jak budowanie zaufania do bliskich ci osób lub odpowiedniego specjalisty w chwilach, w których czujesz się emocjonalnie zagubiony. Doceniaj ludzi w twoim otoczeniu i nie wstydź się poprosić ich o pomoc w chwilach, w których jej potrzebujesz. Powróć na właściwe tory, gdy tylko uświadomisz sobie, że kłamiesz, krzywdzisz innych lub robisz coś autodestrukcyjnego.

Ostatnia rzecz, jaką chcę poruszyć w tym rozdziale, dotyczy podstaw – musisz opanować je do perfekcji, gdyż nie tylko stanowią one fundament wszystkiego, ale i nie podlegają żadnym zmianom.

Oto najważniejsze z nich:

- przestrzeganie stałego planu treningowego lub rozkładu zajęć
- trzymanie się planu żywienia
- dbanie o stały harmonogram dnia (zasypianie, budzenie)
- zapewnianie ciału oraz umysłowi czasu na odpoczynek i relaks
- pozwalanie sobie na odczuwanie emocji
- spędzanie wartościowego czasu z innymi
- szukanie możliwości pomocy innym
- regularne aktualizowanie swoich celów życiowych i unikanie podejmowania jakichkolwiek pochopnych decyzji

Nawet jeśli z powodu dużej zmiany lub poważnego problemu (jak na przykład ciężka choroba, kontuzja lub utrata kogoś bardzo bliskiego) nie możesz być zawodnikiem pierwszego składu w którymkolwiek z obszarów życia, nadal możesz się doskonalić w innych, wykorzystując wrodzone zdolności.

Jak już wcześniej wspomniałem, zostanie mistrzem wymaga przede wszystkim podjęcia decyzji o tym, że jedyną akceptowalną stawką w rozpoczynanej walce jest złoto – oznacza to konieczność rywalizacji nie tylko z najlepszymi przeciwnikami, ale r ó w n i e ż najlepszą wersją samego siebie – we wszystkich dziedzinach życia oraz sportu. I nie chodzi wyłącznie o te kilka godzin, podczas których wykonujesz kolejne interwały na bieżni czy zaliczasz jedną po drugiej długości basenu. Cały plan opiera się na założeniu, że każdego dnia będziesz wspierał własne dążenie do wymarzonego celu poprzez dokonywanie aktów doskonałości. To właśnie jest najistotniejsza koncepcja tego rozdziału. A teraz, mając na uwadze to, o czym właśnie przeczytałeś, zadaj sobie dwa pytania: „Czy robię wszystko, aby spełnić swoje marzenia, czy tylko staram się jakoś przetrwać od rana do wieczora? Czy moje pragnienie odniesienia sukcesu zaspokoi jedynie złoto, czy też zadowolę się srebrem?".

ROZDZIAŁ DRUGI

DOSKONALENIE ZDOLNOŚCI MENTALNYCH

> Umysł trzeba trenować tak samo jak ciało.
> — BRUCE JENNER

Wszystkie opisane w tym rozdziale zdolności mentalne są dokładnie zbadane przez naukowców. Potwierdzona jest również – i to ogromną liczbą prawdziwych przypadków – ich skuteczność w pomaganiu sportowcom w kształtowaniu mistrzowskiej mentalności, dzięki której są w stanie w pełni wykorzystać swój potencjał. Niektóre z tych technik zapewne już stosowałeś, o innych czytałeś lub słyszałeś – wyzwanie, jakie przed tobą stawiam, polega na ich opanowaniu. Sprawi to, że posiądziesz kilka nowych, potężnych umiejętności, których z łatwością będziesz mógł używać w swoim sporcie lub życiu. Pamiętaj tylko o tym, aby każdą z tych zdolności dopasowywać później do indywidualnych potrzeb oraz sytuacji.

Podejścia opartego na sposobie myślenia „umysł ponad materią" nie da się wypracować w krótkim czasie. Aby osiągnąć taki poziom mentalnego rozwoju, konieczne jest przejście przez ten sam proces uczenia się wykorzystywany do rozwijania zdolności fizycznych: powtarzanie (celowa i codzienna praca umysłowa) oraz wzmacnianie (wyzwalanie dobrego samopoczucia po realizacji kolejnych zadań poprzez mówienie takich rzeczy, jak „pracuję teraz nad rozwojem mięśni mentalnych"). Aby osiągnąć mistrzostwo, działaj zgodnie z planem doskonalenia i staraj się wielokrotnie każdego dnia koncentrować na jednej lub dwóch wybranych zdolnościach. Postępując w ten sposób, na pewno stworzysz mocny i solidny fundament.

Oto zdolności mentalne, o których przeczytasz w tym rozdziale:
- **ustalanie celu:** wymyśl, a potem zapisz
- **obrazowanie mentalne:** wyobrażenie w służbie realizacji
- **mowa wewnętrzna:** karmienie dobrego wilka
- **przeświadczenie:** potęga pewności siebie
- **skupienie:** mistrz działa
- **kontrola oddechu:** tchnij życie w swoje możliwości
- **odporność psychiczna:** budowanie wewnętrznej siły
- **panowanie nad niepokojem:** od paniki do podekscytowania
- **radość:** humor to najlepsza terapia
- **język ciała:** zrób złote wrażenie
- **intensywność:** bądź władcą własnej strefy
- **osobiste afirmacje:** frazy mocy przyszłego mistrza

USTALANIE CELU: WYMYŚL, A POTEM ZAPISZ

> Mierz wysoko i nie przestawaj, dopóki tam nie dotrzesz.
> — BO JACKSON

Jakie są twoje pomniejsze, krótkoterminowe cele? A jakie główne, długoterminowe? Jaki jest twój ostateczny, wymarzony cel sportowy? Przykłady to między innymi dostanie się do reprezentacji szkolnej, zdobycie stypendium sportowego na studiach, złamanie trójki w maratonie czy zdobycie złotego medalu na igrzyskach olimpijskich. Najważniejsza rzecz to określenie tego, co chce się osiągnąć, oraz ustalenie, co będzie potrzebne, aby to zrobić. Następny krok to wdrożenie planu postępowania, który sprawi, że ustalony cel nabierze realnych kształtów. Trzymaj się go i bądź nieustannie skoncentrowany na wytyczonej drodze, ponieważ tylko tak zdołasz osiągnąć poziom mistrzowski.

Istnieje kilka potencjalnych korzyści, które pojawiają się dzięki szczegółowemu ustaleniu celów. Przede wszystkim już samo ich istnienie może zwiększyć zapał, zaangażowanie i wolę dążenia do sukcesu. Cele mogą również zwiększyć świadomość mocnych stron i obszarów wymagających poprawy. Mając cel, nietrudno już wytyczyć wyraźną ścieżkę prowadzącą do jego realizacji. Bez względu na to, czym jest, wymarzony cel sportowy będzie służył jako gwiazda przewodnia, dzięki której możesz w pełni poświęcić się realizacji codziennych aktów doskonałości.

Panczenista Dan Jansen zdobył złoty medal w biegu na 1000 metrów podczas Zimowych Igrzysk Olimpijskich w Lillehammer w 1994 roku, a w trakcie swojej wspaniałej kariery ustanowił osiem rekordów świata. W jednej z wypowiedzi wspomniał o tym, jak ważne jest stawianie sobie ambitnych celów: „Jestem przekonany, że coś takiego jak zbyt duże aspiracje po prostu nie istnieje. Im trudniejsza droga, tym intensywniej trzeba pracować. A jeżeli się nie uda? Trudno, taka kolej rzeczy i nie można mieć do siebie pretensji, ale tylko wtedy, gdy cel był wyraźnie określony, a w próbę jego osiągnięcia włożyło się maksimum sił i zaangażowania".

Jak wybitnym sportowcem pragniesz być? Jak bardzo chcesz wygrywać? Najważniejsze jest określenie, które cele są priorytetowe, następnie zapisanie ich i umieszczenie w widocznym miejscu – na przykład na ścianie w sypialni – gdzie będą stanowić źródło motywacji. Kolejnym etapem jest opracowanie strategicznego planu realizacji poszczególnych celów jeden pod drugim. Oznacza to skupienie całej energii, zaangażowania i entuzjazmu na realizacji planu poprawy, krok po kroku, dzień po dniu.

Równie ważny jak sama realizacja celów jest także proces ich wyznaczania, ponieważ od tego właśnie etapu zależy często, jakie wyniki uda się osiągnąć. Postaraj się o wsparcie kogoś doświadczonego – przyjaciela, kolegi z drużyny, trenera lub mentora – kto może pełnić rolę obiektywnego obserwatora i dodać ci otuchy. Poniżej znajdziesz pięć pytań, które warto sobie zadać, aby ocenić każdy cel, niezależnie od tego, czy dotyczy przyszłego tygodnia, bieżącego sezonu, czy całej kariery sportowej:

- Czy mój cel jest sprecyzowany?
- Czy mój cel jest mierzalny?
- Czy mój cel jest pozytywny?

- Czy mój cel jest inspirujący?
- Czy mój cel jest wyeksponowany?

Dobrym pomysłem jest określenie stopnia ważności osiągnięć na treningu, najbliższych zawodach czy też w nadchodzącym sezonie poprzez zastosowanie trzypoziomowego systemu celów: 1) brąz, 2) srebro, 3) złoto. Brąz symbolizuje oczekiwany i – zgodnie z racjonalną oceną dotychczasowych osiągnięć oraz aktualnych możliwości – dobry wynik. Srebro oznacza wyraźną poprawę. A złoto to wyczyn na miarę poprawienia osobistego rekordu lub dokonania znaczącego przełomu w karierze.

System należy traktować jako narzędzie służące do określania trzech poziomów sukcesu, a nie wąsko zdefiniowanych celów. Kolejna zaleta tego podejścia polega na tym, że najwyższy poziom nie ma górnej granicy, a więc nie ma też ryzyka, że ocenisz swoje możliwości zbyt słabo. Oto trzy kreatywne przykłady zastosowania tego systemu przez sportowców uprawiających różne dyscypliny sportu:

1. Golfista ze średnią wartością handicapu na poziomie 15 ustala ze swoim instruktorem swingu plan poprawy i wyznacza cele na nadchodzący sezon: brązowy: 15–13,5; srebrny: 13,4–11,5; złoty: 11,4 lub niższy.
2. Sprinter, który podczas ostatniego sprawdzianu przebiegł 100 metrów w 10,5 sekundy, omawia ze swoim trenerem oczekiwania dotyczące wyniku w nadchodzących zawodach: brąz: 10,6–10,5 sekundy; srebro: 10,49–10,4 sekundy; złoto: 10,39 sekundy lub szybciej.
3. Koszykarka, której skuteczność w rzutach wolnych wynosi 80 procent wykonuje po regularnym treningu dodatkową serię 100 rzutów, aby poprawić ten aspekt gry. Uzyskane wyniki ocenia następująco: brąz: 75–80 trafień; srebro: 81–85 trafień; złoto: 86 lub więcej celnych rzutów.

Doktor Gary Hall senior, wybitny pływak, trzykrotnie reprezentował Stany Zjednoczone na igrzyskach olimpijskich (w latach 1968, 1972 i 1976), zdobywając trzy medale. W trakcie spektakularnej kariery ustanowił

10 rekordów świata. W czasach studenckich, gdy reprezentował Uniwersytet Indiany, Hall trzynastokrotnie wygrywał cykl międzyuczelnianych rozgrywek Big Ten i osiem razy był akademickim mistrzem USA. Obecnie zarządza Race Club na Florida Keys, światowej klasy ośrodkiem treningowym dla pływaków w każdym wieku i stopniu zaawansowania. Doktor Hall podzielił się ze mną swoimi przemyśleniami na temat określania priorytetów:

> Dwa najważniejsze elementy wyznaczania celów to zapisanie ich i umieszczenie w miejscu, w którym każdego dnia będą rzucać się w oczy. Zazwyczaj polecam lustro w łazience lub drzwi lodówki, dwa miejsca, o których wiem, że zawsze pojawiają się w polu widzenia. Kiedy miałem 16 lat i trenowałem do swoich pierwszych igrzysk olimpijskich, mój trener zapisał wszystkie moje docelowe czasy na górnej części piankowej deski, której każdego dnia używałem podczas treningu. Nie mogłem przed nimi uciec, a efekt był taki, że po zrealizowaniu planu dostałem się do reprezentacji.

OBRAZOWANIE MENTALNE: WYOBRAŻENIE W SŁUŻBIE REALIZACJI

Patrz najpierw umysłem, potem oczami, a na końcu ciałem.
— YAGYŪ MUNENORI, MISTRZ MIECZA (1571–1646)

Obrazowanie mentalne, popularnie określane jako wizualizacja, to proces polegający na wykorzystaniu wszystkich zmysłów do pomocy w nauce i rozwijaniu nowych umiejętności oraz strategii sportowych, a także wyobrażaniu sobie sukcesu. Obrazowanie optymalnego występu odbywa się poprzez tworzenie albo odtwarzanie w myślach całości lub części wydarzenia sportowego. Wykonywanie takich ćwiczeń mentalnych można porównać do nauki umiejętności fizycznych: im więcej trenujesz w świadomy sposób, tym lepszy staniesz się w wykonywaniu danego zadania. Takie podejście sprawia, że obrazowanie znacznie wykracza poza marzenie czy fantazjowanie. Podobnie jak w przypadku ćwiczeń fizycznych, aby ćwiczenia mentalne przyniosły jak najwięcej korzyści, niezbędna jest odpowiednia struktura oraz dyscyplina.

Przeprowadzono już wiele badań eksperymentalnych, podczas których zajmowano się wpływem obrazowania mentalnego na sprawność fizyczną. W 1983 roku dr Deborah Feltz i dr Daniel Landers, wybitni naukowcy zajmujący się psychologią sportu, dokonali gruntownego przeglądu literatury na temat treningu mentalnego i potwierdzili korzystny wpływ obrazowania na poprawę wyników. Ich odkrycia wykazały, że wizualizacja jest jednym z najpotężniejszych narzędzi, jakie ludzki umysł ma do zaoferowania sportowcom i trenerom.

Oczywiście samo obrazowanie nie zagwarantuje, że zawsze osiągnie się najlepszy czas lub zwycięży w zawodach, ale opanowanie tej umiejętności umysłowej znacznie zwiększa prawdopodobieństwo odniesienia sportowego sukcesu. Technika ta działa przede wszystkim w zakresie zwiększenia efektywności działania poprzez wyostrzenie mentalnego wzorca i wzmocnienie pamięci mięśniowej w celu poprawy działania układu nerwowo-mięśniowego podczas wysiłku fizycznego. To dlatego właśnie obrazowanie stosowane jest w zasadzie przez wszystkich olimpijczyków jako istotna część ich programów treningowych. Co ważne, obrazowanie może być używane w trakcie przygotowań przez sportowców uprawiających którąkolwiek z istniejących dyscyplin lekkoatletycznych, bez względu na posiadane zdolności motoryczne.

Mózg nie zawsze jest w stanie rozróżnić, które z doświadczeń są rzeczywiste, a które wyobrażone. Dzieje się tak, ponieważ te same struktury w mózgu są wykorzystywane do przetwarzania obu tych rodzajów przeżyć. Na przykład jednym z najczęściej pojawiających się w koszmarach sennych motywów jest bycie ściganym. Pomimo że śpiąca osoba jest bezpieczna i znajduje się we własnym łóżku, budzi się przerażona – oddycha gwałtownie, a jej serce łomocze jak oszalałe. Cała sytuacja dzieje się w umyśle, a mimo to śniący doświadcza fizycznych wrażeń, które towarzyszyłyby prawdziwej ucieczce przed śmiertelnym niebezpieczeństwem.

Doktor Henry „Hap" Davis, neurobiolog i psycholog sportowy, badał funkcjonowanie mózgu u czołowych sportowców, wykorzystując rezonans magnetyczny (MRI) do monitorowania aktywności neuronalnej ich mózgów. W trakcie badania przeprowadzonego w 2008 roku dwie grupy sportowców oglądały nagrania przedstawiające ich sukcesy i porażki. Ponowne przeżywanie udanego występu powodowało większy wzrost aktywności neuronalnej w prawej korze przedruchowej (obszarze mózgu, który odpowiada za planowanie kolejności ruchów dowolnych) niż ponowne doświadczanie porażki.

Do osiągnięcia sukcesu konieczna jest wizualizacja pozytywnego przebiegu rywalizacji oraz idealnych działań, które należy podjąć. Wykreuj krystalicznie czysty obraz mentalny i silne, fizyczne niemal, poczucie tego, co chcesz osiągnąć. Tworząc tę wirtualną rzeczywistość, uwzględnij całe otoczenie – widoki, dźwięki, zapachy, wrażenia dotykowe oraz emocje, które towarzyszą tej wyjątkowej chwili. Nie przejmuj się początkowym brakiem wyrazistości i możliwości kontrolowania tych obrazów – to rzeczy, które poprawią się wraz z praktyką. Podczas wizualizacji staraj się doświadczać wszystkiego w trzech wymiarach i z własnego punktu widzenia, zamiast wyobrażać sobie siebie oczami widza. Chodzi o to, abyś zobaczył tę chwilę, poczuł ją i cieszył się nią. Masz doświadczyć tego, co dzieje się po osiągnięciu celu, a nie patrzeć na siebie z zewnątrz.

Oto trzy najważniejsze elementy udanego obrazowania:

1. Z o b a c z wyraźnie samego siebie odnoszącego sukces.
2. P o c z u j dokładnie każdą sekundę tego mistrzowskiego występu.
3. C i e s z s i ę tą wizją tak bardzo, jakby była wspomnieniem, a nie wyobrażeniem.

Współpracowałem kiedyś z weteranem ligi NFL, który przez wiele lat grał jako punter, jeden z zawodników tzw. formacji specjalnej. Opracował on następującą metodę trenowania umysłu: co drugi dzień wprowadzał się na 10 minut w stan rozluźnienia, wykorzystując w tym celu głębokie oddychanie. Następnie „widział i czuł", jak wykonuje skuteczne kopnięcia w różnych sytuacjach w trakcie meczu i przy różnych warunkach pogodowych (wyobrażał sobie zarówno idealne, jak i średnie oraz najgorsze ewentualne scenariusze). Używał obrazowania jako mentalnej próby generalnej, umożliwiającej mu wstępne doświadczenie perfekcyjnych występów, ale i wszelkich ewentualnych przeciwności, dzięki czemu był później w stanie sprawnie sobie z nimi radzić. A ponieważ wiedział także, jak wygląda każdy stadion, na którym będzie grała jego drużyna, bez problemów „widział siebie" grającego w konkretnym miejscu.

Kanadyjczyk Duff Gibson, zdobywca złotego medalu w skeletonie na Zimowych Igrzyskach Olimpijskich w Turynie w 2006 roku, opisał mi, jak używa wizualizacji do osiągnięcia szczytowej formy:

> W sporcie takim jak skeleton wizualizacja jest niesłychanie ważna. Aby osiągnąć sukces i dotrzeć do mety w jednym kawałku, wcześniej mknąwszy w dół lodowego toru z prędkością większą niż ta, z którą jeżdżą samochody na autostradzie, musisz być całkowicie skupiony i skoncentrowany. Umiejętność wizualizacji, jak zresztą wszystko inne, udoskonala się wraz z ćwiczeniami, dlatego po pewnym czasie byłem w stanie wykorzystać ją nie tylko jako formę przygotowania się do jak najlepszego pokonania sekwencji zakrętów na danym torze, ale również do całkowitego skoncentrowania na tym, co miałem zrobić. Wizualizacja pomogła mi również w osiąganiu maksymalnego rozluźnienia po zajęciu pozycji w sankach, co jest bardzo ważne, aby uzyskać jak największą prędkość.

Brytyjczyk Steve Backley, były rekordzista świata w rzucie oszczepem, zdobył cztery złote medale na mistrzostwach Europy, trzy złote medale na Igrzyskach Wspólnoty Narodów, dwukrotnie stawał na drugim i raz na trzecim stopniu podium na igrzyskach olimpijskich i dwa razy był drugi na mistrzostwach świata. Byłem ciekaw, którą ze swoich zdolności mentalnych uważa za najbardziej pomocną w jego wyjątkowej karierze. Oto co powiedział:

> Trudno mi wyróżnić tę jedną, jedyną, ponieważ nie tylko było ich wiele, ale też ich znaczenie zmieniało się w różnych momentach. I chyba wła-

śnie to jest jedną z tych ważniejszych – wiedzieć, co należy robić i kiedy. Oznacza to w zasadzie, że zdolnością, której zawdzięczam najwięcej, jest umiejętność wizualizacji. Zdolność do wyprzedzania przyszłości poprzez budowanie w umyśle obrazów o dużej rozdzielczości, przedstawiających dokładnie to, co chcesz osiągnąć. Zdarzyło się, że w ostatniej fazie przygotowań do startu na igrzyskach w 1996 roku doznałem dość poważnej kontuzji, co dało mi wspaniałą okazję do dokładnego sprawdzenia skuteczności tego poglądu. W zasadzie przez cały okres poprzedzający tamte zawody stosowałem tego rodzaju ćwiczenia mentalne. Można powiedzieć, że zamiast trenować, wykorzystywałem wizualizację. To oczywiście duże uproszczenie, faktem jednak jest, iż był to jeden z moich najlepszych występów w życiu. Srebrny medal, który wtedy zdobyłem, do końca życia będę cenił bardziej niż którykolwiek ze złotych.

Ćwiczenia mentalne należy wykonywać 2–3 razy w tygodniu po mniej więcej 10–15 minut za każdym razem. Wybierz konkretną umiejętność sportową, którą chcesz dalej rozwijać, lub pracuj nad różnymi scenariuszami, włączając w to rozmaite zakończenia zawodów. Przykładem może być osiągnięcie założonego czasu w maratonie, wyeliminowanie pałkarza w końcówce dziewiątej rundy lub zwycięskie trafienie do kosza w tej samej sekundzie, w której rozlega się syrena kończąca spotkanie.

Krótsze sesje mentalne również mogą być skuteczne. Dobrym momentem są chwile spokoju w ciągu intensywnego dnia czy wieczór przed zawodami. Idealnie sprawdzą się także jako element przedstartowej rutyny, a zwłaszcza tych kilkunastu/kilkudziesięciu sekund tuż przed uderzeniem, strzałem, skokiem czy rzutem. Jako przykład weźmy golfistę biorącego udział w turnieju. Powinien on zawsze próbować zobaczyć i poczuć udane uderzenie, zanim jeszcze wykona zamach kijem.

Podsumujmy te rozważania ćwiczeniem. Usiądź prosto na krześle (nie polecam położenia się na łóżku czy podłodze, może to bowiem spowodować senność). Zamknij oczy i skup się na swoim oddechu. Wykonaj kilka powolnych, głębokich oddechów (wdech nosem i wydech ustami), aby oczyścić umysł i rozluźnić ciało. Wybierz konkretną umiejętność w swojej dyscyplinie sportu, np. rzut wolny w koszykówce lub tak zwany kick serwis w tenisie.

Rozpocznij od wizualizacji całego otoczenia, stopniowo włączając wszystkie obrazy i dźwięki. Zwróć szczególną uwagę na odczucia fizyczne, takie jak sprężystość w stawach skokowych i kolanowych, sposób oddychania (szybki lub spokojny), ciężar rakiety albo piłki w dłoni oraz faktura piłki podczas jej obracania czy odbijania.

Zacznij mentalne wykonanie swojej rutyny poprzedzającej strzał lub serw – na przykład odbicie piłki trzy razy o podłoże, wzięcie głębokiego oddechu oraz spojrzenie na cel – od wzięcia głębokiego wdechu i pozwól, by wypełnił całe ciało. Następnie wyraźnie **zobacz, poczuj i ciesz się** użyciem tej umiejętności w każdym momencie ruchu. Utrzymuj pełną koncentrację przez cały czas trwania wizualizacji i zakończ ją czystym trafieniem piłką do kosza lub asem serwisowym.

Spróbuj wykonać to ćwiczenie trzy razy z rzędu, za każdym razem starając się zachować pełną koncentrację i kończąc z pozytywnym rezultatem. Jeżeli oczyma wyobraźni widzisz piłkę odbijającą się od obręczy czy tablicy lub uderzającą w siatkę albo gdy ciągle coś cię rozprasza, powtarzaj wizualizację tak długo, aż będziesz w stanie zobaczyć siebie działającego bezbłędnie. Umiejętność ta jeszcze bardziej utwierdzi twoje fizyczne „ja" w przekonaniu, że zdobycie złotego medalu to tylko kwestia czasu.

MOWA WEWNĘTRZNA: KARMIENIE DOBREGO WILKA

> Od tego, co myślisz, od stanu twojego umysłu, zależy najwięcej.
> – WILLIE MAYS

Jest taka stara czirokeska legenda, którą często przytacza się jako *Przypowieść o dwóch wilkach*. Stary wojownik nauczał swojego wnuka, że w każdym człowieku żyją dwa wilki: jeden z nich, biały, reprezentuje cechy pozytywne i wspomaga korzystne działania, podczas gdy drugi, czarny, uosabia cechy negatywne i działa destrukcyjnie. Oba wilki nieustannie walczą o przejęcie kontroli. Zaciekawiony wnuk spytał: „Który z wilków wygra?", na co stary wojownik odpowiedział: „Ten, którego nakarmisz".

Jeżeli myśli wpływają na uczucia, to uczucia wpływają na osiągane wyniki. To prawda, dlatego tak ważne jest, abyś nauczył się myśleć o sobie i swojej pasji bardziej pozytywnie. Oznacza to, że nigdy nie powinieneś utracić kontroli nad tym, jaki przekaz wysyłasz sam do siebie, i zawsze karmić dobrego, a nie złego wilka! To jedna z najważniejszych życiowych lekcji, jakie kiedykolwiek usłyszysz. Zrozumienie, że decyzja należy tylko do ciebie, jest nie tylko niezwykle ważne, ale i niesamowicie wzmacniające.

Pierwszym krokiem ku temu, aby karmiony był tylko dobry wilk, jest nauczenie się rozpoznawania własnych negatywnych i autodestrukcyjnych myśli. Typowe przykłady to: „Jestem do bani", „Nie jestem wystarczająco dobry" lub „Nie pasuję do zespołu". Wszyscy miewamy takie myśli, poświęć więc teraz trochę czasu i spróbuj określić kilka z tych dotyczących twoich umiejętności sportowych, które najczęściej pojawiają się w twojej głowie podczas treningu, meczu lub zawodów.

Myśli tego rodzaju (jak na przykład „Nie nadaję się do tego") wpływają negatywnie na poziom pewności siebie, dlatego następny krok polega na osłabieniu ich wpływu poprzez zastosowanie motywujących powiedzeń (jak chociażby „Pokaż, co potrafisz!"). Mentalne kwestionowanie własnych możliwości nie przynosi nic dobrego. Zamiast tego zyskaj wyraźną kontrolę nad swoimi procesami myślowymi. Powtarzanie tych dwóch zwycięskich kroków pozwoli ci zbudować silną psychikę, poprawić nastrój i zwiększyć sprawność fizyczną.

Jeżeli zły wilk zaczyna unosić swój paskudny łeb w trakcie zawodów, musisz natychmiast go powstrzymać. Mowa wewnętrzna (oznaczająca powtarzanie sobie w myślach lub na głos konkretnych słów bądź całych zdań) zawsze powinna być nacechowana pozytywnie: „Właśnie zdobyłem rzut karny. Zaczynam się denerwować, skupiam się na tym. Stop. Oddychaj. Wciskam reset i usuwam to wspomnienie z mojego umysłu. Już po wszystkim. A teraz spojrzę na kolejne zagranie w nowy, pewny siebie sposób". W sportach, w których trzeba szybko reagować na rozwój sytuacji, takich jak koszykówka czy piłka nożna, po prostu krzyknij do siebie: „Gram dalej!".

Przeprowadzona kilka lat temu metaanaliza 32 opublikowanych wyników badań z zakresu psychologii sportu pozwoliła dr. Antonisowi Hatzigeorgiadisowi i jego współpracownikom z Uniwersytetu Tesalskiego w greckim mieście Wolos uzyskać potwierdzenie, że mowa wewnętrzna może przynieść znaczącą poprawę wyników sportowych. Ich wnioski zostały opublikowane w prestiżowym dwumiesięczniku „Perspectives on Psychological Science" w lipcu 2011 roku. Hatzigeorgiadis mówi: „Umysł kieruje działaniem. Jeśli uda nam się uregulować myśli, wpłynie to pozytywnie na nasze zachowanie".

Badacze przyjrzeli się także różnym zastosowaniom mowy wewnętrznej w odniesieniu do realizacji różnych zadań. W przypadku zadań dotyczących precyzyjnych zdolności motorycznych, takich jak golf, zwroty o charakterze instruktażowym (na przykład: „Wykonaj pełny obrót ramion") okazały się bardziej skuteczne niż typowo motywacyjne (typu: „Jestem najlepszy"). Z drugiej strony, autosugestie motywacyjne okazały się skuteczniejsze w przypadku zadań wymagających siły lub wytrzymałości, takich jak bieg czy jazda na rowerze. Technika ta może być bardziej wartościowa przy nowych zadaniach niż tych, które wykonywane były już w przeszłości, dlatego mogą z niej korzystać zarówno początkujący, jak i doświadczeni sportowcy.

Nawet jeśli nie uda ci się wyeliminować wszystkich negatywnych myśli, zawsze masz możliwość zakwestionowania ich, a następnie zastąpienia bardziej pozytywnymi i wartościowymi wyobrażeniami. Przeczytasz o tym więcej w dalszej części książki, wspomnę jednak już teraz, że ostatecznym celem w momencie działania jest wykroczenie poza świadome myślenie, dzięki czemu możliwe jest pełne doświadczanie chwili (określane jako stan przepływu, *flow* lub bycie w strefie). Staraj się poprawić jakość swoich myśli i wyciszyć umysł. Osiąganie wyników na poziomie mistrzowskim jest możliwe tylko wtedy, gdy karmi się dobrego wilka!

PRZEŚWIADCZENIE: POTĘGA PEWNOŚCI SIEBIE

Każde udane uderzenie zbliża mnie do kolejnego triumfu.

— BABE RUTH

Zarówno badania z zakresu psychologii sportu, jak i opowieści wybitnych sportowców potwierdzają zgodnie, że przeświadczenie jest niezbędne do osiągnięcia sukcesu sportowego. A dokładniej mówiąc: pewność siebie, która oznacza silną wiarę we własne umiejętności, przygotowanie i zdolności. Według jednego z najlepszych tenisistów wszech czasów, Johna McEnroe, pewność siebie utrzymująca się nawet w trudnych sytuacjach to atrybut wybitnego zawodnika. Aby odnieść sukces, musisz wierzyć, że jest on w twoim zasięgu.

Prawdziwa pewność siebie to cecha, której wypracowanie wymaga wysiłku i wytrwałości. Jack Nicklaus, legenda golfa, zbudował ją dzięki odpowiednim przygotowaniom, szczególnie przed czterema głównymi turniejami w sezonie. W czasie swojej zdumiewającej kariery aż 18 razy wygrywał w tzw. *majors*, czyli najważniejszych turniejach golfowych, 19 razy był drugi i 9 razy trzeci. Czterdzieści sześć konfrontacji z najlepszymi zawodowymi golfistami świata i za każdym razem plasował się w pierwszej trójce.

W wywiadzie po wygraniu jednego z turniejów Nicklaus powiedział: „Jeżeli jestem przygotowany, to zawsze oczekuję zwycięstwa". Udowodnienie sobie własnych możliwości (refleksja nad poprzednimi sukcesami i najlepszymi momentami) oraz odpowiednie przygotowanie (pod względem jakości oraz ilości) to dwa podstawowe sposoby budowania pewności siebie przed rywalizacją.

Parafrazując słowa sprintera Maurice'a Greene'a, byłego rekordzisty świata w biegu na 100 metrów: trenuj tak, jakbyś był numerem 2 (szlifuj swój talent), ale rywalizuj tak, jakbyś był numerem 1 (zaufaj swojemu talentowi). W dniu zawodów walcz niewzruszenie, podkreślając swoje umiejętności i mocne strony, czerpiąc siłę z wcześniejszych sukcesów i doceniając zachętę ze strony trenerów oraz kolegów z zespołu. Zawsze podkreślaj mocne strony u siebie i słabości u przeciwnika – nigdy na odwrót.

Nie zapominaj też o tym, by dostrzegać podobieństwa pomiędzy aktualnym wyzwaniem a poprzednimi sytuacjami, w których udowodniłeś swoją wartość lub przekroczyłeś własne oczekiwania. Powiedz sobie: „Robiłem to już wcześniej i mogę zrobić to teraz". Skup się na tym, jak wykonujesz swoje zadanie, a nie na ewentualnej porażce.

Aby osiągać wyniki na poziomie mistrzowskim, musisz zrozumieć potęgę zależności pomiędzy pamięcią długotrwałą a odnoszeniem sukcesów oraz pamięcią krótkotrwałą (amnezja selektywna) a niepowodzeniami. Każdy sportowiec ponosi porażki, ale mistrzowie nie rozpamiętują ich w nieskończoność.

Noureddine Morceli, algierski średniodystansowiec, wierzył w swój talent bez względu na to, jak trudni okazywali się jego rywale. Morceli, złoty medalista Igrzysk Olimpijskich w Atlancie w 1996 roku w biegu na 1500 metrów, powiedział w reklamie Nike: „Kiedy się ścigam, mój umysł jest pełen wątpliwości – kto skończy na drugim, a kto na trzecim miejscu".

Samozadowolenie to częsta przyczyna utraty dużej przewagi lub przegranej z „gorszym" przeciwnikiem (który najwyraźniej za takiego się nie uważał). Nadmierna, granicząca wręcz z butą, pewność siebie nigdy nie jest problemem pod warunkiem jednak, że nieustannie ciężko i mądrze pracujesz na treningach, dążąc do tego, aby stać się najlepszym sportowcem, jakim możesz być, i masz niezłomną wolę wygrywania podczas zawodów: możesz nienawidzić przegrywania, ale nie możesz się tego bać. Tym, co nie pozwoli ci na utratę koncentracji, gdy wszystko idzie po twojej myśli i wygrywasz, jest silne przekonanie o własnych możliwościach w połączeniu z brakiem przedwczesnego uczucia triumfu i zadufania.

Poniżej znajdziesz kilka pytań do autorefleksji opracowanych w oparciu o pionierską pracę na temat poczucia własnej skuteczności (specyficznej siły przekonań), którą psycholog z Uniwersytetu Stanforda, dr Albert Bandura, rozpoczął w połowie lat 70. ubiegłego wieku. Udzielenie odpowiedzi na te pytania – wymagające analizy własnych osiągnięć, przypomnienia sobie pozytywnych informacji zwrotnych, podjęcia decyzji o naśladowaniu swoich sportowych bohaterów oraz słuchania przypomnień o swoich możliwościach – pozwoli zwiększyć twoją wiarę w to, że jesteś w stanie osiągnąć wielkie rzeczy.

1. Jakie było największe wyzwanie związane z uprawianą przez ciebie dyscypliną sportu, które udało ci się zrealizować, i jak tego dokonałeś? Przykłady to chociażby powrót po poważnej kontuzji, wyjście z głębokiego zastoju czy też ukończenie pierwszego maratonu lub triathlonu.
2. Opisz swoje największe dotychczasowe osiągnięcie sportowe. Poświęć kilka minut na jak najżywsze odtworzenie tego wspaniałego momentu oraz towarzyszących mu radości i dumy. Co pomogło ci wtedy w osiągnięciu sukcesu? O czym myślałeś i co czułeś podczas gry, meczu lub wyścigu?
3. Jakie są twoje trzy mocne strony lub atrybuty jako sportowca? Odpowiadając na to pytanie, bądź szczery, ale nie skromny. Niektóre z przykładów to etyka pracy, odporność psychiczna i zdolność koncentracji.
4. Przypomnij sobie trzy sytuacje, przy okazji których usłyszałeś od innych osób komplementy i poczułeś się wyjątkowo dobrze. Przykłady to trener opisujący cię jako najciężej pracującego zawodnika w zespole, rywale mówiący, że jesteś ich najtrudniejszym przeciwnikiem, lub kolega z drużyny nazywający cię prawdziwym wojownikiem boiska.
5. Która z obecnych w twoim życiu osób nie byłaby zdziwiona, gdybyś pokonał stojące przed tobą wyzwanie i/lub osiągnął swój największy cel? Może to być na przykład matka, ojciec, brat lub siostra, dziadek, trener, kolega z zespołu lub przyjaciel.
6. Jakie są trzy nagrody albo osiągnięcia, na które zapracowałeś? Przykłady to indywidualne lub drużynowe trofeum, stypendium sportowe czy pobicie osobistego rekordu.
7. Wskaż trzech sportowych bohaterów lub postaci, które uważasz czy też uważałeś w dzieciństwie za wzory do naśladowania i do których możesz się odnieść, gdy potrzebujesz wzmocnienia pewności siebie w trudnej

sytuacji. Być może twój ulubiony zawodnik walczył z przeciwnościami, wykazując się ogromną determinacją podczas gry. Przypomnij sobie, co przeczytałeś w pierwszym rozdziale: jeżeli potrafisz dostrzec wybitność u innych, to znaczy, że jej cząstka już w tobie istnieje.

SKUPIENIE: MISTRZ DZIAŁA

> Czas jest teraz, miejsce jest tutaj.
> — DAN MILLMAN

Skupienie, określane niekiedy jako uwaga selektywna, oznacza całkowite poświęcenie się wykonywanemu zadaniu przy jednoczesnym ignorowaniu wszystkiego innego. W przypadku sportowca osiągnięcie takiego stanu wymaga odsiewania bezużytecznych informacji (określanych jako mgła lub szum), które zakłócają skupienie się na celu, takim jak na przykład pole X w łucznictwie lub flaga w golfie. Zalecana sekwencja to skupienie uwagi na bezpośrednim celu, zignorowanie czynników rozpraszających i trafienie.

Michael Phelps, zdobywca największej liczby medali na igrzyskach olimpijskich w historii (28 medali, w tym 23 złote!), przed rozpoczęciem treningu w basenie zakładał słuchawki, co pozwalało mu przenieść się do własnego, małego świata. Jedyną rzeczą, która miała w takich chwilach dla niego znaczenie, było jak najlepsze pływanie. Phelps był w stanie osiągnąć niespotykany dotąd w tej dyscyplinie sportu poziom skupienia i zaangażowania. Znaczenie koncentracji opisał w swojej książce *Bez granic*:

> Gdy skupiam na czymś uwagę, nie ma ani jednej rzeczy, osoby, czegokolwiek, co mogłoby mnie powstrzymać przed osiągnięciem wyznaczonego celu. Jeżeli bardzo czegoś pragnę, czuję, że to osiągnę[*].

Załóżmy, że skupienie jest walutą i sportowiec dysponuje w każdej chwili ilością będącą odpowiednikiem 100 dolarów, które może wydać w do-

---

[*] M. Phelps, *Bez granic*, tłum. J. Pierzchała, Świat Książki, Warszawa 2010.

wolny sposób. Każdy dolar wydany przez niego podczas zawodów na wewnętrzne i/lub zewnętrzne czynniki rozpraszające to dolar zmarnowany, oznacza bowiem, że możliwości sportowca nie zostały w pełni wykorzystane. A ty na czym się skupiasz w trakcie rywalizacji? Czy zdarza ci się odbiegać myślami od celu, czy też cały czas masz go na oku?

Wydaj cały swój kapitał w sposób zapewniający maksymalną skuteczność – na proces realizacji zadania, a nie na potencjalne czynniki rozpraszające. Na przykład bramkarz w piłce nożnej powinien być nieustannie skupiony na tym, co dzieje się na boisku, i śledzić piłkę wzrokiem, zamiast wracać myślami do tego, że nie obronił już jednego strzału, i zerkać na trybuny lub ławkę drużyny przeciwnej, aby ocenić reakcje siedzących tam ludzi.

Skupienie pozwala wyeliminować wszelkie zakłócenia. Mogą one przybierać dwie formy: zewnętrzną i wewnętrzną.

TYPOWE ZEWNĘTRZNE CZYNNIKI ROZPRASZAJĄCE

- odgłosy tłumu
- lampy błyskowe w aparatach fotograficznych i smartfonach
- głośne komunikaty
- tablica wyników
- ciemności
- obraźliwe lub złośliwe komentarze wygłaszane przez przeciwników
- niesprzyjająca pogoda (gorąco/zimno, wiatr/deszcz)

TYPOWE WEWNĘTRZNE CZYNNIKI ROZPRASZAJĄCE

- głód
- pragnienie
- zmęczenie
- obolałość
- szkodliwe, destrukcyjne myśli
- negatywne emocje
- znudzenie

Jedną z najważniejszych rzeczy, które musisz zrozumieć i zaakceptować, jest fakt, że rozprasza cię tylko to, co sam uważasz za rozpraszające. Wystarczy, że odwrócisz wzrok. Zignorujesz hałas (nawet ten pochodzący z wnętrza, wytwarzany przez tkwiącego w tobie złego wilka). Skup się na swoim oddechu i ciele. Poczuj swobodę, z jaką trzymasz kij do golfa, hokeja, baseballa/softballa czy rakietę tenisową. Podsumowując – zaufaj swoim pięciu zmysłom, aby „poczuć chwilę", a następnie pozostać już w tym stanie. Innymi słowy: zawsze dąż do tego, aby żyć chwilą, natychmiast reagować i działać.

Zwycięstwo lub osiągnięcie największej efektywności w sporcie wymaga uproszczenia procesu myślowego i skupienia się wyłącznie na tym, co dzieje się w danej chwili. Przez cały czas trwania zawodów musisz być w pełni skoncentrowany. Myśli o przeszłości i przyszłości to mgła, podczas gdy myśli o teraźniejszości – tu i teraz – są czystym niebem.

Bycie obecnym w danej chwili zapewnia zdolność do reagowania z czujnością, ciekawością oraz z wykorzystaniem pełni posiadanych umiejętności na wszystko, co pojawi się na twojej drodze. Nie liczy się nic innego – koncentrujesz się, aby umieścić pożądany efekt w samym środku celownika, a następnie zrobić wszystko, by w niego trafić. Zdolność osiągnięcia stanu pełnego skupienia na bieżącym zadaniu oznacza także umiejętność pełnego odczuwania towarzyszącej temu radości.

Bycie w pełni obecnym i uważnym zaciera wszelkie granice pomiędzy fizycznością a psychiką – stajesz się tym, co robisz. W przeciwnym razie zawsze pozostajesz o krok w tyle za teraźniejszością, gdyż oceniasz przebieg wydarzeń, zamiast ich doświadczać. Całkowicie pochłonięty swoim występem sportowiec nie tylko nie przejmuje się tym, co myślą lub robią przeciwnicy czy publiczność, ale wręcz działa na poziomie podświadomości.

Chris Sharma, jeden z najlepszych wspinaczy skałkowych na świecie, powiedział, że przy pokonywaniu trudnych tras jest tak skupiony, iż w zasadzie c a ł k o w i c i e traci kontakt z otoczeniem. Całą swoją energię kieruje bezpośrednio na to, co robi w danym momencie wspinaczki. Spróbuj wypracować taką biegłość – opuść swoje ciało i **połącz się** z tym, co robisz, bez względu na to, na czym owa czynność polega.

To normalne, że przy koncentrowaniu się na wyzwaniu umysł nieustannie będzie próbował gdzieś odpłynąć. Musisz wtedy przypominać sobie o celu, powtarzając: „Bądź obecny" lub krzycząc: „Teraz!", gdy tylko odkryjesz, że twoje myśli błądzą w przeszłości lub wybiegają w przyszłość. Mało istotne sprawy nie zasługują na to, aby poświęcać im czas czy uwagę.

Zwiększając samoświadomość i dyscyplinę mentalną, zwiększasz także zdolność do utrzymywania swojego umysłu w stanie zapewniającym maksymalne doświadczanie chwili. Teraźniejszość to zawsze teraźniejszość i wszystko, co ma znaczenie – zarówno przeszłość, jak i przyszłość istnieją tylko w twojej wyobraźni.

KONTROLA ODDECHU: TCHNIJ ŻYCIE W SWOJE MOŻLIWOŚCI

> To twój oddech decyduje o tym,
> czy jesteś w najlepszej czy w najgorszej formie.
> — CAROLA SPEADS, AUTORKA KSIĄŻEK
> ORAZ TRENERKA ODDECHU

Aby osiągać wyniki na poziomie mistrzowskim, musisz oddychać głęboko i rytmicznie, ponieważ gwarantuje to utrzymanie energii na najwyższym poziomie. Prawidłowe oddychanie idealnie współgra z byciem tu i teraz (tzn. doświadczaniem w pełni danej chwili). Rozszerzaj jamę brzuszną podczas wdechu i wciągaj ją przy wydechu. Wydychając powietrze, pozwól ramionom oraz szczęce rozluźnić się i lekko opaść. Zrób to teraz. Weź głęboki wdech, a następnie powoli wypuść powietrze.

Zdarza się, że w chwilach nasilonych emocji – gniewu lub niepokoju – oddech może stać się skrócony i płytki. W takiej sytuacji zmniejsza się ilość pobieranego tlenu, a zwiększa napięcie mięśni. Dlatego tak ważne jest, aby w trudnych sytuacjach pamiętać o wzięciu głębokiego oddechu. Już samo wydłużenie wydechu, niezależnie od długości wdechu, sprzyja wywołaniu tzw. odpowiedzi relaksacyjnej ze strony organizmu. Prawidłowe oddychanie pomaga usunąć stres i napięcie z organizmu, co z kolei umożliwia odzyskanie pełni skupienia.

Wielu wybitnych trenerów i sportowców praktykuje głębokie oddychanie jako część treningu mentalnego. Jednym z dobrych przykładów jest Phil Jackson, który jako główny trener Chicago Bulls i Los Angeles Lakers ustanowił rekord 11 zdobytych tytułów mistrzowskich NBA. W najlepszej zawodowej koszykarskiej lidze świata triumfował także jako zawodnik – dwukrotnie grając w barwach New York Knicks. Jako trener wpajał swoim podopiecznym znaczenie głębokiego i świadomego oddychania, szczególnie przed meczami i pomiędzy kwartami.

Sprawdzaj swój oddech w ciągu dnia. Oddychasz brzuchem czy klatką piersiową? Twój oddech jest głęboki czy płytki? Oto trzy proste kroki zapewniające głęboki, świadomy oddech:

1. Wdychaj powietrze przez nos, licząc spokojnie od jednego do pięciu.
2. Przytrzymaj powietrze w płucach przez dwie sekundy.
3. Wydychaj powietrze przez usta, licząc spokojnie od jednego do ośmiu.

Policz w myślach do pięciu przy wdechu, do dwóch podczas wstrzymywania oddechu i do ośmiu przy wypuszczaniu powietrza. Wykonaj tę 15-sekundową technikę oddechową spokojnie i w skupieniu, a następnie powtórz ją czterokrotnie (co daje minutowy trening oddechowy) lub tyle razy, ile będziesz potrzebował, aby uzyskać pożądaną reakcję. Stosuj to ćwiczenie, gdy zauważysz, że stajesz się spięty, odczuwasz przygnębienie lub utknąłeś w nieustającej spirali negatywnych myśli. Oddychanie w ten sposób pomoże ci także spowolnić tętno, uspokoić myśli i odnaleźć wewnętrzny spokój w danej chwili.

Naucz się siedzieć spokojnie i w milczeniu, nie robiąc nic poza obserwowaniem oddechu. Umiejętność wsłuchania się we własny oddech jest niezwykle korzystna, sprawia bowiem, że czynność ta wydaje się bardziej efektywna. Zdolność ta doskonale sprawdza się w przypadku osób, które często ulegają rozproszeniu lub odczuwają ciągłą potrzebę wykonywania jakichś czynności.

Mało istotne, niepotrzebne myśli zakłócają skupienie. Im bardziej wyciszony i oczyszczony umysł, tym większa jest jego potęga. Oddychaj więc głęboko i świadomie przez cały dzień. Co ważne, trudno jest bać się przyszłości, jeżeli się o niej nie myśli. Pamiętaj: strach jest wrogiem efektywnego działania!

ODPORNOŚĆ PSYCHICZNA: BUDOWANIE WEWNĘTRZNEJ SIŁY

> Odporność psychiczna to najważniejsza cecha, jaką musi posiadać zawodnik.
>
> — MIA HAMM

Odporność psychiczna nie polega na zaciskaniu zębów, zmuszaniu się do większego wysiłku, dłuższych czy częstszych analizach, ciągłym skupianiu się na celu albo znalezieniu kogoś, kto będzie krzyczał: „Bądź twardy!" podczas treningu lub zawodów. Odporność psychiczna to zdolność do zachowania pozytywnego nastawienia i chęci do działania nawet w najbardziej niesprzyjających okolicznościach.

Odporność psychiczną buduje się poprzez wielokrotne wykonywanie trudnych zadań, szczególnie wtedy, gdy nie ma się na to ochoty. Przebrnij przez słabsze dni, kiedy czujesz się gorzej niż zwykle. Rozproszenie uwagi, dyskomfort i trudności nie mają szans w starciu z mentalnością mistrza.

Taki poziom determinacji wymaga zdolności do posuwania się naprzód, ku największemu celowi pomimo czających się po drodze niedogodności, dużego dyskomfortu i niepewności. Kiedy pragniesz czegoś naprawdę mocno, nie poddawaj się, dopóki tego nie zdobędziesz.

Posiadanie odporności psychicznej można wykazać zarówno w jednym, konkretnym momencie, jak i w dłuższym okresie, czego efektem może być na przykład udana wieloletnia kariera. Praca nad rozwojem wewnętrznej siły polega na ciągłym podejmowaniu wyzwań, których realizacja zmusza do wysiłku i zaangażowania.

Biegacz długodystansowy Emil Zátopek to przykład sportowca, który wykorzystał odporność psychiczną w swoich treningach, aby zostać jednym z najwybitniejszych sportowców w historii biegów. Zdobył trzy złote medale na Igrzyskach Olimpijskich w Helsinkach w 1952 roku, w tym jeden w maratonie, w którym start był jego debiutem na królewskim dystansie. W czasie swojej kariery Zátopek zdobył pięć medali olimpijskich: cztery złote i jeden srebrny.

Nazywany „czeską lokomotywą" Zátopek powiedział: „Jeżeli ktoś jest w stanie trenować przez wiele długich lat, to siła woli nie stanowi już problemu. Pada deszcz? To bez znaczenia. Jestem zmęczony? I co z tego. Po prostu muszę to zrobić".

Mniej więcej w tym czasie, kiedy Zátopek podbijał świat biegów długich, Billy Mills żył w biedzie w Pine Ridge w Dakocie Południowej. W wieku 12 lat stracił rodziców i wychowywał się w pełnym alkoholizmu rezerwacie Indian. W nadziei na to, że w jego życiu wydarzy się coś pozytywnego, zaczął uprawiać lekkoatletykę, dzięki czemu odkrył w końcu bieganie.

Mills dostał się do amerykańskiej reprezentacji na Igrzyska Olimpijskie w Tokio w 1964 roku. Nikt nie stawiał go w gronie faworytów biegu na 10 000 metrów – jego czas z kwalifikacji był prawie o minutę gorszy od czasów najlepszych zawodników. Tymczasem niesamowicie silnego psychicznie Millsa nie złamał ani brak doświadczenia na arenie międzynarodowej, ani takie przeciwności, jak podłe popchnięcie i uderzenie łokciem przez faworyta Rona Clarke'a na ostatnim okrążeniu oraz zablokowanie na ostatnim zakręcie. Nie tylko przetrzymał to wszystko, ale na finiszu zdołał jeszcze wystrzelić do przodu i zdobyć złoto, ustanawiając przy tym nowy rekord olimpijski.

W 2007 roku w meczu fazy *play off* ligi NFL pomiędzy Green Bay Packers i Seattle Seahawks, grający w zespole Packers na pozycji biegacza Ryan Grant już na samym początku popełnił dwa błędy. Minęły zaledwie cztery minuty, a jego drużyna przegrywała 14 : 0. Grant powiedział wtedy do siebie: „Stało się, jest do dupy, trzeba grać dalej".

Mistrz wie, że myśli wywołują emocje, a emocje mają wpływ na wyniki. Zamiast odciąć się od wszystkiego i wycofać, Grant wygłosił sam do siebie mowę motywacyjną, a potem zdobył 201 jardów i trzy przyłożenia, co w znacznym stopniu przyczyniło się do odrobienia strat oraz imponującego zwycięstwa jego drużyny z przewagą aż 22 punktów (20 : 42). Grant był w stanie upaść i powstać, dzięki czemu mógł odzyskać skupienie i grać na najwyższym poziomie.

Bez względu na konsekwencje popełnionego błędu czy trudność niespodziewanego problemu, najlepszym sposobem działania zawsze jest zrozumienie i akceptacja. Następnie należy odpuścić, odzyskać pewność siebie i skupić na tym, co zostało do zrobienia. Grant wiedział doskonale, że nie może pozwolić sobie na utratę koncentracji i poddanie się już po kilku minutach spotkania. Zawsze pamiętaj, że – niezależnie od tego, czy trenujesz, czy też walczysz o jak najlepszy wynik w zawodach – wybrnięcie z trudnych momentów wymaga reakcji, które pod względem mentalnym są tak samo trudne.

PANOWANIE NAD NIEPOKOJEM: OD PANIKI DO PODEKSCYTOWANIA

> Spraw, aby twoje motylki fruwały w szyku.
> — MAKSYMA STOSOWANA
> W PSYCHOLOGII SPORTU

Większość sportowców niepokoi się swoim występem nie tylko przed zawodami, ale też w ich trakcie. Akceptują oni to uczucie jako coś zupełnie normalnego i pozwalają, aby pogłębiło ich koncentrację. Odczuwanie w takich chwilach niepokoju lub ekscytacji świadczy o tym, jak duże znaczenie ma uzyskany wynik oraz jego konsekwencje. Z kolei zbyt duży niepokój to oczywisty czynnik wywołujący dyskomfort, który wpływa negatywnie na osiągane wyniki.

Zarówno rywalizacja sportowa, jak i wszystkie inne ważne chwile w życiu zawsze wiążą się z odczuwaniem takich emocji, jak niepokój czy ekscytacja. Są one niezbędne do tego, aby działać optymalnie, nie mogą jednak przekroczyć umiarkowanego poziomu. Panika w sporcie to zazwyczaj skrajna forma niepokoju o to, jak potoczy się sytuacja. Panika jest więc nadmierną reakcją umysłu i ciała – czymś w rodzaju fałszywego alarmu – którą można osłabić lub przekierować. Nasze instynktowne reakcje na pojawienie się uczucia paniki – jak chociażby ucieczka, izolowanie, usilne próby rozluźnienia i uspokojenia oraz mentalne obwinianie się i karanie – zawsze mają destrukcyjny wpływ na efektywność podejmowanych w tym czasie działań.

Duży niepokój przed startem czy ważnym treningiem to oznaka, że wypracowałeś już sekwencję negatywnych reakcji, po której uruchomieniu powstrzymanie kolejnych kostek domina przed upadkiem jest bardzo trudne. Priorytetem jest więc zatrzymanie tej sekwencji już na wczesnym etapie. Tak naprawdę boisz się (jeżeli jesteś skłonny to przyznać oczywiście) z a ż e n o w a n i a, jakie poczujesz, gdy nie uda ci się sprostać zadaniu. I to właśnie sprawia, że musisz ponosić konsekwencje w postaci lęku i paniki.

Panika zawsze prowadzi ostatecznie do ustąpienia lęku. Fraza o wilku w owczej skórze w świecie sportu dotyczy niebezpiecznego zawodnika, który udaje brak umiejętności. Pamiętaj więc, że panika jest nieszkodliwym doświadczeniem istniejącym wyłącznie w twoim umyśle, a tym samym, także w twoim ciele. Panikowanie nie oznacza popadania w obłęd – to raczej objaw strachu przed fatalnym zakończeniem wydarzeń.

Poniżej przedstawiam kilka technik, które pomogą ci przezwyciężyć lęk przed porażką, dzięki czemu będziesz mógł w pełni nie tylko cieszyć się samym uprawianiem swojego sportu, ale rywalizować w nim na miarę swoich możliwości. Techniki te nie zostały opracowane z myślą o wyeliminowaniu intensywnych uczuć, lecz o przekierowaniu ich i wykorzystaniu do osiągnięcia pozytywnych rezultatów.

Pracuj nad formą. Im lepiej jesteś przygotowany do zawodów, tym mniej będziesz się ich bał. Nic tak nie pomaga w budowaniu pewności siebie, jak świadomość gotowości do podjęcia wyzwania. Odpowiednie przygotowanie jest wynikiem zwracania bacznej uwagi na wskazówki trenera, uważnego czytania podręcznika opisującego rozmaite wersje zagrywek, analizowania nagrań z meczów oraz konsekwentnego realizowania planu treningowego. Brak takiego przygotowania zwiększa prawdopodobieństwo wystąpienia niepokoju związanego z realizacją zadania. Staraj się wypracować nawyk przypominania sobie przed rozpoczęciem meczu czy zawodów, że naprawdę przygotowałeś się jak najlepiej.

Zdenerwowanie jest naturalne. Nie ma nic dziwnego czy złego w odczuwaniu niepokoju, dlatego nie przejmuj się ani tym, co inni sportowcy mogą myśleć, ani tym, jak dobrze im idzie. Często nie zdajemy też sobie sprawy z tego, że inni także są zdenerwowani lub przytłoczeni lękiem. Tymczasem niezależnie od tego, jak spokojni wydają się przeciwnicy, targające nimi emocje są prawdopodobnie takie same lub nawet silniejsze niż te, z którymi ty musisz się zmagać.

Sprzymierz się z niepokojem. Nie próbuj uwalniać się od lęku – zamiast tego, ukierunkuj go na osiągnięcie dobrych wyników i wytłumacz sam sobie, jak ważne jest, aby spróbować wykorzystać to uczucie, a nie przed nim uciekać. Powiedz sobie: „Moje ciało przygotowuje się do wykonania zamierzonego celu" i „Robiłem to już wcześniej, tym razem też dam sobie radę".

Oddychaj równomiernie i głęboko. Wykonaj serię głębokich oddechów, aby uspokoić nerwy. Prawidłowe oddychanie zmniejsza niepokój poprzez oczyszczenie umysłu i myśli oraz złagodzenie fizycznego napięcia. Samo wydłużenie wydechu, niezależnie od długości wdechu, sprzyja wystąpieniu reakcji relaksacyjnej, dlatego reguluj każdy oddech poprzez głęboki wdech i pełny wydech.

Bądź kreatywny i używaj wyobraźni. Możesz na przykład nadać uczuciu niepokoju jakąś wyobrażeniową formę (np. iskierki lub petardy), a następnie umieść ją w wirtualnym, bezpiecznym miejscu lub pojemniku, który będzie cię przed nią chronił. Uświadom sobie, że jesteś potężniejszy niż to uczucie.

Bądź tu i teraz. Kontroluj negatywne przewidujące i niepokojące myśli o wygranej lub przegranej. Czas na analizowanie osiągniętego rezultatu czy korzyści przyjdzie później, ty musisz być skupiony na tym, aby jak najlepiej rozegrać kolejną wymianę piłek, przebiec następny odcinek trasy czy odbić kolejną rzuconą przez miotacza piłkę. I tak jeden mały etap po drugim – aż do linii mety czy końcowego gwizdka.

Myśl pozytywnie. Gdy zaczynasz czuć narastające emocje, przestaw przełącznik z pozycji „myśli negatywne" na „myśli pozytywne". Postaraj się zachować rozsądek (nakarm dobrego wilka), zamiast pozwolić szaleć swoim lękom (i karmić złego wilka). Przypomnij sobie: „Nawet jeśli odczuwam teraz niepokój i dyskomfort, nadal mogę grać dobrze i osiągnąć cele".

Nie bądź dla siebie zbyt surowy. Rywalizacja to okazja do sprawdzenia swojej formy, zmierzenia się z rywalami i zaprezentowania światu, jak ciężko pracowałeś. Nie jesteś swoją pasją. Traktuj to, co robisz, poważnie, ale naucz się również traktować samego siebie z lekkim przymrużeniem oka. Nigdy nie zapominaj, że sport jest tym, co robisz, a nie tym, kim jesteś. Uśmiechaj się. Śmiej. Baw się dobrze. Zadaj sobie pytanie: „Jaka jest najgorsza rzecz, która tak naprawdę może się wydarzyć?". A jeżeli naprawdę się wydarzy, zapytaj: „Co mogę zrobić, aby to przetrwać?".

Powyższe techniki umożliwiają przekształcenie negatywnych emocji w pragnienie wykonania kolejnego kroku zamiast ulegania uczuciu przytłoczenia i wycofania się pod wpływem odczuwanego lęku. Pamiętaj, że jedną z postaw charakteryzujących mistrza jest przeciwstawienie się wszelkim problemom i natychmiastowe działanie. Prawdziwy mistrz wie, jak sprawić, aby motylki fruwały w szyku!

RADOŚĆ: HUMOR TO NAJLEPSZA TERAPIA DLA SPORTOWCÓW

> Każdy zestaw przetrwania
> powinien zawierać poczucie humoru.
> — ANONIM

Wyobraź sobie następującą sytuację: jesteś rozgrywającym, a twoja drużyna przegrywa właśnie 16 : 13 w Super Bowl, najważniejszym, finałowym meczu sezonu. Piłka jest na linii 8 jardów, a do końca gry zostały już tylko 3 minuty i 10 sekund. Co powiesz do zebranych wokół ciebie w kręgu kolegów z zespołu? Dokładnie w takiej samej sytuacji znalazł się Joe Montana, kiedy jego San Francisco 49ers grali z Cincinnati Bengals w Super Bowl XXIII. Montana postanowił rozładować napięcie i stres, wskazał więc ręką w stronę tłumu kibiców na trybunach i powiedział: „Hej, czy to nie John Candy?".

Przez tych kilka minut, które zostały do końca meczu, 49ers parli przed siebie jard po jardzie, aby ostatecznie, na 34 sekundy przed końcem, zdobyć zwycięskie przyłożenie. To właśnie takie akcje w najtrudniejszych momentach gry sprawiły, że Montana zyskał przydomek Joe Cool (Joe Luzak).

Inna znana historia potwierdzająca tezę, że humor w sporcie jest niezbędny, pochodzi z zawodowego tenisa. Vitas Gerulaitis, jeden z najlepszych tenisistów na przełomie lat 70. i 80. XX wieku, w 1978 roku był numerem trzy na świecie. Pomimo swoich umiejętności Gerulaitis przegrywał z Jimmym Connorsem w kolejnych 16 bolesnych i trudnych do zaakceptowania spotkaniach. Gdy w końcu udało mu się przełamać tę złą passę i pokonał Connorsa w 1980 roku, Gerulaitis powiedział: „Niech to będzie dla was lekcja. Nikt nie pokona Vitasa Gerulaitisa siedemnaście razy z rzędu!". Najwyraźniej, pomimo tylu porażek z tym samym rywalem, nie tylko potrafił zachować pewność siebie i opanowanie, ale także podchodzić do tego z odpowiednio radosnym nastawieniem.

Steffi Graf, uważana za jedną z najlepszych tenisistek w historii, jest bohaterką pamiętnej sytuacji, do której doszło w półfinale Wimbledonu w 1996 roku podczas meczu z Kimiko Date.

W trakcie wyjątkowo emocjonującego seta, gdy Graff przygotowywała się do serwisu, jeden z widzów krzyknął: „Steffi, wyjdziesz za mnie?". Wywołało to gromki śmiech wśród kibiców zgromadzonych na trybunach, a ona uśmiechnęła się i odkrzyknęła: „A ile masz pieniędzy?".

Pomimo zachowania zgodnego z reprezentowanym przez nią na co dzień stoicyzmem, zabawna odpowiedź tenisistki na komiczne oświadczyny pomogła rozładować atmosferę i towarzyszące jej napięcie. Graf wygrała mecz, a następnie pokonała Arantxę Sánchez Vicario w walce o tytuł.

Często mówi się, że humor to najlepsze lekarstwo, albo że śmiech to wewnętrzny jogging, i trzeba przyznać, że oba te powiedzenia są bardzo prawdziwe. Dobre poczucie humoru jest ważne zarówno dla osiągnięcia szczytowej formy, jak i dla zdrowia i zadowolenia z życia. Humor w sporcie bywa błędnie interpretowany jako oznaka roztargnienia lub braku troski o wynik. Tymczasem dostrzeżenie zabawnych elementów w trudnych sytuacjach często stanowi najlepszy sposób na zmniejszenie niepotrzebnego stresu i zwiększenie motywacji.

Odrobina komizmu w odpowiednim momencie zapobiega nadmiernemu napięciu. Istnienie tego mechanizmu może wyjaśniać, dlaczego wojskowi, policjanci i strażacy często opisywani są jako osoby pogodne i mające dobrze rozwinięte poczucie humoru. Generał broni Chesty Puller, najczęściej odznaczany żołnierz piechoty morskiej w historii Stanów Zjednoczonych, nadał podczas jednej z bitew wojny koreańskiej taką wiadomość: „Jesteśmy otoczeni. To upraszcza sprawę!". Udany żart może zmniejszyć poziom stresu, zwiększyć wydajność i poprawić nastrój.

Trener może poprawić atmosferę i złagodzić napięcie w zespole poprzez wprowadzanie co jakiś czas w treningach zabawnych gier lub ćwiczeń. Trener pływania na przykład może zaskoczyć swoich podopiecznych, kończąc trening grą w piłkę wodną. Drużyna baseballowa może zagrać w kickball, a piłkarska w wiffle ball. Rzucanie piłki do futbolu amerykańskiego lub frisbee również może być świetną zabawą i stanowić doskonałą odmianę.

W 2013 roku, w trakcie kolejnego sezonu koszykówki akademickiej, aktualny mistrz USA, zespół Kentucky Wildcats, najpierw stracił swojego najlepszego gracza sezonu z powodu zerwanego więzadła krzyżowego przedniego, a potem odniósł bolesną, 30-punktową porażkę w Tennessee. Aby zapewnić swoim podopiecznym trochę rozrywki i oderwać ich umysły od koszykówki, trener John Calipari zamiast regularnego treningu zorganizował grę w dwa ognie pomiędzy pracownikami klubu a zawodnikami. Już dzień później Wildcats powrócili na zwycięskie tory, pokonując zespół z Uniwersytetu Vanderbilta.

Co krzyczy sędzia, rozpoczynając mecz baseballu? „Gra!", a nie „Praca!" – ma to swoje proste i bezpośrednie uzasadnienie. Dziesiątki dyscyplin sportowych istnieją po to, aby w nie grać i czerpać z tego przyjemność, wzbogacając je zabawą i humorem, kiedy tylko jest to możliwe.

Nie ma wątpliwości, że wspólna radość może stworzyć natychmiastowe i długotrwałe więzi pomiędzy kolegami z zespołu – oczywiście wtedy, gdy opowieści i żarty nie są złośliwe czy podłe.

Oto kilka praktycznych metod poprawy poczucia humoru i czerpania większej radości z uprawiania sportu:

- otaczanie się kolegami z zespołu, z którymi łączą cię żarty i zabawne historie
- oglądanie filmów komediowych, telewizyjnych sitcomów i występów komików
- czytanie humorystycznych i zabawnych komiksów oraz książek, a także satyrycznych portali internetowych (np. The Onion)
- korzystanie z rekwizytów – spłukuj porażki i niepowodzenia za pomocą miniaturowego, zabawkowego sedesu, który trzymasz w szafce

Podsumowując: im większa przyjemność z danego doświadczenia, tym lepsze wykonanie zadania. Skip Bertman, trener drużyny baseballowej LSU Tigers, która w latach 1984–2001 zdobyła pięć tytułów akademickiego mistrza USA (NCAA), powiedział kiedyś: „Najważniejsze to nie pozwolić, by presja rywalizacji stała się większa niż doświadczana dzięki niej przyjemność". Aby robić postępy, trzeba poszukać w swoim sporcie czy pasji rzeczy, które można pokochać, oraz powodów, by się tym wszystkim cieszyć.

MOWA CIAŁA: ZRÓB ZŁOTE WRAŻENIE

> Wojownicy nie ruszają do boju zgarbieni.
> – ANONIM

Mowa ciała to forma komunikacji niewerbalnej, na którą składają się postawy, gesty, mimika i ruchy oczu. Mowa ciała jest procesem dwukierunkowym: twoje ciało ujawnia twoje myśli i uczucia innym, podczas gdy ciała innych ludzi odkrywają ich myśli i uczucia przed tobą. Mowa ciała sportowców i trenerów jest łatwa do odczytania w trakcie wydarzeń sportowych i zazwyczaj odzwierciedla to, kto w danym momencie wygrywa lub przegrywa. Co mówi o tobie twoje ciało w dniu zawodów? Jaki obraz siebie chcesz przedstawić innym?

Czy czujesz onieśmielenie przed rywalizacją z przeciwnikiem, który zajmuje czołową pozycję w rankingu? Jeżeli tak, to czy poświęcasz trochę czasu na wykonanie kilku prostych ruchów, które mogą zwiększyć twoją gotowość? Według najnowszych badań przeprowadzonych przez psychologów Danę Carney, Amy Cuddy i Andy'ego Yapa samo utrzymywanie otwartej, ekspansywnej (w przeciwieństwie do zamkniętej) postawy ciała przez zaledwie kilka minut może spowodować znaczący wzrost poziomu testosteronu we krwi, spadek poziomu kortyzolu oraz zwiększenie poczucia siły i tolerancji na ryzyko, w sytuacji gdy jest to potrzebne. Oznacza to zatem, że tzw. postawy mocy mogą wywoływać silne reakcje. Innymi słowy: wygląd zwycięzcy pomoże ci nim zostać.

Mowa ciała może być pozytywna lub negatywna:

KOMUNIKATY POZYTYWNE

- uśmiech
- uniesiona głowa
- cofnięte ramiona / wypięta klatka piersiowa
- wyprostowana postawa
- pewny krok

KOMUNIKATY NEGATYWNE

- ściągnięte brwi
- potrząsanie głową
- opuszczony wzrok
- pochylone ramiona
- szuranie stopami

Podczas treningów i meczów postaraj się przybierać pozę bardzo pewnego siebie. Dzięki tej technice dużo łatwiej przyjdzie ci zachować zwycięskie nastawienie niezależnie od osiągniętego wyniku czy zaistniałej sytuacji. Wyprostuj się i poruszaj z gracją nawet po wyczerpującym treningu. A gdy stajesz naprzeciwko niepokonanego przeciwnika, możesz się trochę napuszyć.

Czy masz tendencję do robienia kwaśnych min lub okazywania gestami negatywnych emocji po nieudanym strzale na bramkę czy popełnionym błędzie? Aby uprawiać swój sport na poziomie mistrzowskim (i jednocześnie być dobrym kolegą z zespołu), w każdej sytuacji zachowuj pozytywne nastawienie i postawę, zamiast dawać upust złości czy marudzić. Twoje ciało wyśle przeciwnikowi odpowiedni przekaz, że nic nie jest w stanie złamać cię mentalnie lub speszyć.

Uśmiechnij się, to naprawdę sprawi, że poczujesz się lepiej. Wyobraź sobie, iż pewnego dnia odczuwasz przygnębienie – być może coś poszło nie tak, jak oczekiwałeś. Nie ma jednak czasu na zgłębianie uczuć, bo musisz zacząć już przygotowywać się mentalnie do wieczornego występu. Jak w takiej sytuacji szybko wprowadzić się w lepszy nastrój? Być może słyszałeś już wyrażenie: „Uśmiechnij się, to naprawdę sprawi, że poczujesz się lepiej". Czy sprawdza się to w twoim przypadku?

Wyniki badań przeprowadzonych w 1988 roku przez psychologa Fritza Stracka i jego współpracowników ujawniły, że samo wymuszenie uśmiechu poprzez włożenie długopisu w poprzek w ust i lekkie zaciśnięcie na nim zębów niemal natychmiast powoduje, iż wykonywana czynność zaczyna sprawiać większą radość. Warto więc pamiętać o tym odkryciu, gdy potrzebna jest szybka poprawa nastroju. Chodzi o to, aby złe samopoczucie nie rzutowało negatywnie na przebieg zawodów czy treningu. Zamiast tego rozjaśnij swoją twarz wielkim, pewnym siebie uśmiechem!

Zawsze rób wszystko jak najlepiej. Psycholog John Clabby ukuł użyteczny akronim określający tak wysoki stopień zaangażowania: BEST (ang. najlepszy, najlepiej) – *Body language, Eye contact, Speech and Tone of voice*. Staraj się zawsze robić wszystko tak, jakby miała to być twoja ostatnia szansa: mowa ciała (sylwetka prosta, a nie zgarbiona), kontakt wzrokowy (wzrok skupiony, a nie błądzący), słowa (asertywne, a nie pasywne) i ton głosu (pewny siebie, a nie drżący). Dąż do ciągłego udoskonalania tych czterech aspektów swojej komunikacji. Pracując nad nimi na treningach, sprawisz, że w trakcie zawodów pojawią się automatycznie.

Strój to element sukcesu. Ostatni punkt dotyczy wyglądu. Noś barwy swojego klubu z dumą. Deion Sanders osiągnął najwyższy poziom zarówno w futbolu amerykańskim, jak i baseballu. Podczas trwającej 14 lat kariery w NFL Sandersa wielokrotnie wyróżniano tytułem najlepszego zapolowego sezonu, a po tytuł mistrza NFL sięgał zarówno z San Francisco 49ers, jak i Dallas Cowboys. W 1989 roku w tym samym tygodniu zdobył przyłożenie dla Atlanta Falcons oraz zaliczył home run dla New York Yankees. Powiedział: „Jeśli dobrze wyglądasz, dobrze się czujesz. Jeżeli dobrze się czujesz, to dobrze grasz. A jeśli dobrze grasz, to równie dobrze ci płacą".

Ostatecznie cały sport i rywalizacja to połączenie okazji, praktyki, umiejętności i ducha współzawodnictwa. I choć nie każdy z tych elementów podlega twojej kontroli, to każdy występ można poprawić dzięki silnej psychice. Techniki budowania siły mentalnej w czasie treningów i zawodów obejmują wykorzystanie opisanego powyżej podejścia Johna Clabby'ego, pamiętanie o znaczeniu wyglądu i uśmiechanie się, co pozwoli ci przekroczyć dostrzegane ograniczenia fizyczne.

INTENSYWNOŚĆ: BĄDŹ WŁADCĄ WŁASNEJ STREFY

Emocje nie powinny być nadmierne, tylko odpowiednie.
— ANONIM

Stan przepływu (*flow*) lub bycie w strefie oznacza utrzymywanie określonego poziomu intensywności wysiłku przy jednoczesnej świadomości danej chwili, co ułatwia osiągnięcie szczytowej efektywności. Istnienie bezpośredniego związku pomiędzy jakością działania a poziomem intensywności jest znane każdemu sportowcowi – równie oczywiste jest więc to, że wynik może być gorszy zarówno wtedy, gdy jej poziom jest zbyt niski (na skutek zmęczenia lub braku zainteresowania), jak i zbyt wysoki (z powodu zdenerwowania czy nadmiernego podekscytowania). Niski poziom intensywności podczas rywalizacji ze słabszym przeciwnikiem może na przykład prowadzić do niedbałej postawy. I odwrotnie – zbyt duża intensywność w trakcie rywalizacji z przeciwnikiem zajmującym wyższą pozycję w rankingu może skutkować za szybkim tempem.

Aby znaleźć się w strefie, konieczne jest osiągnięcie optymalnego poziomu intensywności, która zapewnia największą wydolność i efektywność – posiada go każdy sportowiec, przy czym jego wartość różni się w zależności od dyscypliny sportu. Na przykład golf to gra wymagająca spokoju, opanowania i umiejętności maksymalnej koncentracji. Z kolei futbol amerykański wiąże się z żywiołowością, silnymi emocjami i ekscytacją. Mimo to zdarzają się sytuacje, kiedy to golfista musi zwiększyć swój poziom intensywności, aby skutecznie wykonać długie uderzenie, a rozgrywający powinien obniżyć poziom intensywności, by wykonać precyzyjne podanie.

Odnalezienie swojej strefy – lub złotego środka – umożliwiające działanie na najwyższym poziomie, wymaga umiejętności zwiększania lub zmniejszania intensywności w celu optymalnego dopasowania jej poziomu do danej sytuacji. Biathlonista musi być w stanie zwiększyć intensywność podczas biegu narciarskiego, a następnie zmniejszyć ją, aby uzyskać jak najlepsze wyniki w trakcie strzelania. Zapoznaj się z poniższymi technikami podwyższania lub obniżania poziomu intensywności, aby sprostać wymogom sytuacji.

Przyśpieszenie. Wyobraź sobie, że musisz zwiększyć intensywność, aby wykonać ostatnią serię wyciskania sztangi leżąc. Oto kilka metod, które to umożliwią:

- Zrób 3–5 szybkich wdechów i wydechów.
- Stwórz obraz mentalny czegoś kojarzącego się z potężną siłą, np. okrętu wojennego, groźnego zwierzęcia lub wybuchu wulkanu; albo po prostu wyobraź sobie udane wykonanie ćwiczenia, zanim zdejmiesz sztangę ze stojaków.
- Zrób kilka dodających energii ruchów, jak uniesienie zaciśniętej pięści lub klaskanie w dłonie.

- Powtarzaj w myślach motywujące hasła: „Tak, zrobię to!" lub „Jestem gotowy!".
- Przypomnij sobie ulubioną piosenkę z szybkim tempem.

Spowolnienie. Być może musisz obniżyć poziom intensywności pomiędzy tercjami w meczu hokejowym lub rundami meczu baseballowego czy softballowego. Oto kilka sposobów, jak możesz to osiągnąć:

- Zrób 3–5 spokojnych wdechów i wydechów.
- Wyobraź sobie błogą scenerię, np. spokojne jezioro otoczone górami.
- Wykonaj lekkie ćwiczenia rozciągające.
- Powtarzaj w myślach uspokajające sentencje, jak: „Jasny umysł, zrelaksowane ciało".
- Przypomnij sobie ulubioną piosenkę o działaniu relaksacyjnym.

Większość sportowców trenuje z niedostateczną intensywnością („To nie ma znaczenia"), a w czasie zawodów zachowują się, jakby chcieli wszystko nadrobić („To najważniejsza chwila!"). Następnym razem, gdy będziesz trenował lub startował w zawodach, zadaj sobie pytanie: „Czy mój poziom intensywności jest zbyt niski, zbyt wysoki, czy też dokładnie taki, jak być powinien?". A następnie, w razie konieczności, dopasuj go tak, aby wejść w swoją idealną, pozwalającą na osiągnięcie szczytowej wydolności, strefę.

WYPRACOWANIE OSOBISTYCH AFIRMACJI: FRAZY MOCY PRZYSZŁEGO MISTRZA

To właśnie nieustanne utwierdzanie się rodzi wiarę. A kiedy wiara stanie się głębokim przeświadczeniem, wszystko zaczyna się wydarzać.
— MUHAMMAD ALI

Postawa to główne narzędzie do osiągania najlepszych wyników. Stwórz listę zdań, które mają dużą siłę oddziaływania, lub pozytywnych afirmacji rozbudzających twojego wewnętrznego mistrza. Zadbaj o to, żeby każda z nich była odpowiednio wymowna i naprawdę do ciebie przemawiała. Następnie zapisz je wszystkie na fiszkach czy zwykłych kartkach i czytaj, gdy poczujesz, że twój umysł oraz postawa wymagają wzmocnienia lub pobudzenia. Im częściej powtarzasz frazy mocy z wiarą i przekonaniem, tym bardziej utrwalą się w umyśle i pozwolą ci wprowadzić zmiany w życiu.

„Tak, jak jeden krok nie utworzy ścieżki na ziemi, tak jedna myśl nie utworzy ścieżki w umyśle. Aby wyżłobić w ziemi głęboką, wyraźną ścieżkę, chodzimy po niej raz za razem. Aby stworzyć głęboką, trwałą ścieżkę mentalną, musimy nieustannie przywoływać takie myśli, które chcielibyśmy, by zdominowały nasze życie" – napisał żyjący w XIX wieku amerykański pisarz i filozof Henry David Thoreau.

Anthony Robles, startując w barwach Uniwersytetu Stanowego Arizony, zdobył w sezonie 2010/2011 tytuł indywidualnego akademickiego mistrza USA (NCAA Division I) w zapasach w kategorii 125 funtów. Pomimo niepełnosprawności (urodził się z jedną nogą), Robles postanowił pozbyć się wszelkich myśli, które mogłyby powstrzymać go przed realizacją sportowych marzeń. W 2011 roku, w czasie gali wręczenia nagród ESPY, został uhonorowany Jimmy V Award przyznawaną za wyjątkowy hart ducha i wytrwałość w dążeniu do celu. W swoim przemówieniu Robles wyrecytował napisany przez siebie wiersz zatytułowany *Unstoppable*. Wiersz kończy niesamowicie potężna autoafirmacja nieustraszoności i wytrwałości.

Przy tworzeniu osobistych afirmacji trzymaj się czasu teraźniejszego. Używaj na przykład słowa „jestem", zamiast stosować czas przyszły: „będę" lub „stanę się". Dlaczego? Ponieważ żyjemy i działamy w czasie teraźniejszym, a nie w przyszłości. Nasza podświadomość nie postrzega przyszłości, dla niej istnieje tylko tu i teraz. Oto kilka fraz o mocnym działaniu, które możesz powtarzać, aby pomóc sobie w osiągnięciu mistrzowskiego poziomu:

- Myślę, czuję i działam jak mistrz.
- Następny występ będzie moim najlepszym.
- Działam z celem i pasją.
- Szybko zapominam o błędach, bo każdy je popełnia.
- Mam odwagę, aby zmierzyć się ze swoimi lękami i je przezwyciężyć.

- Jestem najlepiej ze wszystkich przygotowany.
- Skoczę w ogień, aby osiągnąć swoje cele.
- Dążę do osiągnięcia perfekcji we wszystkich możliwych aspektach.
- Każdego dnia daję z siebie wszystko.
- Zaczynam mocno i kończę jeszcze mocniej.

Aby osiągać wyniki na poziomie mistrzowskim, musisz najpierw wypracować mentalność mistrza, a następnie stale ją podtrzymywać. Pisząc ten rozdział, chciałem umożliwić ci lepsze zrozumienie mentalnej strony twojej pasji. Masz teraz do dyspozycji konkretne techniki mentalne – takie jak obrazowanie mentalne, umiejętność zwiększania pewności siebie oraz poziomu skupienia – które pozwolą ci rozwinąć mistrzowskie podejście oraz zdolność do konsekwentnego dążenia ku osiągnięciu swoich maksymalnych możliwości. Wykonuj przedstawione w tym rozdziale ćwiczenia i stosuj się do zaleceń, aby zbudować odpowiednie i trwałe mentalne podejście. Zapewniam, że pozwoli ci to na osiągnięcie lepszych wyników zarówno w sporcie, jak i poza nim.

ROZDZIAŁ TRZECI

BĄDŹ CZĘŚCIĄ TEGO, CO CHCESZ WYGRAĆ

> Gram po to, aby wygrać, nieważne,
> czy jest to trening czy prawdziwy mecz. Z takim duchem walki
> i entuzjastycznym podejściem do rywalizacji nie ma możliwości,
> by cokolwiek stanęło mi na drodze do zwycięstwa.
>
> — MICHAEL JORDAN

Niektórzy sportowcy grają tak, aby wygrać, inni, aby nie przegrać. Niektórym gra sprawia radość i przyjemność, dla innych jest źródłem strachu przed popełnieniem błędów. Aby osiągnąć poziom mistrzowski, powinieneś zawsze dążyć do zwycięstwa, robiąc rzeczy, dzięki którym wydarzy się coś pozytywnego. Poza tym pogoń za czymś wartościowym jest o wiele przyjemniejsza niż ciągłe szukanie bezpiecznego komfortu.

Zawsze rób wszystko, aby oddać celny strzał, wygrać mecz, zdobyć najlepszą pozycję startową, stypendium, sponsora czy pobić swój dotychczasowy rekord. Jeżeli zaczynasz mecz lub stajesz na linii startu, nie mając zamiaru walczyć o wygraną, to sam stawiasz się na przegranej pozycji – stracić możesz wszystko, ale nie ma nic, co mógłbyś zyskać. Z kolei zaczynając działać z zamiarem odniesienia sukcesu, stawiasz się w sytuacji, w której nie możesz przegrać – nawet jeżeli nie uda ci się wykonać zadania, możesz jedynie powiedzieć, że nie osiągnąłeś dzisiejszego celu. Oto niektóre z różnic pomiędzy postawą ograniczaną przez lęk przed porażką a postawą ukierunkowaną na zwycięstwo:

- Postawa „byle nie przegrać" jest zakorzeniona w strachu; postawa „tylko wygrana" opiera się na wierze.

- Postawa „byle nie przegrać" osłabia wszystkie twoje działania; postawa „tylko wygrana" utrzymuje cię w ciągłej gotowości.
- Postawa „byle nie przegrać" zaprzepaszcza wszystkie twoje zdolności, ponieważ starasz się zbyt mocno lub zbyt słabo; postawa „tylko wygrana" pozwala ci zachować łączność z samym sobą.
- Postawa „byle nie przegrać" powoduje nadmierne napięcie mięśni (i błędy); postawa „tylko wygrana" umożliwia osiąganie maksymalnej wydolności (bez niepotrzebnego napięcia).
- Postawa „byle nie przegrać" to po prostu chęć przetrwania; postawa „tylko wygrana" to pragnienie rozwoju.
- Postawa „byle nie przegrać" wprowadza chaos i stres; postawa „tylko wygrana" zapewnia wyjątkowe przeżycia.

Lęk przed wygrywaniem i lęk przed ponoszeniem porażek. Gwiazda amerykańskiej piłki nożnej Abby Wambach dwukrotnie zdobyła złoty medal na igrzyskach olimpijskich. Jej zdaniem „Nie można osiągnąć sukcesu we wszystkim, czego próbuje się w życiu dokonać. Aby sięgnąć po chwałę, trzeba być gotowym na bolesną porażkę". Gotowość ta wiąże się z umiejętnością mniejszego przejmowania się tym, co inni ludzie mogą pomyśleć, jeśli poniesiesz porażkę. A także podchodzenia do ryzyka z rozwagą i trzymania się raz wybranej drogi.

W miarę postępów w karierze sportowej wielokrotnie spotkasz dwóch groźnych przeciwników, z którymi będziesz musiał się zmierzyć. To lęk przed wygrywaniem i lęk przed ponoszeniem porażek – pokonaj ich, a będziesz mógł zaspokoić nawet największe ze swoich aspiracji. Który z tych wewnętrznych przeciwników stanowi największe zagrożenie dla realizacji twoich celów? Aby wygrać wewnętrzną bitwę, naucz się stawiać zdecydowany opór swoim lękom. Odważ się być tą złotą wersją samego siebie, o której tak marzysz.

Nie wstydź się zwyciężać. Niektórzy sportowcy obawiają się spektakularnych zwycięstw lub wygrania ważnych zawodów. Uważają czasem, że nagroda im się nie należy, lub unikają stawania w blasku fleszy. Zastanów się jednak nad tym: Dlaczego nie ty i dlaczego nie teraz? Jako utalentowany sportowiec musisz rozwinąć w sobie przekonanie o byciu godnym wyróżnienia. Już sam fakt, że twój sukces jest wynikiem ciężkiej i przemyślanej pracy, uprawnia cię do otrzymania nagrody i powinieneś być dumny ze swojego osiągnięcia. Nie ograniczaj się do małych celów i nie lekceważ własnej zdolności do odnoszenia oszałamiających sukcesów. Sięgnij po chwałę!

Pozwól sobie na błędy i upadki. Niektórzy sportowcy obawiają się poniesienia porażki w ważnych zawodach. Boją się, że po czymś takim inni będą mieli o nich gorsze zdanie, albo po prostu nie chcą zawieść własnych oczekiwań. Jako uzdolniony sportowiec możesz jedynie odpowiednio trenować i dać z siebie wszystko podczas zawodów. To, co inni myślą o tobie, jest tylko ich opinią i nie powinieneś się tym przejmować. Nie zniechęcaj się zbytnio, jeżeli coś ci nie wyjdzie. Zamiast myśleć o porażkach jako punktach kończących dany etap, potraktuj je jako punkty pośrednie lub początkowe trudności. Przecież wystarczy poszukać, by znaleźć mnóstwo kolejnych zawodów i możliwości. Jak powiedział chiński filozof Konfucjusz: „Największa chwała należy się nie tym, którzy nigdy nie upadają, ale tym, którzy podnoszą się po każdym upadku".

Dan O'Brien, amerykański wieloboista, wykorzystał niepowodzenie do osiągnięcia wspaniałego sukcesu. Był głównym faworytem do zdobycia złota na Igrzyskach Olimpijskich w Barcelonie w 1992 roku, poniósł jednak klęskę podczas odbywających się w czerwcu mistrzostw USA, będących jednocześnie eliminacjami do reprezentacji: w skoku o tyczce nie zdobył ani jednego punktu. Wykorzystał to doświadczenie jako swoistą odskocznię, a nie jako przeszkodę. Już trzy miesiące później, we wrześniu, pobił rekord świata w dziesięcioboju, a w 1996 roku w Atlancie stanął na najwyższym stopniu olimpijskiego podium. Mówi: „Bądź dumny z tego, co robisz, i pamiętaj, że niepowodzenia to nic złego tak długo, jak długo się nie poddajesz".

Nie ustawaj w dążeniu do osiągnięcia swoich celów. Podejmij działanie, zaryzykuj i korzystaj z siły, jaką daje sięganie po złoto.

MOTTA ZESPOŁÓW: MAKSYMY ZWYCIĘZCÓW

> Pojedynczo każdy jest jedną kroplą. Razem jesteśmy oceanem.
>
> — RYŪNOSUKE SATORO, JAPOŃSKI POETA

Nastawienie to najważniejszy czynnik, od którego zależy maksymalna efektywność zespołu. Stwórz motto lub maksymę, która przez najbliższy sezon stanie się inspiracją dla wszystkich i sprawi, że będziecie nadawać na tych samych falach. Niech ta kreatywna burza mózgów okaże się także świetną zabawą. A potem umieść efekt swojej pomysłowości oraz chęci zmotywowania zespołu w dobrze widocznym miejscu jako pozytywne przypomnienie o jego misji.

O działaniu tej prostej sztuczki wiedział na przykład Bill Parcells, trener futbolu amerykańskiego, który podczas swojej pracy z New York Giants wywiesił w szatni tablicę z sentencją odzwierciedlającą jego zdroworozsądkowe podejście: „Nie obwiniaj nikogo, nie oczekuj niczego, zrób coś".

W 2011 roku amerykańscy komandosi z jednostki Navy SEALs zainspirowali graczy Arizona Diamondbacks do niezwykłego wyczynu, jakim było przejście w ciągu jednego sezonu od ostatniego do pierwszego miejsca w swojej dywizji. Trzech żołnierzy odwiedziło zespół podczas wiosennego treningu i opowiadało przez godzinę o swojej filozofii odporności psychicznej.

Jedna z najważniejszych zasad, jakie komandosi przekazali słuchającym ich baseballistom, sprowadzała się do trzech liter – DSR – które napisali na tablicy. Następnie powiedzieli członkom zespołu, że kiedy sprawy się komplikują, trzeba Dać Sobie Radę. To proste przesłanie, którym kierują się SEALs, stało się mottem drużyny Diamondbacks. To postawa, którą możesz przyjąć. Poradzić sobie ze wszystkim, z czym przyjdzie ci się zmierzyć – ponieważ jesteś w stanie.

Oto kilka dodatkowych maksym używanych przez zespoły sportowe, z którymi pracowałem:

- Nie czekaj na oklaski – zasłuż na nie!
- Zapomnij o sobie i dołącz do zespołu.

- Praca zespołowa sprawia, że marzenia się spełniają.
- Udowodnijmy im, jak bardzo się, k****, mylą (PTAFW: *Prove Them All F****** Wrong*).
- Spełniamy obietnicę doskonałości.
- W jedności siła.
- Odważ się być wielkim.
- Bez względu na wszystko.
- Myśl ambitnie, graj jeszcze ambitniej.
- Bądź dumny: Osobista odpowiedzialność za osiąganie doskonałości (Take PRIDE: *Personal Responsibility in Delivering Excellence*).

ZAMKNIJ WSZYSTKO INNE W SWOJEJ „MENTALNEJ SZAFCE"

Wychodząc na trening czy rozgrzewając się przed zawodami lub meczem, odsuń na bok wszelkie osobiste troski (np. zbliżające się egzaminy semestralne). Zostaw te brzemiona w swojej mentalnej szafce i nie zajmuj się nimi tak długo, jak długo będziesz przebywał na boisku, lodowisku, korcie czy trasie biegu.

Jest takie powiedzenie w świecie sztuk walki, które zaczyna obowiązywać w momencie wejścia do dojo: „Zostaw to, co zewnętrzne, na zewnątrz". Dlaczego? Ponieważ sportowiec rozkojarzony szybko staje się sportowcem pokonanym. Oczyść umysł, aby osiągnąć pełną gotowość (przełączyć się w tryb sportowy), co pozwoli ci ukierunkować całą energię na konkretny cel.

Jeżeli problem zaprzątający ci głowę jest uzasadniony, będziesz w stanie poradzić sobie z nim później w bardziej efektywny sposób. Zajmij się jego rozwiązaniem już po wyjściu z trybu rywalizacji, w czasie, który wcześniej świadomie na to przeznaczysz. Na poświęcenie mu całej swojej uwagi będzie czas później.

Po zakończeniu treningu lub zawodów trzeba się wyłączyć (wyjść z trybu sportowego) – jest to konieczne, by nie doprowadzić do sytuacji, w której sport zaczyna wykraczać poza stadion czy salę treningową. Takie podejście pozwoli ci nie tylko na odpowiednio uważne zajęcie się innymi obszarami twojego życia, ale także na odpoczynek i odprężenie, dzięki czemu następnego dnia będziesz mógł wrócić wypoczęty i pełen energii. Pamiętaj i stosuj zasadę „tu i teraz" zawsze, gdy działasz w ważnych dla ciebie kwestiach.

BĄDŹ SOBĄ

Szczytowa wydolność związana jest z psychicznym stanem określanym jako odprężona czujność. Wyraźnie widoczna determinacja, która pojawia się na twarzy niektórych sportowców, to tylko niechciane napięcie mięśni. Działaj zgodnie z chińskim przysłowiem: „Napięcie jest tym, kim myślisz, że powinieneś być. Rozluźnienie jest tym, kim jesteś naprawdę".

Nie bądź kimś, kim nie jesteś. Trzymaj się swoich naturalnych reakcji, które pojawiają się, gdy jesteś w najlepszej formie. Próby zwiększania intensywności czy własnych możliwości poprzez mrużenie oczu i robienie jakichś dziwnych min nie mają sensu. Bądź sobą i działaj tak, jak podpowiada ci twoje wnętrze.

POCZEKAJ NA ODPOWIEDNI MOMENT

Czy twoje pragnienie zwycięstwa jest tak silne, że stajesz się niecierpliwy? Ed Belfour, zawodowy hokeista, który w latach 1988–2007 grał w lidze NHL na pozycji bramkarza, powiedział kiedyś: „Tak bardzo chcesz wygrać i tak bardzo chcesz pomóc swojej drużynie, że w końcu zaczynasz starać się za bardzo, zamiast pozwolić, by gra sama do ciebie przyszła".

Naucz się więc czekać na swój moment bez względu na to, jaką dziedzinę sportu uprawiasz. Bądź zdyscyplinowany, zachowaj cierpliwość, a następnie działaj z pełnym przekonaniem i bez wahania. Dobre przykłady zastosowania tej zasady to baseballiści i softballiści czekający na wykonanie przez miotacza rzutu piłką, zawodnicy brazylijskiego jiu-jitsu wyczekujący okazji do obalenia rywala i założenia dźwigni kończącej walkę oraz biegacze w futbolu amerykańskim wypatrujący cierpliwie błędu w ustawieniu linii defensywnej drużyny przeciwnej.

Co robisz, gdy nadchodzi moment działania? Od razu rzucasz się do akcji? Nic nie rób – jeszcze. Zostań w trybie gotowości, a potem idź na żywioł. Pozwól pokierować sobą swojemu naturalnemu, nieskrępowanemu talentowi. Pozwól, aby gra przyszła do ciebie. Podsumowując: płyń z prądem, zamiast go wymuszać.

PROCES, PROCES I JESZCZE RAZ PROCES

Podczas rywalizacji skup się na tym, co musisz zrobić, aby wygrać, a nie na tym, co się stanie, gdy wygrasz. Oznacza to, że masz być skoncentrowany na swoim działaniu i na tym, co musisz zrobić, aby właśnie w tym konkretnym momencie wypaść jak najlepiej. Ciesz się samym procesem rywalizacji, dzięki czemu unikniesz pokusy wybiegania myślami w przyszłość. O wyniku oraz jego konsekwencjach będziesz rozmyślał dopiero wtedy, gdy przyjdzie na to czas. Proces to myślenie tylko o tym, co dzieje się tu i teraz, nie o tym, co czeka cię po zawodach, lub o czynnikach, które w danej chwili nie mają żadnego znaczenia.

Całkowicie zaangażuj się w to, co istotne dla twojego działania, trzymając na dystans wszelkie rozpraszacze wynikające z myślenia o tym, co stało się poprzednim razem albo stanie się w przyszłości, czy o tym, z jakim wynikiem skończysz obecnie wykonywane zadanie. „Na jakich działaniach muszę się skupić, aby odnieść sukces?" lub „Co jest moim bezpośrednim celem?" – oto pytania, które powinieneś sobie zadawać, a nie „Czy wygramy?" lub „Co się stanie, jeżeli trener zdejmie mnie z boiska?". Niezależnie od sytuacji miotacz powinien skupić całą energię na przestrzeganiu swojej rutyny przed rzutem i trafieniu dokładnie w zamierzone miejsce, rzut po rzucie, runda po rundzie, zamiast niepotrzebnie martwić się o wynik czy oczekiwać zwycięstwa.

Proces doskonalenia siebie jako sportowca to nie jest coś, co powinno mieć miejsce podczas zawodów. Jedynym odpowiednim czasem są treningi i cały okres przygotowawczy. Pewien zawodowy tenisista powiedział mi niedawno: „Zauważyłem, że zdystansowanie się od uwag osób, które chcą, abyś skupił się na rezultatach, jest dość trudne. Systematycznie poprawiam pracę stóp pod względem prędkości i różnorodności, jednak inni dostrzegają każdą, nawet małą poprawę i od razu zaczynają mieć wygórowane oczekiwania. Na szczęście udaje mi się cały czas trzymać założonego planu i procesu!". Aby osiągnąć mistrzowski poziom, twoje podejście zarówno do treningu, jak i zawodów musi być skierowane na proces.

PROSTOTA PONAD WSZYSTKO

Sportowcy mają tendencję do komplikowania swoich działań – zupełnie jakby samo uprawianie sportu nie było już wystarczająco skomplikowane! Tymczasem najlepsze wyniki osiąga się wtedy, gdy w umyśle dominuje tylko jedna myśl lub obraz, np. „Zobacz piłkę, uderz piłkę". Jeżeli masz skłonności do nadmiernej analizy lub przeciążania umysłu, musisz robić wszystko, aby pozostać skupionym na celu i przypominać sobie, żeby wszystko było tak elementarne, jak to tylko możliwe. Pamiętaj, by postępować zgodnie z tą odmianą zasady PIK – prostota i konsekwencja.

Oczyść proces myślowy tak, aby wszystko stało się nieprawdopodobnie proste. Oto jak sprinter i skoczek w dal Carl Lewis, dziewięciokrotny zdobywca złotego medalu na igrzyskach olimpijskich, którego organizacja Światowa Lekkoatletyka (do niedawna IAAF, Międzynarodowe Stowarzyszenie Federacji Lekkoatletycznych) wybrała lekkoatletą XX wieku, opisał swój własny proces myślowy: „Moje myśli przed wielkimi zawodami są zazwyczaj dość proste – wyjść z bloków, ukończyć bieg, pozostać rozluźnionym".

Równie dobrym przykładem jest chociażby mistrz golfa, który rozważnie obmyśla całą trasę na polu golfowym, uderzenie po uderzeniu i dołek po dołku. Tak działający golfista jest na misji, której cel stanowi takie uderzenie piłki znajdującej na fairwayu, aby znalazła się na greenie, a następnie trafienie do dołka. Skorygowanie pozycji lub skorzystanie z przygotowanych wcześniej technik wzmacniających skupienie jest potrzebne co najwyżej tylko raz lub dwa w czasie jednej rundy, ponieważ mistrz gra w golfa, a nie macha kijem. Albo innymi słowy „żyje w celu" i próbuje umieścić piłkę w dołku, zamiast robić coś, co pod względem techniki jest bezużyteczne.

ŚPIESZ SIĘ POWOLI

Kiedy sprawy przybierają zły obrót lub czujesz, że zwiększa się presja, zazwyczaj wszystko zaczyna przyśpieszać – twoje tempo marszu, mówienia i tak dalej. Jeżeli zdarza ci się tego typu reakcja, wypracuj nawyk przypominania sobie w takich chwilach, że powinieneś zwolnić, gdyż unikniesz w ten sposób błędów.

Uważaj na impuls do jak najszybszego przebrnięcia przez stresującą sytuację, aby tylko mieć ją już za sobą. Pomocne może być przetrwanie tego pragnienia bez poddawania się mu lub próbowanie wykorzystania go do osiągnięcia celu.

Głębokie i równomierne oddychanie spowolni wszystko, łącznie z postrzeganiem upływu czasu. Podczas działania bądź jak połączenie hinduskiego jogina ze szwajcarskim zegarkiem i utrzymuj stały rytm psychiczny oraz fizyczny.

Legenda koszykówki trener John Wooden, nazywany Czarodziejem z Westwood, miał wiele słynnych powiedzeń, które były częścią jego piramidy sukcesu. Jednym z moich ulubionych woodenizmów jest: „Bądź szybki, ale nie prędki". Przykładem zastosowania tej zasady w praktyce może być zawodnik grający na pozycji rozgrywającego w koszykówce lub futbolu amerykańskim, który podczas meczu reaguje i działa błyskawicznie, zachowując przy tym spokój i opanowanie.

CELEBRUJ TO, CO CHCESZ, ABY ZDARZAŁO SIĘ CZĘŚCIEJ

Regularnie analizuj najlepsze momenty w swojej karierze, osobiste rekordy i niezapomniane chwile. Przypomnij sobie emocje, które wtedy przeżywałeś, szczególną wagę przykładając do towarzyszącego im uczucia wyjątkowości i wybitności. Następnie przenieś te doświadczenia na przyszłe sytuacje. Zatrzymaj się na chwilę i zastanów nad tym, co było dobre i co zadziałało. Te najważniejsze wydarzenia są wyznacznikami twojego potencjału.

Zbyt często skupiamy się wyłącznie na niepowodzeniach lub tym, czego nie zrobiliśmy, zamiast na sukcesach i osiągnięciach. Wszystkie udane występy czy podejmowane działania oraz osobiste zwycięstwa to nagrody za ciężką pracę, jaką trzeba było wcześniej wykonać. Nagradzaj się za swój wysiłek, podtrzymując żywe wspomnienie osiągniętego dzięki niemu sukcesu.

Zawsze świętuj swoje osiągnięcia i wyciągaj wnioski z otrzymanych informacji zwrotnych, aby następnym razem uzyskać jeszcze lepszy rezultat. Jedną z technik pozytywnego wzmacniania jest na przykład gratulowanie sobie w myślach po każdym dobrym występie lub stuprocentowej skuteczności – efektów pozytywnego nastawienia i pełnego zaangażowania od początku do końca. Nie nadawaj swoim porażkom zbyt dużego znaczenia. Ale też nigdy nie umniejszaj swoich sukcesów.

POWRÓĆ, GDY TEGO POTRZEBUJESZ

Jeżeli nie uda ci się osiągnąć szczytowej dyspozycji w pierwszej połowie meczu czy dystansu, zawsze możesz spróbować być dużo lepszy w dalszej części zawodów. Prawdziwy mistrz szczyci się tym, że potrafi się odrodzić i wyjść zwycięsko nawet z najgorszej sytuacji.

Zamiast rozpamiętywać negatywne wydarzenia („Nie zrobiłem nic sensownego przez cały dzień"), stań się odpornym człowiekiem czynu, który zawsze zakłada, że za chwilę wydarzy się coś dobrego. Zachowaj pozytywne nastawienie, aby utrzymać impet po swojej stronie.

Podczas półfinału Wimbledonu w 1927 roku Henri Cochet z Francji był na skraju przegranej w meczu z Amerykaninem Billem Tildenem, dwukrotnym mistrzem Wimbledonu w singlu mężczyzn. Cochet przegrał dwa pierwsze sety i przegrywał 1 : 5 w trzecim. Jednak pragnienie zwycięstwa Francuza okazało się silniejsze – w niewiarygodny sposób wygrał aż 17 gemów z rzędu, zwyciężył w całym meczu w pięciu setach i zapewnił sobie miejsce w finale.

„Zawsze starałem się grać na najwyższym poziomie, nawet wtedy, gdy wszystko wydawało się działać na moją niekorzyść. Nigdy nie przestałem próbować, nigdy nie dopuszczałem do siebie myśli, że nie mam szans" – powiedział Arnold Palmer, jeden z największych zawodników w historii golfa. W 1960 roku, podczas turnieju U.S. Open rozgrywanego w Cherry Hills Country Club położonym na przedmieściach Denver w stanie Kolorado Palmer był na 15. miejscu i przed niedzielną rundą finałową tracił do lidera siedem uderzeń. Przygnębiony, ale daleki od poddania się Palmer rozpoczął od świetnego zaliczenia czterech kolejnych dołków w liczbie uderzeń o jedno mniej niż przewidywana dla każdego z nich, a skończył, odnosząc spektakularne zwycięstwo.

W meczu fazy *play off* o dziką kartę AFC w 1992 roku Buffalo Bills byli dosłownie miażdżeni na własnym boisku przez Houston Oilers. W trzeciej kwarcie przegrywali już 35 : 3. A mimo to Bills nie dali się złamać, zjednoczyli siły i ruszyli do walki, po czym wygrali całe spotkanie w dogrywce.

Amerykanka Jordyn Wieber, która w 2011 roku została mistrzynią świata w gimnastyce sportowej, rok później, pomimo bycia zdecydowaną faworytką, nie zdołała wywalczyć kwalifikacji na igrzyska olimpijskie w Londynie. Chociaż oceny, jakie otrzymała za swoje występy, były jednymi z najlepszych w tym dniu, Wieber zajęła dopiero trzecie miejsce za koleżankami z drużyny Gabby Douglas i Aly Raisman (zasady w gimnastyce sportowej dopuszczają do udziału w finale tylko dwie zawodniczki z każdego kraju). Gdy dotarła do niej informacja o odpadnięciu z dalszej rywalizacji, Wieber zalała się łzami. Jej marzenia o zdobyciu złotego medalu, na których realizację poświęciła wiele lat wytężonej pracy, w kilka chwil legły w gruzach.

Jednak jako prawdziwa mistrzyni (oraz zawodniczka doskonale znająca znaczenie drużynowej wspólnoty), Wieber była w stanie pogodzić się z przegraną, zamknąć ten etap swojego życia i dzięki pełnemu wsparciu najbliższych, a także całej drużyny pewnie ruszyć naprzód. Po zaledwie 48 godzinach od najbardziej rozczarowującego wydarzenia w jej sportowej karierze, powróciła na matę. Przedkładając „my" nad „ja", wyszła skoncentrowana, wygrała w skoku przez stół gimnastyczny i pomogła Stanom Zjednoczonym zdobyć pierwsze drużynowe złoto od 1996 roku.

Drobne niepowodzenie stwarza ogromną szansę na wielki powrót. Zgodnie z tym co powiedział miś Yogi: „Koniec jest dopiero na końcu".

Zawsze walcz do samego końca, bez względu na to, jak daleko jesteś za (lub przed) innymi zawodnikami. Nie załamuj się po złym początku sezonu i zachowaj optymizm, bo tylko tak zdołasz zakończyć go w dobrym stylu. Obiecaj sobie, że nigdy się nie poddasz i nie zrezygnujesz.

POKOCHAJ CIĘŻKĄ PRACĘ

Zawsze jest sposób, aby wykonać zadanie – nawet gdy któryś z obszarów twojej gry sprawia ci trudności. Jeżeli któregoś dnia nie możesz z jakiegoś powodu osiągnąć swojej najlepszej formy, po prostu znajdź rozwiązanie, aby wycisnąć jak najwięcej z tego, czym dysponujesz.

Jeśli nie wychodzą ci kolejne otwarcia rund w zawodach golfowych, nadrób stratę krótszymi uderzeniami. Kiedy po twoich rzutach piłka nie wpada do kosza, stań się trudnym do sforsowania murem w obronie. Podkręć swoje działania, zamiast rzucać ręcznik. Nie rezygnuj nawet wtedy, gdy sytuacja wydaje się przygnębiająca lub beznadziejna.

Poświęć teraz minutę i przypomnij sobie te spośród swoich występów, podczas których traciłeś wiarę w możliwość osiągnięcia dobrego lub chociażby przyzwoitego wyniku, a mimo to udało ci się znaleźć wyjście z sytuacji. Jest coś wyjątkowego w byciu kiepskim ale mimo wszystko skutecznym lub zachowaniu pozytywnego nastawienia, kiedy zabraknie najlepszej formy. Nie porzucaj myśli o swoim celu i haruj dalej.

Rory McIlroy, czterokrotny triumfator turniejów wielkoszlemowych, wygrał turniej Shanghai Masters 2011, pokonując w dogrywce Anthony'ego Kima już na pierwszym dołku, choć wcześniej stracił zyskaną na początku zawodów przewagę trzech uderzeń i musiał odrabiać straty na ostatnich dziewięciu dołkach. Oto jak McIlroy opisał to, co działo się w jego głowie po wygranej w Szanghaju, mimo że w finałowej rundzie był daleki od swojej najlepszej formy:

> Wydaje mi się, że jeśli chodzi o moją grę, to wciąż mam jeszcze trochę do poprawy w kwestii nastawienia zarówno wtedy, kiedy wygrywam, jak i wtedy, gdy nie idzie mi najlepiej. Nawet jeśli gra jest chaotyczna,

kiedy musisz walczyć o każdy dołek, to wygrasz o wiele więcej turniejów, grając w taki sposób, niż będąc w najlepszej dyspozycji przez cały tydzień. Jestem bardzo szczęśliwy, że udało mi się tego nauczyć.

POZOSTAŃ W TRYBIE SPORTOWCA

Czy zdarza ci się opisywać wydarzenia na boisku lub trasie zawodów sportowych, jakbyś był swoim własnym komentatorem? Sportowcy uprawiający dyscypliny sportowe, w których mogą sami decydować o tempie gry, takie jak golf, strzelectwo czy tenis, mają skłonności do prowadzenia wewnętrznego dialogu o tym, jak przebiega ich występ. Wiąże się to z ryzykiem nadmiernego analizowania swojej techniki, ciągłego porównywania się do rywali i myślenia o wyniku końcowym. Tego typu wewnętrzne komentarze zamiast pozwolić ci skupić się na twojej rzeczywistej skuteczności, tylko cię od niej oddalają.

Podczas zawodów masz być zawodnikiem. Nie bierz na siebie dodatkowej roli trenera, rodzica, widza czy psychiatry. Pozostań w trybie sportowca, skupiając całą energię na realizacji zadania, a nie na samoanalizie. Nie pisz reportażu na temat swojego występu, dopóki się nie skończy. Nie myśl w ogóle o ostatecznym wyniku, tylko zajmij się samym sobą. Jeżeli często martwisz się o to, co myślą widzowie, wkrótce do nich dołączysz!

RÓB TO, DO CZEGO ZOSTAŁEŚ WYTRENOWANY

Kiedy stajesz na linii startu lub czekasz na sygnał rozpoczynający mecz, twoim zadaniem nie jest ani wygrywanie, ani sprawianie przyjemności innym – takie kwestie są poza twoją kontrolą. Zamiast tego, musisz robić to, do czego zostałeś wytrenowany, realizując jak najlepiej konkretne założenia i cały czas zachowując przy tym właściwe nastawienie – te właśnie aspekty możesz kontrolować. Wykonywanie swojej części planu lub odgrywanie przypisanej roli stawia cię w pozycji, która w największym stopniu zwiększa twoje (i twojego zespołu) szanse na sukces.

Bill Belichick, główny trener New England Patriots, ma na koncie sześć pierścieni Super Bowl, z czego cztery zdobyte w roli głównego trenera. Nieustannie przypomina swoim graczom: „Każdy z was musi wiedzieć, co należy do jego obowiązków, i wykonywać swoją pracę". Takie podejście stanowi sposób na poprawę obszarów mających największy wpływ na przebieg rywalizacji przy jednoczesnym zmniejszeniu znaczenia wszystkiego, co nieistotne. Zaakceptowanie i poświęcenie się swojej roli w zespole jest wyrazem wiary w to, co się robi. Przyjęcie takiej postawy pomoże zarówno tobie i twojej karierze, jak i ułatwi kolegom z zespołu efektywne wykonywanie obowiązków.

STAŃ SIĘ
„SZALEŃCZO ZDECYDOWANY"

To prawda, że niepokój kształtuje i wyostrza koncentrację – ale tylko wtedy, gdy jego poziom nie przekracza pewnych granic. Naturalną obroną człowieka przed strachem jest gniew, jednak w odpowiednio niedużym natężeniu może on być zarówno źródłem przyjemności, siły i motywacji, jak i czynnikiem zmniejszającym obawy.

A skoro tak, to jeżeli odczuwasz nadmierny niepokój przed meczem lub brak motywacji przed treningiem, powinieneś wtedy pomyśleć o czymś, co sprawia, że zaczynasz się złościć, np. o prawdziwej lub rzekomej przykrości – przeciwniku, który swoim gadaniem chciał wyprowadzić cię z równowagi albo ostatniej przegranej twojego zespołu. Odpowiednie przekierowanie tego bardzo emocjonalnego uczucia na swój występ jest często skuteczniejsze niż usilne próby rozluźnienia się czy uspokojenia w sytuacji podwyższonego poziomu lęku.

Pływak Michael Phelps jest jedynym sportowcem, który zdobył osiem złotych medali na jednych igrzyskach olimpijskich. Wyczynu tego dokonał w Pekinie w 2008 roku. Jakiś czas później przyznał się do wykorzystywania wyrażanych publicznie przez rywali wątpliwości na jego temat – były one wypełniającym go i napędzającym jego treningi ogniem. Phelps wyjawił: „Jeśli ludzie chcą rozmawiać, zachęcam ich do tego, ponieważ to uwielbiam. Jest to dla mnie bardziej motywujące niż cokolwiek innego". A co tak działa w t w o i m przypadku?

Bokser Lennox Lewis zdobył dla Kanady złoty medal na Igrzyskach Olimpijskich w Seulu w 1988 roku i może pochwalić się tym, że jest ostatnim niekwestionowanym mistrzem świata wagi ciężkiej. Wyjaśnił, jak duże znaczenie ma to, by kierować się współzawodnictwem, a nie wściekłością: „Wściekłość pochłania energię, a ja chcę zachować całą swoją energię. Gdy przeciwnik mnie trafi, pomyślę: »Świetnie! To był dobry cios«".

Powstrzymanie się przed wpadnięciem w gniew lub „szaleńczą destrukcyjność" zawsze jest lepszym rozwiązaniem – przeklinanie, bójki lub rzucanie przedmiotami działają szkodliwie i świadczą o słabym kręgosłupie moralno-sportowym. Istnieją lepsze sposoby na wyrażenie niezadowolenia. Znajdź pozytywny fizyczny sposób na wyładowanie frustracji po popełnionym błędzie, np. mocne klaśnięcie w dłonie. Postawa „szaleńczo zdecydowana" oznacza umiejętność zachowania klasy poprzez odpowiednie i profesjonalne ukierunkowanie swojego ducha współzawodnictwa.

ZADAWAJ SOBIE WŁAŚCIWE PYTANIA

Napisałem wcześniej, że myśli kształtują uczucia, a uczucia wpływają na efektywność działania. To prawda, dlatego musisz zadawać sobie takie pytania, które wywołują pozytywne myśli i prowadzą do znalezienia odpowiednich rozwiązań, zwłaszcza gdy jesteś zaniepokojony lub zdenerwowany. Skup się na sytuacji – konkretnej chwili – podejmij decyzję i działaj.

Dobre pytania to między innymi: „Co chcę, żeby się stało?" lub „Co by mi teraz pomogło?". Najlepsze odpowiedzi uzyskasz, zachowując pełne skupienie. Złe pytania – takie jak „Dlaczego akurat to dzieje się w tej chwili?" lub „Co robię źle?" – nie pozwalają uzyskać satysfakcjonujących odpowiedzi, a tym samym pociągają za sobą niekorzystne konsekwencje. Zapytaj: „Co mój wewnętrzny mistrz mówi mi, abym zrobił tu i teraz?".

Albo: „Co (człowiek, którego podziwiasz) zrobiłby tu i teraz?". Zadając sobie drugie pytanie, stawiasz podziwianą przez siebie osobę w twojej sytuacji, nawet jeżeli nie uprawiała ona lub nie uprawia już twojego sportu. Przywołanie w myślach konkretnej postaci będącej dla ciebie wzorem oraz inspiracją pozwoli ci odczuć jej motywację i siłę.

Najważniejsze pytanie w dniu zawodów brzmi: „Co muszę zrobić, aby wypaść jak najlepiej?". Mentalne wyzwanie polega na wprowadzaniu się w swoją strefę, a następnie utrzymaniu w niej – jest to możliwe poprzez skupienie się na swoim działaniu i stawianym przed sobą celu. Oto co powiedziała Amanda Beard, pływaczka specjalizująca się w stylu klasycznym i zdobywczyni siedmiu (w tym dwóch złotych) medali olimpijskich: „Przed wyścigiem koncentruję się wyłącznie na przygotowaniach do wykonania czekającego mnie zadania i pozwalam, by to inne zawodniczki myślały o mnie, a nie ja o nich".

WPUŚĆ MUZYKĘ DO SWOJEGO UMYSŁU

Czy podczas treningu lub gry dostrajasz się czasem do słuchanej melodii, pozwalasz, aby porwał cię jej rytm? Słuchanie dobrej muzyki to jeden z najlepszych i najszybszych sposobów na poprawę nastroju, utrzymanie się w „tu i teraz" oraz odnalezienie swojej intensywności i rytmu działania.

- Zawodowy snowboardzista i skateboardzista Shaun White, dwukrotny złoty medalista olimpijski, mówi: „Muzyka wprawia mnie w rytm, który chcę osiągnąć przed startem".
- Mariano Rivera, były miotacz zamykający New York Yankees, wchodził na Yankee Stadium przy dźwiękach utworu *Enter Sandman* zespołu Metallica.
- Była gwiazda zawodowej drużyny futbolu amerykańskiego, Baltimore Ravens, grający na pozycji wspomagającego Ray Lewis, mówi, że przed każdym meczem nakręcał się, słuchając inspirującej piosenki Phila Collinsa *In the Air Tonight*.

Jaka jest więc twoja ulubiona piosenka czy utwór muzyczny, którego słuchasz, aby zwiększyć swoją motywację przed występem? Ułóż własne listy mające wywoływać emocje – powinny składać się z utworów muzycznych pasujących do konkretnych aktywności, jak na przykład przygotowania do treningu lub zawodów czy też wieczorne wyciszenie.

Stwórz także (lub zaktualizuj) osobistą „listę mocy" do odtwarzania podczas treningu. Uwzględnij swoją ulubioną składankę piosenek o szybkim tempie, które pobudzają cię pod względem psychicznym do kontynuowania wysiłku.

Oto kilka propozycji energetycznych utworów, które pozwolą ci maksymalnie wykorzystać trening:

1. *Enter Sandman* – Metallica
2. *Pump It* – Black Eyed Peas
3. *Go Getta* – Young Jeezy
4. *Lose Yourself* – Eminem
5. *Intro* – The xx
6. *Thunderstruck* – AC/DC
7. *Drown in the Now* – The Crystal Method (z udziałem Matisyahu)
8. *Remember the Name* – Fort Minor
9. *Welcome to the Jungle* – Guns N' Roses
10. *Through the Fire* – Pete Miser
11. *Can't Hold Us* – Macklemore i Ryan Lewis
12. *Seven Nation Army* – The White Stripes

MOTYWACJA, NIE DEMOBILIZACJA

Nadmiar myśli, emocji czy wrażeń (albo wszystkich tych rzeczy na raz) zawsze przesłania wyzwanie, jakie masz w danej chwili do zrealizowania. Melodramatyczne podejście do sytuacji czy wymuszone presją myślenie typu: „Stawka jest wysoka", „Przeciwnik jest niezwyciężony", „Nie uda się stąd trafić" czy „Jeżeli tego nie zrobię, to koniec!" w niczym nie pomaga.

Właśnie na tym polega jasność umysłu – na jasności – a wyważona perspektywa nie jest rozmyta.

Zrozum, że wszystkie te negatywne i destrukcyjne myśli oraz uwagi – nawet jeżeli są wypowiadane w żartach – zwiększają presję i napięcie mięśni, jednocześnie zmniejszając prawdopodobieństwo, że będziesz działał na najwyższym możliwym poziomie. Graj z natchnieniem, a nie z desperacją.

Bez względu na dyscyplinę lub okoliczności wymagaj od siebie tylko tego, aby wspiąć się na wyżyny swoich możliwości, ponieważ to wszystko, co jesteś w stanie zrobić. Zarówno w sporcie, jak i w życiu, problemy, trudności i przeszkody to elementy stałe, podczas gdy przesada to z kolei ciągła zmienna, dlatego zawsze najlepszym rozwiązaniem jest zachowanie realistycznego podejścia w każdej sytuacji.

DZIAŁAJ, ZAMIAST SZUKAĆ WYMÓWEK

Mistrz przestrzega zasady „żadnych wymówek". Niektórzy sportowcy szukają przed treningiem pretekstów, które usprawiedliwiłyby pójście na łatwiznę, lub tłumaczą się ze słabego występu, zmyślając powody. Problem w tym, że wymówka, którą znajdą, może ulec przemianie w samospełniającą się przepowiednię, a oni osiągną właśnie te słabe wyniki, których pragnęli uniknąć.

Zawsze lepiej jest działać z tym, czym się dysponuje – żadne wymówki (będące swoistymi mentalnymi kulami inwalidzkimi) nie są do niczego potrzebne. Możesz odnieść sukces nawet wtedy, gdy nie czujesz się najlepiej lub okoliczności nie są idealne. W takiej sytuacji wystarczy powiedzieć sobie: „Nadal mogę dobrze grać i skoncentrować się na tym, co muszę zrobić".

Wyszukiwanie wymówek po zawodach – jak na przykład obwinianie innych za swoją porażkę czy fatalny w skutkach błąd – ma na celu odsunięcie od siebie odpowiedzialności i zachowanie twarzy. Zamiast tego, musisz pomyśleć: „Nie grałem na swoim najlepszym poziomie i będę ciężko pracował, aby wprowadzić niezbędne pozytywne zmiany". Innymi słowy: weź pełną odpowiedzialność za swoje działania – zarówno te udane, jak i te zakończone klęskami.

McKayla Maroney to była członkini amerykańskiej reprezentacji w gimnastyce sportowej na letnie igrzyska olimpijskie w 2012 roku, podczas których zdobyła złoty medal w wieloboju drużynowym. Maroney, aktualna wtedy indywidualna mistrzyni świata w skoku, była jedną z głównych kandydatek do zwycięstwa w konkursie indywidualnym. Pierwszy, niemal perfekcyjny skok dał jej wyraźne prowadzenie, jednak po utracie równowagi podczas lądowania w drugiej serii została wyprzedzona przez reprezentantkę Rumunii. Powiedziała później: „Wylądowałam na tyłku, to oczywiste, że nie zasłużyłam na złoto". Ta wypowiedź sprawia wrażenie bardzo surowej, na pochwałę zasługuje jednak fakt, że Maroney przyjęła pełną odpowiedzialność za niepowodzenie, zamiast szukać wymówek, za którymi mogłaby się schować.

Dbaj o zachowanie mistrzowskiego nastawienia, co pozwoli ci uniknąć chowania się za tymi trzema typowymi wymówkami:

- **Wymówka 1:** „Sędzia nas wyrolował!"
  Postawa mistrzowska: „Muszę/musimy się nauczyć, jak pokonać przeciwnika i nie pozwalać, aby wszelkie niekorzystne decyzje sędziów stawały temu na drodze".

- **Wymówka 2:** „Moja drużyna/trener jest do bani!"
  Postawa mistrzowska: „W pełni popieram i dopinguję wszystkich moich kolegów z drużyny oraz trenerów".

- **Wymówka 3:** „Tamci mieli więcej szczęścia!"
  Postawa mistrzowska: Może faktycznie mieli dziś swój szczęśliwy dzień, czas sprawić, aby i nas spotkało coś podobnego" albo „Wszystko się im dziś układało, znajdźmy sposób, by następnym razem nie dać im żadnej szansy".

IMPROWIZACJA, ADAPTACJA I PRZEZWYCIĘŻANIE

Nigdy nie jest tak, że idealnie ułożony plan zagwarantuje całkowite usunięcie przeszkód w jego realizacji. Aby osiągać wyniki na poziomie mistrzowskim, musisz z wyprzedzeniem wyobrażać sobie różne scenariusze wydarzeń i zawsze opracowywać skuteczne plany awaryjne. Pomocne są przy tym zwroty ułatwiające rozwiązywanie problemów, takie jak „Jeżeli zdarzy się x, zrobię y". Gdy więc wydarzy się coś złego lub nieoczekiwanego, nie tylko nie będziesz zszokowany czy zdenerwowany, ale wręcz zostaniesz wyposażony w odpowiednie narzędzia mentalne oraz zdolność szybkiego reagowania i adaptowania się do nieplanowanych zdarzeń.

Wypracowanie mistrzowskiego nastawienia – unikanie obwiniania się, umiejętność koncentracji na znalezieniu rozwiązania i okazywanie dobrego nastawienia – złagodzi twój strach, bo będziesz wiedział, że możesz poradzić sobie z każdym problemem lub niedogodnością, które pojawią się na drodze. Praktycznie zawsze, gdy zdarzy się coś nieoczekiwanego, będziesz musiał jedynie wprowadzić drobne poprawki i zignorować wszystko, co nie jest niezbędne do osiągnięcia maksymalnej wydolności. Skup się na zamierzonym celu, a zobaczysz, iż potencjalne czynniki rozpraszające usuną się z pola widzenia.

Opóźnienia i przerwy okażą się co najwyżej kłopotami, a nie prawdziwymi katastrofami. Przykładowe sytuacje tego typu to golfista celowo spowalniający tempo gry, spóźnienie się na zawody lub opóźnienie rozpoczęcia meczu spowodowane ulewnym deszczem. Jak zachowasz się w każdej z tych sytuacji? Oczywiście żadna z nich nie sprzyja wspięciu się na wyżyny możliwości, ale też nie oznaczają jeszcze końca świata. Aż się prosi, by w takich chwilach zastosować mantrę, którą powtarzają żołnierze w wielu amerykańskich jednostkach wojskowych: „Improwizuj, zaadaptuj się i przezwyciężaj".

Zamiast pozwalać, aby tego typu problemy zrujnowały ci dzień lub występ, musisz posiąść zdolność do improwizacji, adaptacji i kontynuowania walki o swoje. Zachowaj pozytywne nastawienie i bądź cierpliwy. Optymistyczna mowa wewnętrzna może w takich chwilach przyjąć postać powiedzeń typu: „Poradzę sobie z tym, nawet jeśli nie będzie mi się to podobało". Weź oddech, oczyść umysł i ruszaj pewnie do przodu. Możesz też, jeżeli tylko pomaga ci to w utrzymaniu wewnętrznego rytmu, nucić jakąś melodię lub śpiewać piosenkę.

Aby osiągnąć poziom mistrzowski, zawsze szukaj sposobów ułatwiających ci przezwyciężenie problemów, zamiast rozpaczać, gdy wydarza się coś nieoczekiwanego. Ta psychiczna elastyczność jest tak samo ważna na igrzyskach olimpijskich, jak na każdych innych zawodach. Podczas Igrzysk Olimpijskich w Pekinie w 2008 roku Misty May-Treanor i Kerri Walsh Jennings musiały zmierzyć się z wieloma nieprzewidywalnymi wydarzeniami, aby zdobyć złote medale w siatkówce plażowej kobiet. Bez względu na to, co działo się na boisku, te dwie mistrzynie zawsze trzymały się pozytywnego nastawienia.

W poruszających wspomnieniach zatytułowanych *Misty: My Journey Through Volleyball and Life* May-Treanor opisuje nieprzewidziane wyzwania: szyte na miarę stroje startowe nie dotarły na czas i obie musiały grać w kostiumach innego producenta, May-Treanor dopadło przeziębienie i gorączka, Walsh Jennings zgubiła obrączkę podczas meczu z Japonią, tuż przed meczem dowiedziały się o nowym składzie brazylijskiego zespołu i wreszcie musiały walczyć o złoto w strugach ulewnego deszczu z najlepszym chińskim duetem, który na dodatek miał przytłaczającą przewagę w postaci własnego boiska i całej rzeszy kibiców.

OTO JA

Co mówisz sobie zaraz po udanej grze lub osiągnięciu dobrego wyniku? Twoja afirmatywna mowa wewnętrzna powinna zawierać takie zwroty, jak: „To ja. Będę dalej robił to, co robię, i grał w taki sam sposób, jak dotychczas". Na przykład rozgrywający, któremu już za pierwszym razem wychodzi idealne podanie, nabiera pewności siebie i myśli: „Mam już na koncie dwie udane próby z dwóch, bo następne podanie też będzie dobre".

Wyobrażaj sobie sukces jako długotrwały proces i wierz, że jesteś przeznaczony do osiągania pozytywnych rzeczy. A co w takim razie mówisz do siebie po nieudanym zagraniu lub występie? Przychylna (nigdy negatywna) mowa wewnętrzna powinna zawierać takie zwroty, jak: „To do mnie niepodobne. To tylko drobny błąd. Dostosuję się i wszystko odkręcę".

Na przykład pomimo błędu spowodowanego zbyt mocnym rzuceniem piłki rozgrywający nie traci pewności siebie i myśli: „Mam już na koncie jedną udaną próbę z dwóch, bo moje następne podanie będzie celne".

Wyobrażaj sobie porażkę jako krótkotrwałe zdarzenie, które wkrótce zostanie zastąpione przez sukces. Zawsze wierz, że po każdym rozczarowaniu pojawi się satysfakcja i radość.

NIE OSIĄGNIESZ NICZEGO, CO UWAŻASZ ZA NIEOSIĄGALNE

Skup się na tym, czego pragniesz, a nie na tym, czego się obawiasz. Klasyczny przykład takiego przywoływania niepowodzeń to początkujący golfista, który myśli: „Żebym tylko nie trafił w wodę", po czym tak właśnie się dzieje.

Co trzeba zrobić, aby w ważnym momencie wszystko się udało? Po prostu spójrz i działaj lub wyceluj i strzelaj. Michael Jordan stał się gwiazdą koszykówki po tym, jak w ostatniej minucie meczu zdobył punkty, które dały jego zespołowi z Uniwersytetu Karoliny Północnej zwycięstwo nad Georgetown w finale akademickich mistrzostw Stanów Zjednoczonych w 1982 roku. Powiedział: „Nigdy nie zastanawiałem się nad konsekwencjami spudłowania w najważniejszym momencie meczu. Myślenie o konsekwencjach to myślenie o złym wyniku".

Zamiast starać się za wszelką cenę stłumić strach podczas występu, dąż do tego, by cały czas zachować pewność siebie. Afirmatywna mowa wewnętrzna musi zawierać takie zwroty, jak: „Mogę to zrobić!" zamiast „Nie spieprz tego", „Skup się na celu!" zamiast „Nie daj się rozproszyć" lub „Wytrzymaj!" zamiast „Nie poddawaj się teraz".

PRESJA TO PRZYWILEJ, NIE PROBLEM

Presja to rzecz względna. Innymi słowy, uczucia i zachowania sportowca w dniu występu są uzależnione od bezpośrednich sytuacji, jakie się wydarzają, oraz tego, jak zostaną przez niego zinterpretowane. Niektórzy sportowcy, jak chociażby mistrzyni tenisa Billie Jean King, postrzegają presję jako przywilej, podczas gdy inni uważają ją za oznakę niepowodzenia.

Silna presja będzie towarzyszyć ci tak długo, jak długo będziesz uważał zawody za nadchodzącą katastrofę, a nie wielką szansę. Co więcej, sportowcy zmagający się z takim problemem mają również tendencję do interpretowania normalnych odczuć fizycznych – jak chociażby przyśpieszone tętno przed występem – jako katastrofalnych w skutkach problemów. Zapamiętaj, że tego typu „złą" presję można przezwyciężyć, rozwijając zdolność do utrzymywania właściwego sposobu myślenia.

Dobrym przykładem na słuszność tego twierdzenia jest rozgrywający Seattle Seahawks, Russell Wilson. Podczas rozmowy o tym, co dzieje się w jego głowie w sytuacjach stresowych, powiedział: „Uwielbiam, gdy gra toczy się o dużą stawkę, kiedy wszyscy inni są zdenerwowani, a mnie wypełnia ekscytacja". W podobnym tonie wyrażał się również weteran UFC, Vitor Belfort: „Po prostu daję z siebie wszystko, dzięki czemu nie odczuwam żadnej presji". Jeżeli w trudnej sytuacji czujesz się spięty i zestresowany, spróbuj nadać temu nowe ramy. Jest to technika, dzięki której można zobaczyć daną sytuację w lepszym świetle, z perspektywy zwycięzcy.

Wyzwanie mentalne polega na zmianie punktu widzenia z negatywnego na pozytywny. Zamiast akceptować silną presję, potraktuj ten moment jako okazję do rozwoju. Przyjmij wyzwanie, bo tak naprawdę nie masz nic do stracenia, za to wiele do zyskania. Albo wygrasz, albo wyciągniesz wnioski. Zrozumienie zasad tworzących tę perspektywę pomoże ci utrzymać nastawienie „bądź częścią tego, co chcesz osiągnąć", zamiast grać z podejściem „byle nie przegrać".

Pojawianie się uczucia „złej" presji lub zagrożenia prowadzi do złożonego łańcucha biochemicznych zdarzeń skutkujących nadmierną stymulacją całego organizmu – mocno bijącym sercem, spoconymi dłońmi i niespokojnym umysłem. Z tego powodu bardzo ważne jest przyzwyczajanie się do działania w takich warunkach i nauczenie się, co trzeba zrobić, aby nie miały wpływu na wynik.

Wszyscy trenerzy i sportowcy rozumieją, jak ważne jest, żeby część treningów odbywała się pod presją i jak najlepiej odzwierciedlała warunki panujące podczas zawodów. Celem takich sesji jest zwiększenie gotowości mentalnej zawodnika do sprostania trudom rywalizacji. Trzeba jednak podkreślić, że samo wyobrażanie sobie uczestnictwa w zawodach, włączanie głośnej muzyki mającej symulować odgłosy tłumu lub zakładanie się o niewielkie stawki może pomóc, choć na pewno nie stanowi wyczerpującego rozwiązania.

Istotnym warunkiem powodzenia tej metody jest bezpośrednia symulacja reakcji na stres. Przyśpiesz tętno i rozruszaj mięśnie, robiąc pompki, biegając w miejscu lub skacząc na skakance przez jakieś 60–90 sekund. Weź kilka naprawdę głębokich oddechów. Następnie, wciąż utrzymując układ nerwowo-mięśniowy w stanie pobudzenia, wykonaj rzut wolny, zamach kijem golfowym, strzał na bramkę lub serwis tenisowy najlepiej, jak potrafisz.

Tak przeprowadzona symulacja reakcji na stres w warunkach treningowych zwiększa pewność co do umiejętności panowania nad emocjami i ciałem oraz wykonywania poleconych przez trenera lub nagle pojawiających się w trakcie gry zadań. Szczególnie wtedy, gdy z powodu stawki poziom adrenaliny gwałtownie wzrasta.

WIERZ W SWÓJ TALENT

Unikaj niebezpieczeństw wynikających z perfekcjonizmu i przetrwaj syndrom „paraliżu ewaluacyjnego", który prowadzi do pogorszenia wyników spowodowanego nadmierną analizą. Pozwól swojemu ciału robić to, do czego je wytrenowałeś.

Podczas działania skoncentruj się na tym, co pochodzi z zewnątrz, zamiast absorbować umysł techniką czy mechanicznymi aspektami ruchu twojego ciała. Wyjdź poza umysł i zajmij się występem. Musisz nauczyć się wierzyć w to, że wszystkie twoje umiejętności zawsze są na wyciągnięcie ręki. Bez względu na osiągnięty poziom, zaakceptuj swoje przygotowanie, uwolnij się od wszelkich ograniczających myśli i pozwól wypracowanym wzorcom na przejęcie kontroli. Takie nastawienie pomoże ci być bardziej spontanicznym, kreatywnym i swobodnym w trakcie zawodów – są to cechy absolutnie niezbędne w ważnych momentach lub podczas wyrównanej rywalizacji z przeciwnikiem o zbliżonych umiejętnościach.

„Trenuj to i wierz w to", jak radzi znany psycholog sportowy Bob Rotella. Oto trzy kroki tego procesu:

1. Trenowanie talentu.

2. Wiara w swój talent podczas zawodów.

3. Powtarzanie obu powyższych kroków.

Wszyscy mistrzowie i zawodnicy oraz trenerzy najlepszych drużyn rozumieją, że do osiągnięcia maksymalnej dyspozycji podczas zawodów niezbędne jest zaufanie. Curt Tomasevicz jest dwukrotnym uczestnikiem igrzysk olimpijskich i członkiem czteroosobowego zespołu bobslejowego Night Train, tworzonego poza nim przez Stevena Holcomba, Justina Olsena i Steve'a Langtona (który zastąpił Steve'a Meslera). Night Train zdobył dla USA pierwszy po 62 latach przerwy złoty medal w konkurencji czwórek bobslejowych. Do tego historycznego wydarzenia doszło na Zimowych Igrzyskach Olimpijskich w Vancouver w 2010 roku. Tomasevicz podzielił się ze mną swoimi przemyśleniami na temat znaczenia zaufania:

> Jeden z moich ulubionych momentów podczas tych igrzysk olimpijskich zdarzył się tuż przed rundą finałową. Pamiętam, że kiedy moi koledzy przygotowywali się do ostatniego z czterech ślizgów, ja poświęciłem krótką chwilę, aby naprawdę uwierzyć w swój talent. Po pierwszych dwóch rundach z pierwszego dnia mieliśmy znaczną przewagę, która zwiększyła się jeszcze bardziej po pierwszej rundzie dnia drugiego. (O zwycięstwie decyduje najkrótszy łączny czas pokonania wszystkich czterech przejazdów). Tuż przed ostatnim występem, po

skończonej rozgrzewce i w trakcie przechodzenia do strefy startowej, w naszych głowach mogła pojawić się myśl: „Żeby tylko nie zaprzepaścić tej ogromnej przewagi", co spowodowałoby niepotrzebną presję i napięcie. Równie dobrze moglibyśmy też rozegrać ostatni ślizg ostrożnie i zachowawczo, podchodząc do niego ze zbyt dużą nonszalancją. Zamiast tego po prostu spojrzeliśmy na siebie z pewnością i podeszliśmy do niego tak, jak do wszystkich poprzednich tysięcy ślizgów w naszej karierze. Wiedzieliśmy, że musimy robić to, co robiliśmy do tej pory: wierzyć w swoje umiejętności i ani nie ulegać nadmiernej ekscytacji, ani nie działać zbyt ostrożnie. Postąpiliśmy więc tak samo, jak przy pierwszych trzech próbach, pozwalając po prostu, by cały świat dostrzegł naszą ciężką pracę.

Zawsze bądź częścią tego, co chcesz wygrać. Jak już pisałem, niektórzy sportowcy grają, aby wygrać, podczas gdy inni grają, aby nie przegrać. Nie ograniczaj swojego umysłu i ciała przeszkodami – uwolnij się, aby móc działać. Twoje podejście musi opierać się na założeniu, że nie masz nic do stracenia, a wszystko do zyskania. Zawsze staraj się, by zarówno twoją pasję, jak i resztę życia wypełniały pozytywne rzeczy, w czym pomoże ci stosowanie strategii mentalnych opisanych w tym rozdziale.

Czy teraz, wiedząc już, jak ważne jest dążenie do zwycięstwa, zaczniesz skupiać się na procesie, zamiast rozmyślać nad wynikiem? Czy będziesz częściej cieszył się tym, co chcesz, aby się wydarzyło? Czy zamierzasz naśladować złotego medalistę Curta Tomasevicza, pozwalając temu, co w tobie najlepsze, wznieść się na wyżyny w momencie akcji? Uwolnij swój umysł, aby wygrać. Sięgasz przecież ku złotu!

ROZDZIAŁ CZWARTY

MĄDROŚĆ **MISTRZA**

> Nauczyłem się, że jeśli chcesz czegoś wystarczająco mocno, osiągniesz to bez względu na wszelkie przeciwności.
> — GALE SAYERS

Wszystko, co do tej pory przeczytałeś, dotyczyło trenowania umysłu z wykorzystaniem najważniejszych umiejętności i strategii mentalnych, które są niezbędne do uprawiania sportu z zachowaniem mistrzowskiego podejścia. Wiesz już, jak myśleć, czuć i działać po mistrzowsku – rozumiesz także, że to właśnie mentalność jest głównym czynnikiem decydującym o tym, kto zdobędzie złoto lub kto pobije swój dotychczasowy rekord. Ten rozdział oferuje dalsze strategie, które pozwolą ci spojrzeć na twój sport przez pryzmat nowoczesnej psychologii, a to umożliwi ci przeniesienie się na wyższy poziom. Zmieni się także twój punkt widzenia, dzięki czemu zaczniesz postrzegać tę część swojego życia w bardziej wyjątkowy i zdecydowany sposób.

PRZYJMIJ MISTRZOWSKĄ POSTAWĘ

Istnieją dwa rodzaje sportowców: ci, dla których najważniejsze są nagrody, podziw i inne tego typu wyróżnienia, oraz ci, którzy naprawdę kochają to, co robią, i chcą poznać granicę swoich możliwości. Mechanizmy psychologiczne odpowiadające za motywacje tych pierwszych określa się terminem s k i e r o w a n i e n a e g o – ci sportowcy uwielbiają być podziwiani; podczas gdy brak uznania jest dla ich psychiki dużym obciążeniem. Drugą grupę tworzą osoby, za których motywacje odpowiada **nastawienie mistrzowskie** – ogólnie rzecz biorąc, tych sportowców charakteryzuje zdolność doceniania wszystkiego, co wiąże się z procesem dążenia do osobistej doskonałości, niezależnie od końcowego rezultatu.

Na przykład kierujący się pragnieniem zaspokojenia własnego ego młody sportowiec może za bardzo przejmować się swoimi statystykami na boisku (np. średnią uderzeń) i ocenami za naukę. Taka postawa wiąże się z wyższym poziomem niepokoju o przebieg zawodów, a także silnego zniechęcenia pojawiającego się po porażkach lub niepowodzeniach – jest to spowodowane tym, że motywacja takiego sportowca zależy głównie od czynników zewnętrznych, jak opinie innych osób. Co więcej, sportowcy, których motywuje chęć zdobycia nagrody finansowej czy sławy, mogą odczuwać przytłaczające poczucie pustki po osiągnięciu wymarzonego celu, ponieważ szukają osobistego szczęścia w niewłaściwym miejscu. Bez odpowiedniej pomocy są skazani na wieczne zastanawianie się nad tym, co dalej. Nigdy nie znajdują satysfakcjonującej odpowiedzi.

Z kolei młody sportowiec, który podchodzi do swoich zadań z nastawieniem na osiągnięcie mistrzostwa, jest motywowany głównie przez nagrody wewnętrzne, jak miłość do wybranej pasji oraz dążenie do ciągłego rozwoju. Nieustannie poprawia swoje umiejętności sportowe i zdobywa wiedzę poprzez pilną naukę w szkole. Zarówno udział w treningach oraz zawodach, jak i aktywne uczestnictwo w dyskusjach klasowych sprawiają mu przyjemność. Nagrody niemające bezpośredniego związku z procesem nauki i współzawodnictwa są dla niego tylko dodatkiem. Pogląd sportowca napędzanego postawą mistrzowską opiera się bardziej na czerpaniu przyjemności z podróży niż na dotarciu do konkretnego celu.

Z moich zawodowych obserwacji wynika, że najszczęśliwszymi i najbardziej utytułowanymi sportowcami są ci, którzy kierują się podejściem mistrzowskim, niezależnie od ich konkretnej specjalizacji. Takie osoby są napędzane w równym stopniu przez ciekawość i radość oraz zewnętrzną stronę sukcesu. Paradoksalnie sportowcy, którzy zamiast obsesyjnie skupiać się na wynikach, doceniają sam proces, często osiągają lepsze rezultaty. Rozgrywający Seattle Seahawks, Russell Wilson, jest doskonałym przykładem zawodnika o mistrzowskim podejściu: „Wypełnia mnie furia, którą może zaspokoić jedynie osiągnięcie perfekcji". Wilson wykorzystuje swoje naturalne pragnienie współzawodnictwa i pasję do futbolu także podczas realizacji codziennych zadań, takich jak analiza nagrywanych meczów czy poprawa pracy nóg, żeby w dniu meczu grać na najwyższym poziomie.

Aby osiągnąć doskonałość zarówno w życiu osobistym, jak i sportowym, szukaj motywacji wszędzie, gdzie można ją znaleźć. Ciesz się wszystkimi rodzajami trofeów za odniesione zwycięstwo – od aplauzu tłumu po wzięcie w ręce pucharu za zdobycie tytułu mistrza. Nie zapominaj jednak, że prawdziwa motywacja zawsze pochodzi z wewnątrz. Spraw, aby twoimi największymi nagrodami było samo uczestnictwo oraz radość z działania. Jeżeli chodzi o samą rywalizację, to zamiast martwić się w jej trakcie o końcowy wynik, skupiaj się na tym, co dzieje się w twojej głowie – np. jakie jest twoje nastawienie oraz zapał. Pozwoli ci to utrzymać motywację na wyższym poziomie i doprowadzi do większej liczby doznań wynikających z przebywania w strefie. Zawsze rywalizuj. Zawsze walcz. I nigdy nie zwalniaj w dążeniu do osiągania coraz to lepszych wyników, a zewnętrzny sukces wkrótce za tobą podąży.

BĄDŹ SWOIM NAJWIĘKSZYM RYWALEM

Głównym założeniem procesu stawania się mistrzem jest walka z najlepszą (złotą) wersją samego siebie. Nie zgadzaj się na srebrne lub brązowe nastawienie i poziom wysiłku. Uhonorowany członkostwem w galerii sław zawodowego futbolu amerykańskiego, były rozgrywający Steve Young powiedział: „Główna zasada opiera się na konieczności rywalizowania z samym sobą. Chodzi o samodoskonalenie, o bycie lepszym, niż było się dzień wcześniej". Innymi słowy: zawsze staraj się wykraczać poza swój własny standard doskonałości i ciągle podnoś poprzeczkę dla swoich umiejętności.

LeBron James powiedział dziennikarzom w trakcie sezonu zasadniczego 2012/2013 ligi NBA, że prowadzi „wendetę" przeciwko samemu sobie, próbując w ten sposób wznieść swoją grę na wyższy poziom. Co istotne, ta deklaracja o dążeniach do dalszego rozwoju jako gracza pojawiła się po otrzymaniu przez Jamesa tytułu sportowca roku, którym uhonorował go magazyn „Sports Illustrated" za zdobycie mistrzostwa NBA i złotego medalu olimpijskiego oraz tytułów MVP ligi i MVP rundy finałowej.

Aby jeszcze bardziej zwiększyć swoje pragnienie rozwoju, wykorzystuj znakomite występy innych jako dodatkowe źródła motywacji. Rzucaj wyzwania kolegom z drużyny lub innym dobrym zawodnikom, aby osiągać coraz wyższe poziomy skuteczności i wydolności. Rywalizuj z kolegami z drużyny na treningach, ale wspieraj ich bezwarunkowo w trakcie meczów. Zdrowa rywalizacja na treningach czy podczas zawodów zawsze przynosi o wiele lepsze rezultaty niż kumulowanie w sobie zazdrości.

Tomasz Majewski, reprezentant Polski w pchnięciu kulą, zdobył na Igrzyskach Olimpijskich w Londynie w 2012 roku złoty medal, stając się pierwszym od czasów Parry'ego O'Briena (1952 i 1956) kulomiotem, który obronił tytuł mistrza olimpijskiego. W obu turniejach Majewski startował z pozycji faworyta. Na wcześniejszym etapie swojej kariery powiedział: „Dobre wyniki moich rywali nigdy mnie nie złoszczą ani nie martwią. Są raczej najlepszą z możliwych motywacją, dzięki której zwiększa się moje pragnienie, aby im dorównać".

BŁYSZCZ, DOPÓKI MOŻESZ

„Jedynym celem życia jest być sobą i stać się tym, kim można zostać" – napisał Robert Louis Stevenson, jeden z najsłynniejszych pisarzy XIX wieku. Nasza szansa, aby zabłysnąć w grze życia i w sporcie jest niezwykle ulotna – zegar nieustannie tyka. Pokonaj więc dodatkowy kilometr, okrążenie lub wzniesienie z odnowionym poczuciem celu i pasji. Bycie mistrzem oznacza wyrażanie siebie w pełni i robienie wszystkich tych rzeczy, które w życiu mają dla ciebie wartość. Opuść swoją strefę komfortu i świadomie oraz zdecydowanie podążaj za wymarzonymi celami. Biegnij z całych sił w stronę bramki przeciwnika i umieść w niej piłkę.

SUKCES TO SPOKÓJ UMYSŁU

Rób wszystko, aby nawet na chwilę nie tracić zwycięskiego nastawienia, i nie ustawaj w wysiłkach podczas treningów oraz zawodów. „Sukces to spokój umysłu, a spokój umysłu to bezpośredni rezultat zadowolenia z siebie, które wypływa ze świadomości, że zrobiłeś wszystko, co było w twojej mocy, by stać się najlepszym, jakim potrafisz się stać" – twierdzi legenda koszykówki John Wooden. Z kolei hokeista Gordie Howe, czterokrotny zdobywca Pucharu Stanleya z zespołem Detroit Red Wings, powiedział: „Dochodzisz do punktu, w którym odkrywasz, że masz spokojny umysł i możesz cieszyć się sobą, więcej spać i odpoczywać, gdy wiesz, że włożyłeś sto procent wysiłku – bez względu na to, czy wygrasz, czy przegrasz".

UTRZYMUJ SILNE POCZUCIE WŁASNEJ WARTOŚCI

Sukces w sporcie zależy od sposobu postrzegania trzech fundamentalnych aspektów: swojej aktywności, samego siebie i przyszłości. Zakorzenione w nas, działające ograniczająco przekonania często stanowią największą barierę do pokonania. Dlatego właśnie afirmatywna mowa wewnętrzna powinna przybierać formę takich zdań, jak: „Jestem gotowy na to wyzwanie", „Jestem mistrzem w tworzeniu" i „Wszystko jest możliwe, muszę tylko w to zaangażować mój umysł". Zastąp autodestrukcyjne przekonania („Nigdy nie uda mi się opanować tej umiejętności") pozytywnymi przypomnieniami („Mogę opanować tę umiejętność, muszę tylko dostatecznie długo ćwiczyć i być cierpliwy").

Mistrzowie zawsze chętnie wykorzystują konstruktywną krytykę jako okazję do pogłębiania wiedzy. I wierzą w siebie bez względu na negatywne opinie innych. Jim Craig, bramkarz amerykańskiej reprezentacji w hokeja na lodzie, która zdobyła złoty medal na Zimowych Igrzyskach Olimpijskich w Lake Placid w 1980 roku, przez cały czas trwania turnieju ani na chwilę nie stracił wiary we własne możliwości. Oto jak w swojej znakomitej książce, zatytułowanej *Gold medal strategies: business lessons from America's Miracle Team*, Craig wyjaśnił sposób, w jaki właśnie takie podejście oraz poświęcenie pozwalają udowodnić wszystkim wątpiącym, że nie mają racji:

> Musisz wiedzieć, że świat jest pełen ekspertów, którym udowodniono, iż się mylą. Jeśli chcesz znaleźć kogoś, kto w ciebie wątpi, lub namierzyć cynika, poszukiwania nie tylko nie zajmą ci dużo czasu, ale nie będą też trudne. Uwierz w siebie – nawet jeśli jesteś jedyną osobą, która tak myśli.

Nigdy nie pozostawiaj bez reakcji negatywnych komentarzy innych osób lub twojego własnego poczucia nieudolności. Poza tym uczucie bycia nic niewartym lub niekompetentnym nie oznacza wcale, że jest tak w rzeczywistości. Jak lubią mawiać instruktorzy gry w golfa: to, co czujesz, nie musi być prawdą. Wszystko, czego nauczyliśmy się w przeszłości, może być ukształtowane na nowo przez to, czego uczymy się w teraźniejszości. Niszcz zakorzenione w tobie samoograniczające przekonania i jednocześnie czerp przyjemność z prób osiągania rzeczy, w których osiągnięcie przez ciebie nikt inny nie wierzy. Mierz wyżej, wykorzystując negatywne nastawienie niedowiarków do zwiększenia własnych wysiłków.

RZĄDŹ SWOIMI OGRANICZENIAMI

Skup się na swoich mocnych stronach i znajdź sposób, by zmniejszyć wpływ rzeczy, zachowań czy myśli, które w jakikolwiek sposób cię ograniczają. Brytyjski wioślarz, sir Steve Redgrave, zdobywał złote medale na pięciu kolejnych igrzyskach olimpijskich (w latach 1984–2000). Gdy w 1997 roku zdiagnozowano u niego cukrzycę typu 2, oświadczył: „Cukrzyca musi żyć ze mną, a nie ja z nią". Redgrave wprowadził konieczne zmiany w odżywianiu i kontynuował nieustępliwą pogoń za olimpijską doskonałością. Zawsze staraj się tłumić wpływ ograniczeń na swoje ambicje. Pamiętaj, że prawdziwie mistrzowski występ oznacza robienie wszystkiego, co w twojej mocy, niezależnie od stopnia wytrenowania, genów czy zaplecza sprzętowo-trenerskiego.

NIE DAJ SIĘ ZMYLIĆ SWOIM BŁĘDOM

Podczas zawodów musisz jak najszybciej zapominać o błędach. To szczególnie ważne w sportach wymagających ciągłego skupienia i błyskawicznego reagowania, takich jak boks czy koszykówka, ponieważ zastanawianie się w takich warunkach nad popełnionym błędem często prowadzi do kolejnego, który może przynieść jeszcze gorsze skutki. Ruszaj do przodu, koncentrując się na bieżących wydarzeniach oraz tym, co znajduje się bezpośrednio przed tobą. Aby osiągać wyniki na poziomie mistrzowskim, musisz wystrzegać się zmieniania błędu w lekcję historii tak długo, jak długo pozostajesz na ringu lub na boisku.

Kolejny dobry przykład wywodzi się z narciarstwa. Oto jedna z porad Lindsey Vonn, narciarki alpejskiej, która zdobyła złoty medal w zjeździe na Zimowych Igrzyskach Olimpijskich w Vancouver w 2010 roku: „Kiedy upadniesz, od razu wstań. Po prostu rób dalej to, co robiłeś, i nie przestawaj walczyć". Czas na przeżywanie czy analizowanie błędów oraz wyciąganie z nich wniosków zaczyna się dopiero po przekroczeniu linii mety.

Oto popularna technika stosowana w psychologii sportu, która pozwala odsunąć na bok myślenie o błędzie popełnionym w sportach wymagających szybkiej reakcji, takich jak baseball czy softball: jeżeli popełnisz błąd, schyl się i zerwij pojedyncze źdźbło trawy (lub podnieś kamyk czy coś podobnego). Wyobraź sobie, że jest ono popełnionym przez ciebie błędem. Następnie wyrzuć je (czyli błąd) i skoncentruj na bieżącym celu.

PORAŻKA MOŻE BYĆ WSPANIAŁĄ LEKCJĄ

Michael Jordan, uhonorowany w 2009 roku miejscem w koszykarskiej Galerii Sław, zdobywca sześciu tytułów mistrza NBA i dwóch złotych medali olimpijskich, to jeden z najwybitniejszych współczesnych sportowców. Znamienne jednak jest to, że wśród wielu rzeczy, których znaczenie zawsze podkreślał, jako najważniejszą, tę, która odpowiada za jego sukces, wskazywał omylność: „W trakcie swojej kariery nie trafiłem do kosza ponad dziewięć tysięcy razy. Przegrałem prawie trzysta meczów. Dwadzieścia sześć razy zawodziłem, gdy powierzano mi zadanie oddania zwycięskiego rzutu. W swoim życiu wielokrotnie ponosiłem porażki. I właśnie dlatego wspiąłem się na wyżyny".

Zaakceptuj chwilowe niepowodzenia oraz wpadki jako integralną część swojej pasji i życia. To one właśnie w połączeniu z dalszym podejmowaniem ryzyka sprawiają, że ostatecznie odnosimy sukces. Porażka może być wspaniałą lekcją, musimy jednak wyciągnąć z niej odpowiednie wnioski i wykorzystać je w przyszłości. Pracuj dalej nad swoimi umiejętnościami, a porażka zostanie ostatecznie zamieniona w sukces. „Strzała, która trafia w sam środek tarczy, to rezultat stu nieudanych strzałów" brzmi buddyjskie przysłowie, o którym na pewno warto pamiętać.

ZNISZCZ IDOLI

Nadmierny, graniczący z ubóstwianiem zachwyt nad ulubionymi zawodnikami może doprowadzić do umniejszenia wartości zarówno samego siebie, jak i swojej pasji. Naprawdę nie musisz gloryfikować innego sportowca czy jakiejkolwiek dyscypliny sportu. Nie pozwól, aby ktokolwiek lub cokolwiek działało na ciebie deprymująco. Dobre przysłowie, którym warto się kierować, brzmi: „Nie daj się onieśmielić niemożliwością, bądź zmotywowany możliwością".

Bez względu na wcześniejsze osiągnięcia, nikt nie jest superbohaterem obdarzonym specjalnymi mocami – to prostu kolejny niedoskonały człowiek. Traktuj wszystkich z szacunkiem i nigdy nie odmawiaj go samemu sobie.

Nie wolno ci także ograniczać własnych możliwości poprzez świadome umniejszanie samego siebie. Z drugiej strony jedynym usprawiedliwieniem tego, że patrzysz na innych z góry, powinno być to, że pomagasz im wstać lub ściskasz ich dłonie z najwyższego stopnia podium.

W 2000 roku w wieku 25 lat Tiger Woods rozegrał najlepszy sezon od czasu przełomowego dla golfa wyczynu Bena Hogana z 1953 roku. Woods wygrał dziewięć turniejów, w tym trzy rangi major. Pomimo tak wspaniałego wyniku, dużo starszy od Woodsa Hal Sutton publicznie odciął się od coraz silniejszego defetyzmu, który zdawał się wręcz paraliżować jego rówieśników. Sutton ani na moment nie przestał wierzyć we własne możliwości i ostatecznie pokonał Woodsa podczas turnieju Players Championship w marcu 2000 roku.

„Tiger Woods to nie cały golf" – powiedział Sutton po turnieju. „Pewnej nocy leżałem w łóżku i powiedziałem sobie: »Wiesz co? Nie będę się do niego modlił. On nie jest bogiem. Jest człowiekiem takim samym jak ja, więc damy radę«".

NIE POZWÓL, ABY DUMA POZBAWIŁA CIĘ POMOCY

Mistrz pragnie ciągłego doskonalenia we wszystkich aspektach aktywności. Dlatego też pomocy w zakresie niezbędnych udoskonaleń szukać należy u specjalistów posiadających niepowtarzalne umiejętności: psychologa sportowego, zawodowego trenera, dietetyka sportowego, lekarza medycyny sportowej, fizjoterapeuty sportowego lub innej wykwalifikowanej osoby.

Zwrócenie się do specjalisty o pomoc lub wsparcie nie jest równoznaczne z przyznaniem się do słabości. To raczej potwierdzenie świadomości tego, że jesteś człowiekiem i chcesz poprawiać swoje wyniki lub jakość życia. Psycholog na przykład każdemu z nas może pomóc w lepszym zrozumieniu i rozwiązaniu wpływających negatywnie na wyniki sportowe problemów osobistych.

Zdolność do współpracy z innymi, zwłaszcza z ekspertami, którzy mogą ułatwić ci osiągnięcie celów, jest antytezą słabości. Świadczy o sile charakteru i determinacji do bycia jak najlepszym. Jak mówi japońskie przysłowie: „Jeden dzień spędzony ze wspaniałym nauczycielem jest lepszy niż tysiąc dni sumiennej nauki".

ŹRÓDŁEM SIŁY JEST WYSIŁEK

Niemiecki filozof Friedrich Nietzsche jest autorem jednej z najsłynniejszych stwierdzeń w historii świata: „Co mnie nie zabije, to mnie wzmocni". Podczas rozmowy na temat zawartego w tym zdaniu przesłania jeden z moich klientów zażartował: „Co mnie nie zabije, to mnie wkurzy".

Miarą przeciwności losu są korzyści, jakie zostały dzięki nim osiągnięte. Naucz się przekuwać niefortunne doświadczenia oraz wydarzenia we własne korzyści, ponieważ przeciwności losu na pewno się pojawią. Zamiast postrzegać trudności jako znak, że sprawy mają się coraz gorzej, zainspiruj się możliwością udoskonalenia swoich umiejętności. Wybór należy do ciebie – możesz pozwolić, aby niepowodzenia i przeszkody opóźniły lub wręcz uniemożliwiły ci osiągnięcie sukcesu, albo wykorzystać je i sprawić, by uczyniły cię silniejszym.

Ten drugi scenariusz jest możliwy tylko wtedy, gdy będziesz podejmował wszelkie pojawiające się w twoim życiu wyzwania, zamiast robić uniki, szukać wymówek lub zakładać, że wszystko samo jakoś się ułoży. Tak naprawdę to właśnie z powodu przeszkód i problemów, które pojawiają się na naszej drodze – i dzięki zdobywaniu wiedzy umożliwiającej ich pokonanie – jesteśmy w stanie osiągnąć wyższy stopień doskonałości.

Wilma Rudolph jest doskonałym przykładem zwycięstwa nad przeciwnościami losu. Inspirująca historia Wilmy zaczyna się już w dzieciństwie, kiedy to przezwyciężyła kilka poważnych problemów zdrowotnych, w tym paraliż lewej nogi, który w wieku sześciu lat zmusił ją do używania metalowej ortezy, a kończy na tytule najszybszej kobiety świata. W 1960 roku w Rzymie zdobyła złoto w biegach na 100 i 200 metrów oraz w sztafecie 4 × 100 metrów, stając się pierwszą Amerykanką, która wygrała trzy konkurencje na jednych igrzyskach. Oto co powiedziała: „Triumfu nie da się osiągnąć bez walki".

ZDOBYWANIE MIEJSCA W PIERWSZYM SKŁADZIE

W swojej sztuce zatytułowanej *Cato* angielski dramatopisarz Joseph Addison napisał: „Nie możemy zapewnić sobie sukcesu, ale możemy na niego zasłużyć". Zrozumienie tej filozofii daje wgląd w to, jak możesz radzić sobie z rozczarowaniem spowodowanym pełnieniem funkcji rezerwowego zawodnika. Bądź cierpliwy i wytrwały, gdy sprawy nie układają się po twojej myśli. Wykorzystuj każdą frustrację do zrobienia czegoś pozytywnego i produktywnego. Staraj się być coraz lepszy, czy to poprzez pracę indywidualną, trening zespołowy, czy też analizę nagrań z innych meczów lub zawodów. Nie ustawaj w treningach, ciężko pracuj i zamiast poddawać się defetystycznym myślom (np. „Po co to wszystko?"), postępuj tak, jakbyś już był w podstawowym składzie. A kiedy siedzisz na ławce rezerwowych, bądź pełen dobrej energii i kibicuj grającym kolegom. Możesz również wyobrażać sobie w takich chwilach siebie walczącego o zwycięstwo wraz z resztą zespołu. I bądź przygotowany mentalnie do natychmiastowego włączenia się do gry, gdy tylko trener wymieni twoje imię.

NIC SIĘ NIE DZIEJE BEZ PRACY

Dostosuj swoje ambicje, marzenia i cele do rzeczywistości. Do osiągnięcia poprawy i coraz lepszych wyników potrzebne są wysiłek i praca, które przy naprawdę mocnym pragnieniu sukcesu przestają być problemem czy utrudnieniem. Trenujesz dla samego trenowania czy pracujesz, aby stać się lepszym? Dotarcie na mistrzowski poziom jest możliwe tylko wtedy, gdy zrozumiesz, że – jak mówi trener Seattle Seahawks, Pete Carroll – „praktyka jest wszystkim".

Stare, dobre podejście treningowe opierające się na ciężkiej pracy zaprocentuje podczas przyszłych zawodów. Wielokrotnie sprawdzaj wszystkie swoje umiejętności oraz procedury poprzez treningi o świetnej jakości tak długo, aż utrwalisz je i wypracujesz wzorce, które dzięki pamięci mięśniowej będą później aktywowały się w instynktowny sposób.

Maksymalne wykorzystanie czasu spędzonego na treningach to gwarancja optymalnych wyników na zawodach.

PRZEGANIAJ SŁABOŚCI, ROZWIJAJ MOCNE STRONY

Postaraj się o to, żeby zamiast popadać w samozadowolenie, pracować nad wszystkimi aspektami swojej pasji. Zawsze przeganiaj słabości i rozwijaj mocne strony – tak, jak zrobiła to jedna z najlepszych miotaczek i pałkarek, Amerykanka Lisa Fernandez, trzykrotna drużynowa złota medalistka olimpijska w softballu. Fernandez powiedziała kiedyś, że skupia się wyłącznie na tym, aby zamieniać swoje słabości w mocne strony, a mocne strony czynić jeszcze mocniejszymi. Praca nad słabymi punktami może nie zawsze jest przyjemna, ale to najszybsza droga do poprawy swoich umiejętności.

Dustin Pedroia, grający w zespole Boston Red Sox na pozycji drugobazowego, z całą pewnością nigdy nie był najwyższym zawodnikiem na boisku (ma tylko niecałe 173 cm wzrostu), ale może pochwalić się świetnymi występami. Wyznawana przez niego etyka pracy sprawia, że cokolwiek robi, czyni to z nieustającym zaangażowaniem. Oto jak Pedroia, uznany w 2008 roku za najbardziej wartościowego gracza ligi, opisał swoje podejście do treningów poza sezonem w inspirującej książce *Born to Play: My Life in the Game*:

> Staram się, aby treningi sprawiały mi przyjemność, ale jednocześnie traktuję przerwę w rozgrywkach jako czas na zbudowanie wytrzymałości, która utrzyma się i zapewni mi możliwość efektywnego grania przez osiem miesięcy. Zwracam uwagę na wszystko, co jem, i cały czas trenuję. W trakcie sezonu trzeba robić wszystko, aby utrzymać kondycję przez osiem miesięcy. Poza sezonem ma się trzy miesiące na zrobienie jak największych postępów i stanie się jeszcze lepszym.

PRZESUWAJ ŁAŃCUCHY

Używany w futbolu amerykańskim termin „przesuwanie łańcuchów" (ang. *moving the chains*) oznacza zdobywanie pierwszych prób*. Nie ustawaj w wysiłkach, aby cały czas przesuwać łańcuchy w kierunku swoich celów. Nigdy nie zadowalaj się dotarciem do połowy dystansu. Nie spodziewaj się także, że same starania zapewnią ci zdobywanie punktów przy każdej próbie czy powodzenie podczas każdego występu. Aby osiągać wyniki na poziomie mistrzowskim, niezbędne jest stałe – i uwzględniające wszystkie obszary psychiki, ciała, techniki oraz strategii – dążenie do poprawy.

Wszyscy możemy stać się silniejsi psychicznie i fizycznie, a także rozwijać się jako zawodnicy w każdym sporcie lub aktywności fizycznej. Możesz opanować umiejętności techniczne w swojej dyscyplinie i nauczyć się, jak odpowiednio wykorzystywać je w sytuacjach wymagających taktycznego podejścia. Nawet najmniejsza poprawa oraz pouczające przeżycie mają znaczenie. Każdy postęp to wspaniała rzecz, ponieważ małe kroki i małe zdobycze naprawdę się sumują. Zapamiętaj powiedzenie: „Potrzeba 10 lat, aby z dnia na dzień odnieść sukces".

„Co mogę dziś zrobić, aby przesunąć łańcuchy?" – to najważniejsze pytanie, które musisz sobie zadać, niezależnie od tego, czy odpowiedź brzmi: zjeść zbilansowane śniadanie, pojawić się wcześniej na treningu, czy po prostu dobrze się wyspać. Zawsze bądź pozytywnie nastawiony, cierpliwy i wytrwały w okresie przygotowawczym do sezonu lub ważnych zawodów. Stawiaj czoło nieuniknionym błędom, niepowodzeniom i fazom zastojów, przez które przechodzi każdy sportowiec. Pamiętaj, że takie sytuacje często są zwykłymi zmianami w twojej wydolności i sprawności fizycznej oraz psychicznej.

W odniesieniu do kariery sportowej koncepcja stojąca za terminem „przesuwanie łańcuchów" to proces, który nigdy nie daje pewności co do

---

* W futbolu amerykańskim zdobywanie pola przez drużynę atakującą oznaczane jest poprzez przesunięcie umiejscowionych przy linii bocznej dwóch znaczników połączonych łańcuchem o długości 10 jardów. Rozpoczęcie akcji następuje na wysokości pierwszego znacznika (tzw. linii wznowienia; *line of scrimmage*), a celem jest zyskanie minimum 10 jardów boiska wyznaczanych przez drugi znacznik (tzw. linia pierwszej próby), na co drużyna atakująca ma cztery podejścia (przyp. tłum.).

tego, kiedy wszystkie elementy znajdą się na swoich miejscach. Niektórzy sportowcy wybijają się bardzo szybko, jeszcze jako uczniowie lub studenci. Przykładem sukcesu sportowego osiągniętego w stosunkowo młodym wieku może być grający na pozycji niskiego skrzydłowego wieloletni zawodnik zespołu Oklahoma City Thunder, Kevin Durant. Jednym jego licznych indywidualnych osiągnięć jest tytuł najmłodszego lidera strzelców w historii NBA – zdobył go w wieku 21 lat, osiągając w sezonie 2009/10 średnio 30,1 punktu na mecz.

Zawsze myśl pozytywnie i pamiętaj, że niektórzy zawodnicy potrzebują więcej czasu, aby zyskać status supergwiazdy czy też dotrzeć do granicy swoich możliwości. Oto tylko kilku spośród sportowców, którzy sukces osiągnęli w późniejszym wieku lub dopiero po wielu latach pracy:

- Niepokonany mistrz wagi ciężkiej Rocky Marciano zaczął uprawiać boks dopiero w wieku 20 lat, gdy wstąpił do wojska. Na zawodowstwo przeszedł pięć lat później.
- Sandy Koufax, członek galerii sław ligi MLB, do 27. roku życia był raczej przeciętnym graczem.
- Dwukrotny MVP i zdobywca pucharu Super Bowl, rozgrywający Kurt Warner, swój pierwszy mecz w NFL rozegrał w wieku 28 lat.
- Chińska zawodowa tenisistka Li Na wygrała swój pierwszy turniej wielkoszlemowy, French Open 2011, w wieku 29 lat.
- Golfowy fenomen Ben Hogan przez wiele lat zmagał się z opanowaniem techniki swingu, stając się ostatecznie prawdopodobnie najlepszym specjalistą od zamachu i uderzenia w historii golfa. Swój pierwszy z dziewięciu turniejów rangi *major* wygrał w wieku 34 lat.

KAŻDY CZAS JEST TYM NAJLEPSZYM

Niektórym sportowcom zdarza się utonąć zamiast utrzymać na powierzchni, gdy zmuszeni są do działania pod dużą presją – czy to w pierwszych minutach pierwszej rundy akademickiego turnieju koszykówki NCAA Division I, znanego również jako NCAA March Madness, czy to w sytuacji, kiedy od wygrania meczu dzieli ich tylko jedna wygrana piłka, czy też podczas oddawania rzutu, od którego zależy zwycięstwo w meczu. Dzieje się tak, ponieważ zaczynają podchodzić do swojej gry z przesadnym zaangażowaniem. Postawa ta spowodowana jest ich przekonaniem, iż muszą zrobić coś lepiej lub inaczej niż w poprzednich sytuacjach.

Jednak niezależnie od tego, jak poważny albo dalekosiężny w skutkach wydaje się dany moment, zdolności psychiczne i fizyczne, jakimi musisz dysponować, pozostają te same. Do każdego treningu podchodź, jakby to były mistrzostwa, a w trakcie mistrzostw wyobrażaj sobie, że jesteś na treningu. Ważny mecz czy turniej nie wymaga od ciebie niczego, czego nie robiłeś już wielokrotnie w czasie przygotowań. W jak największym stopniu trzymaj się swojej stałej przedmeczowej rutyny. Zaaklimatyzuj się, dostrój do danej sytuacji jak najszybciej i rób to, co zawsze.

Silne pragnienie udowodnienia swojej przynależności do drużyny (lub potrzeba zrehabilitowania się po słabym sezonie) to uczucia, które przyniosą najwięcej korzyści, jeżeli użyje się ich jako dodatkowej motywacji do ciężkich treningów. Podczas zawodów pokazanie pełni swojego kunsztu i czerpanie z tego przyjemności zawsze przynosi lepsze rezultaty niż działanie napędzane potrzebą udowodnienia swojej wartości. Naprawdę nic złego się nie stanie, jeżeli wyjdziesz na boisko i zagrasz po swojemu. Bądź sobą, rób to, co robisz, i graj tak, jak potrafisz. Powtarzaj sobie: „Oto ja i to, co robię codziennie".

UŚWIADOM SOBIE, DLACZEGO GRASZ

Zdecydowanie zbyt wielu sportowców za bardzo przejmuje się wynikami, a za mało cieszy się chwilą. Łyżwiarka figurowa Peggy Fleming, złota medalistka Igrzysk Olimpijskich w Grenoble w 1968 roku, powiedziała: „Najważniejsze jest to, aby kochać swój sport. Nie rób niczego, żeby zadowolić innych. To musi być twoje". Jeżeli uprawiasz swój sport wyłącznie po to, by zadowolić inną osobę, powinieneś przestać. Przemyśl na nowo swoje życiowe cele i poszukaj więcej przyjemności lub poczucia sensu, robiąc coś innego.

Radość to główny powód uprawiania sportu. Zadaj sobie pytanie: „Czy trenowanie i rywalizacja sprawiają mi radość?". Jeżeli sport nie jest dla ciebie ani źródłem satysfakcji i entuzjazmu, ani nie wprawia cię w dobry nastrój, to powinieneś zastanowić się nad tym, które z twoich myśli, uczuć oraz działań w tym przeszkadzają. Chodzi o to, aby podczas uprawiania sportu dobrze się bawić (ale unikając wygłupów) i odkrywać jednocześnie, jak dobrym zawodnikiem możesz zostać. W dążeniu do tego celu zawsze należy kierować się przyjemnością i pasją.

Jamajski sprinter Usain Bolt przez wiele lat dążył do osiągnięcia doskonałości, cały czas zachowując przy tym radosne podejście do rywalizacji. Pozwalało mu to w utrzymaniu wyjątkowego połączenia pełnej swobody i maksymalnej sportowej skuteczności nawet w trakcie najważniejszych zawodów. W 2012 roku Bolt został pierwszym człowiekiem, któremu udało się obronić tytuły mistrza olimpijskiego w sprincie na 100 i 200 metrów. Łącznie zdobył w Pekinie i Londynie trzy złote medale (na 100 i 200 metrów oraz w sztafecie 4 × 100 metrów). Oto co powiedział ten wybitny sportowiec z uśmiechem o mocy miliona watów, którego znakiem rozpoznawczym jest charakterystyczna, pochodząca z jamajskiego tańca poza *to di world*: „Musisz się dobrze bawić [jeżeli chcesz pobiec najlepiej, jak to możliwe]".

BEZWARUNKOWO AKCEPTUJ SIEBIE

To smutne, ale wielu sportowców pozwala, aby to, jak prezentują się na boisku czy trasie zawodów, definiowało ich wartość jako ludzi. Trudno o coś bardziej błędnego niż przekonanie, że twoja wartość jako osoby może być oceniana na podstawie tego, jak wypadłeś podczas zawodów. Co więcej, tego typu podejście leży u podstaw nie tylko wielu słabych wyników, ale i problemów osobistych. Na szczęście twoja wartość nigdy nie jest zagrożona. Jesteś czymś więcej niż tylko sumą swoich osiągnięć sportowych, nie musisz więc (a wręcz nie wolno ci!) czuć się źle lub obarczać się winą, jeżeli na zawodach zrobiłeś wszystko, na co było cię stać.

Powiedz sobie, że niezależnie od osiągniętego wyniku zawsze będziesz czuł dla siebie szacunek, doceniał się i odczuwał satysfakcję z tego, że dołożyłeś wszelkich starań, aby wypaść jak najlepiej. „Złoty medal to wspaniała rzecz, jednak jeżeli nie jesteś kimś bez niego, to z nim też nigdy nie będziesz" – mówi Irv Blitzer, fikcyjny były bobsleista z filmu *Reggae na lodzie*, w którego wcielił się John Candy. Zdolność do bezwarunkowej samoakceptacji przybliży cię do realizacji celów, ponieważ zapewnia ona optymalny dla osiągnięcia sukcesu stan umysłu. Podsumowując: oceniaj swoje osiągnięcia, ale nie osądzaj samego siebie.

NIGDY NIE PRZESTAWAJ TRENOWAĆ, NIGDY NIE PRZESTAWAJ SIĘ UCZYĆ

Powinieneś cieszyć się owocami swojej pracy, pamiętaj jednak, że nie zwalnia cię to z obowiązku podejmowania dalszych wytężonych wysiłków. Zawsze staraj się doskonalić, nawet jeśli jesteś już najlepszy w tym, co robisz. Ucz się przez całe życie – nieustanne doskonalenie i ciągły rozwój powinny stać się twoim najwyższym standardem. Zacznij żyć zgodnie z ideą zen: „zawsze bądź uczniem", której przekaz polega na tym, że nawet ktoś, kto osiągnął w czymś status mistrza, wciąż może stać się w tym jeszcze lepszy. Chęć uczenia się i rozwijania jest niezwykle cenna, gdy chodzi o osiągnięcie osobistej doskonałości oraz szczytowej wydajności.

„Zawsze bądź uczniem" to podejście równoznaczne z posiadaniem mentalności nastawionej na rozwój (podejście rozwojowe), którą Carol Dweck zdefiniowała w swojej książce zatytułowanej *Nowa psychologia sukcesu*. Według tej światowej sławy psycholożki z Uniwersytetu Stanforda podejście rozwojowe charakteryzuje się zdolnością do rozpoznania w sobie talentów, które można rozwijać poprzez poświęcenie. Z kolei mentalność nastawiona na stałość (podejście sztywne) oznacza postrzeganie swoich talentów jako czegoś, czego nie da się rozwinąć. Osiąganie dalszych sukcesów i nieustanne odczuwanie radości z realizowania pasji jest znacznie łatwiejsze, gdy ma się świadomość możliwości rozwoju we wszystkich obszarach odpowiadających za osiągane wyniki, a nie tylko tych związanych z wydolnością.

Edwin Moses stanowi najlepszy przykład mentalności nastawionej na rozwój. Przez całą swoją fenomenalną karierę lekkoatletyczną pogłębiał wiedzę i doskonalił umiejętności. Moses dwukrotnie: w 1976 i 1984 roku zdobył złoty medal olimpijski w biegu na 400 metrów przez płotki – w 1980 roku nie mógł wystartować w Moskwie z powodu bojkotu igrzysk przez Stany Zjednoczone. W latach 1977–1987 Moses wygrał aż 107 biegów finałowych z rzędu i czterokrotnie ustanawiał rekord świata. „Zawsze musiałem dążyć do poprawy, ponieważ tylko w ten sposób byłem w stanie rywalizować i wygrywać" – powiedział w jednym z wywiadów Moses, po czym dodał: „Myślę, że sukces to w większej części kwestia psychiki, gdyż ścigałem się z wieloma zawodnikami, którzy mieli prawdopodobnie lepsze warunki fizyczne. Byłem jednak w stanie ich przechytrzyć, lepiej zaplanować bieg i lepiej się przygotować".

PANUJ NAD TYM, NAD CZYM MOŻESZ

Modlitwa o pogodę ducha, której autorem jest amerykański teolog Reinhold Niebuhr, to wartościowe narzędzie, które powinieneś stosować podczas pracy ze swoim umysłem. Jej łatwo dostępna w internecie treść porusza kwestię tego, co możemy, a czego nie możemy zmienić. Jednak aby pójść o krok dalej, powinieneś zrozumieć, że na stan w i ę k s z o ś c i rzeczy – zarówno tych dotyczących sportu, jak i reszty życia – nie masz żadnego wpływu.

Opanowanie zdolności emocjonalnego dystansowania się od tego, czego nie da się zmienić, zamiast pozwalania, aby rzeczy te działały rozpraszająco, może przyczynić się do utrzymania właściwego nastawienia. Przestań oceniać. Posłuchaj Tigera Woodsa, który często powtarza: „Jest, jak jest".

Nie pozwól, aby czynniki niedające się kontrolować wpłynęły na twoje nastawienie w trakcie zawodów. W ten sposób nie tylko przejdziesz na wyższy poziom, ale także zyskasz przewagę nad tymi przeciwnikami, którzy nie potrafią tak dobrze dostosować się do tych samych niekorzystnych czynników, przez co tracą koncentrację i pozwalają, aby dopadł ich stres.

Jedyną rzeczą, nad którą sportowiec panuje, jest to, jakie działania podejmuje podczas zawodów. Istnieje wiele czynników wpływających na przebieg rywalizacji, których nie da się kontrolować. Do najczęstszych należą:

- przeszłość/przyszłość
- warunki terenowe
- pogoda
- koledzy z zespołu
- trenerzy
- przeciwnicy
- urzędnicy / działacze sportowi
- widzowie
- przedstawiciele mediów
- odbicie piłki od ziemi
- harmonogram zawodów
- znaczenie zawodów

PIELĘGNUJ WSPANIAŁĄ PERSPEKTYWĘ

Traktuj swój sport poważnie, ale nie aż tak, aby dotkliwa porażka czy słabszy okres spowodowały całkowitą utratę wypracowanej wcześniej perspektywy. Pamiętaj, że punkt widzenia człowieka jest odzwierciedleniem rzeczywistości, w której żyje i działa. Dlatego też zawsze staraj się utrzymywać swoją uważność i doświadczanie świata we właściwym miejscu poprzez rozwijanie i zachowanie prawidłowej perspektywy. I nigdy nie pozwól, aby sport stał się w twoim życiu czymś, co zaczniesz rozpatrywać w kategoriach życia lub śmierci. Nie trać z oczu całościowego obrazu życia, a rozczarowania nie tylko będą mniej dotkliwe, lecz także zyskasz zdolność zmieniania ich w determinację.

Shannon Miller jest zdobywczynią największej liczby medali olimpijskich w historii amerykańskiej gimnastyki sportowej[*] – dwóch złotych, dwóch srebrnych i trzech brązowych. W czasie swojej kariery aż dziewięć razy stawała także na podium mistrzostw świata, z czego pięć razy na najwyższym stopniu. Była także jedną z członkiń określanej jako „Wspaniała siódemka" reprezentacji USA, która w 1996 roku zdobyła na igrzyskach olimpijskich w Atlancie złoty medal w wieloboju

---

[*] Rekord Shannon Miller został wyrównany przez Simone Biles podczas Igrzysk Olimpijskich w Tokio w 2021 roku (przyp. tłum.).

drużynowym. Miller potrafiła zachować wspaniałą perspektywę przez całą swoją niezwykłą karierę. Powiedziała: „Myślę, że to naprawdę ważne, aby patrzeć na całość, zamiast skupiać się tylko na jednych zawodach".

Gdy zajdzie taka potrzeba, przywróć właściwą perspektywę, powtarzając sobie: „To tylko jeden występ, a nie cała moja kariera" lub: „To tylko wyścig (lub mecz czy test kwalifikacyjny), a nie całe moje życie". Przecież od tego, jaki wynik osiągniesz w następnej rundzie, meczu czy zawodach, nie zależy los wszechświata. Owszem, przegrana lub słabszy występ zawsze są rozczarowujące, ale wcale nie muszą być wyniszczające.

Sheila Taormina jest pierwszą kobietą, która wystąpiła na igrzyskach olimpijskich w trzech różnych dyscyplinach sportowych. Zdobyła złoty medal w sztafecie 4 × 200 metrów stylem dowolnym w Atlancie w 1996 roku, zajęła 23. miejsce w triathlonie w Atenach w 2004 roku i 19. miejsce w pięcioboju nowoczesnym w Pekinie w 2008 roku. Taormina zdradziła mi, jak za pomocą modlitwy zyskuje perspektywę, dzięki której radzi sobie ze stresem podczas zawodów:

> Zawsze czytałam *Biblię* i modliłam się, aby spojrzeć na sport z odpowiedniej perspektywy. Modliłam się o zdrowie dla rodziny, przyjaciół, a także za ludzi na świecie, którzy w moim odczuciu cierpieli, i którym moje zawody w żaden sposób nie mogły pomóc. Pozwalało mi to nie tylko uwolnić się od presji wyniku, ale także utrwalić świadomość tego, że moja walka o medal nie jest najważniejszą rzeczą we wszechświecie. To, że mogłam spełniać swoje marzenia, było dla mnie błogosławieństwem, dlatego też wierzyłam, iż warto ścigać się w duchu odwagi, a nie strachu. Pomiędzy każdym strzałem z pistoletu na igrzyskach w Pekinie, kiedy do komendy przeładowania było około 30 sekund, modliłam się, recytując *List do Efezjan* 6:10–18.

MISTRZOWIE WYGRYWAJĄ, GDYŻ NIE STAJĄ SOBIE NA PRZESZKODZIE

Osiągnięcie sukcesu w sporcie czy spełnienie założeń związanych ze sprawnością fizyczną już samo w sobie jest wystarczająco trudne. Nie utrudniaj tego poprzez nadmierną samokrytykę (dotyczącą swoich postępów, wyglądu itp.) lub brak wiary w to, że nie jesteś wystarczająco dobry, zwłaszcza wtedy, gdy naprawdę starasz się, jak możesz. Przestań być dla siebie ciężarem i przeszkodą.

Pomyśl o tym, że gdyby bliski przyjaciel lub dobry kolega z zespołu miał spadek formy albo przechodził trudny okres w życiu prywatnym, na pewno byś go wspierał, a nie krytykował. Zrób więc to samo dla siebie; bądź swoim najlepszym przyjacielem zarówno na boisku, jak i poza nim – podwójne standardy są surowo zabronione. Jeżeli jesteś dobry dla innych, ale okrutny dla siebie, postępuj zgodnie z odwrotnością złotej reguły: „Każdy powinien traktować siebie tak, jak traktowałby innych!".

PODEJŚCIE POSIADACZA KARNETU

Zwykły kibic to ktoś, kto jest raczej słabo związany z daną drużyną, podczas gdy posiadacz karnetu lub zagorzały fan jest jej w pełni oddany i przejawia wielką pasję. Zwykły kibic może buczeć i narzekać, kiedy sprawy przybierają zły obrót, a osoba, która wykupuje karnet na cały sezon, będzie dopingować swoją drużynę w każdej sytuacji.

Nie bądź zwykłym kibicem swojej pasji i życia. Jako zawodnik pamiętaj, aby być także fanem, który zawsze jest pozytywnie nastawiony do swojej wiedzy i możliwości – bez względu na to, czy masz akurat świetną passę, czy doznałeś dotkliwej porażki.

Bądź także emocjonalnie zaangażowany w sprawy zespołu, którego jesteś członkiem, i aktywnie mu kibicuj. Ludzie, którzy go tworzą, to ci, których powinieneś wspierać – bądź wspaniałym źródłem pozytywnego wsparcia dla kolegów z zespołu podczas wszystkich zawodów, sezon po sezonie.

PROFESJONALIZM TO WARUNEK SUKCESU

Entuzjazm jest potrzebny, aby dodać sobie otuchy, szczególnie wtedy, gdy czujesz się wyczerpany lub jesteś w gorszej formie. Pamiętaj jednak, że popisywanie się lub przechwałki działają na innych zniechęcająco, gdyż wyglądają często jak błazenada i wskazują na brak profesjonalizmu. Jak mawia wielu komentatorów futbolu: „Kiedy zdobędziesz przyłożenie, zachowuj się tak, jakbyś robił to już wcześniej". Poza tym nieprofesjonalne zachowanie często skutkuje kosztownymi karami i zmienia bieg gry na korzyść przeciwnika.

W czasie swojej trwającej 14 lat kariery w ATP Tour Pete Sampras wygrał 14 turniejów wielkoszlemowych, w tym siedem razy triumfował na kortach Wimbledonu. Nazywany królem swingu, Sampras grał z wielką klasą. Powiedział kiedyś: „Pozwalam swojej rakiecie działać. Naprawdę tak właśnie to wygląda. Po prostu wychodzę na kort i wygrywam".

Mistrz sztuk walki Bruce Lee powiedział kiedyś: „Wiedza da ci władzę, ale charakter przyniesie ci szacunek". Zawsze staraj się zaprezentować siebie w jak najlepszym świetle. To szczególnie ważna zasada, o której musisz pamiętać, gdy masz problemy w trakcie występu lub gdy twoja drużyna zmaga się z przeciwnościami. Miej szacunek dla siebie i innych. Przestrzegaj obowiązującej etykiety i zasad gry. Wszystko, co robisz podczas zawodów oraz poza nimi, odsłania twój charakter. Pamiętaj, aby zawsze zachowywać się właściwie.

Oto zachowania, które są n i e d o p u s z c z a l n e w świecie sportu:
- obrażanie się/narzekanie
- krzyczenie/wydzieranie się
- łamanie zasad
- rzucanie przedmiotami lub ich kopanie
- bycie nieuprzejmym lub lekceważenie innych
- umniejszanie wysiłku innych lub pozorowanie własnego
- przesadne demonstrowanie radości po k a ż d y m trafieniu do kosza lub bramki czy udanym ataku

POLUB DYSKOMFORT

Opinia społeczna narzuca nam dziś przekonanie, że w życiu nie powinno być miejsca na dyskomfort, przez co, gdy pojawia się jakakolwiek niedogodność, zaczynamy uważać, że dzieje się coś bardzo złego. Skutkiem takiego ukształtowania psychiki jest silna tendencja do opierania się temu, co początkowo stanowi źródło dyskomfortu. Tymczasem jest zupełnie przeciwnie – wyzwania, którym sprostanie sprawi, że staniemy się silniejsi (zarówno psychicznie, jak i fizycznie), to coś niezwykle d o b r e g o. Odczuwany podczas ćwiczeń dyskomfort jest bardzo ważną częścią rozwoju i procesu wzmacniania. To zupełnie normalne, że w trakcie nauki czegoś nowego, np. zmiany techniki zamachu w golfie lub możliwych kombinacji rozegrania piłki w futbolu amerykańskim, odczuwa się stres, frustrację i dyskomfort, ale nie oznacza to, że sprawy przybierają zły obrót lub że robimy coś niewłaściwie. Naszym bieżącym celem – jak sugeruje znany psycholog sportowy Ken Ravizza – jest „czuć się komfortowo, odczuwając dyskomfort", zamiast wierzyć w to, że odczucia nigdy się nie poprawią, a tym samym dopuszczać do siebie pesymistyczne czy negatywne myśli lub całkowicie tracić nadzieję.

SZCZYTOWA FORMA A PIASEK

Osiąganie szczytowej formy w sporcie można porównać z próbą powstrzymania niewielkiej kupki piasku przed wysypaniem się z zaciśniętej dłoni. Jeśli zaciśniesz palce zbyt mocno, duża część piasku przeleci pomiędzy nimi. Podobnie stanie się, gdy chwyt będzie za luźny. Kurczowe zaciskanie dłoni to działanie analogiczne do zbyt silnego przejmowania się rezultatami i nadmiernego dążenia do osiągnięcia sukcesu. Z kolei za luźne trzymanie piasku jest równoznaczne z całkowitą beztroską i brakiem dyscypliny psychicznej. Z moich obserwacji wynika, że zmiana podejścia – odpowiednia dbałość zamiast nadmiernego przejmowania się o wynik w trakcie ważnych zawodów – byłaby korzystna dla większości sportowców, bo pozwala na naturalne i nieograniczone wykorzystanie posiadanego talentu. „Kto chce coś utrzymać – traci" – napisał Lao-tsy w *Wielkiej Księdze Tao**.

POLERUJ SKAŁĘ, OSTRZ MIECZ

Mówi się, że pisanie powieści to nieskończony proces przepisywania tekstu na nowo. Podobnie ma się rzecz z uprawianiem sportu, który jest niemającym końca procesem doskonalenia umiejętności. Szukaj możliwości dokonania dalszych pozytywnych zmian w funkcjonowaniu swojego umysłu i ciała. W miarę postępów robionych jako sportowiec, pracuj nad ulepszeniem jakości swojego wysiłku, trzymając się planu treningowego i unikając przerw w jego realizacji. Wymaga to świadomej pracy nad właściwymi rzeczami podczas treningów, do czego niezbędna jest pełna uważność.

Zapewne słyszałeś popularne w świecie technologii informacyjnych powiedzenie: „Śmieci na wejściu – śmieci na wyjściu" (ang. *garbage in, garbage out*, w skrócie GIGO). Aby osiągać wyniki na poziomie mistrzowskim, musisz przekształcić znaczenie tego powiedzenia w: „Złoto na wejściu – złoto na wyjściu". Jakość twojej pracy na treningach (dane wejściowe) wpływa na wyniki osiągane podczas zawodów (dane wyjściowe). Pamiętaj, że nie chodzi o to, i l e czasu poświęcasz na trening, ale o to, j a k ten czas wykorzystujesz.

Najważniejsze jest to, abyś każdą sesję treningową traktował jako okazję do doskonalenia swojego ciała i umysłu – polerowania kamienia, ostrzenia miecza – dzięki czemu w trakcie zawodów będziesz mógł zabłysnąć pełnią swoich możliwości. Prowadzeni przez Vince'a Lombardiego Green Bay Packers byli w latach 60. XX wieku najlepszą amerykańską drużyną futbolową, która w ciągu siedmiu lat pięciokrotnie zdobywała mistrzostwo NFL. Lombardi powiedział swoim zawodnikom: „Będziemy nieustannie gonić za perfekcyjnością, wiedząc doskonale, że jej nie złapiemy, bo nic nie jest doskonałe. Ale będziemy

---

* W tłum. J. Zawadzkiego – http://biblioteka.kijowski.pl/antyk%20azjatycki/03.%20lao-tsy%20-%20tao%20te%20king.pdf (dostęp: 8.11.21).

nieustannie za nią gonić, ponieważ gdzieś po drodze złapiemy tę doskonałość". Oto podejście, którym trzeba się kierować przez całą sportową karierę!

Prowadź nieustanną pogoń za zwycięstwem w swoim sporcie, doskonaląc się nie tylko pod względem mentalnym i fizycznym, ale także w kwestiach dotyczących techniki oraz taktyki. Kobe Bryant, grający w zespole Los Angeles Lakers na pozycji rzucającego obrońcy, tytuł mistrza NBA zdobył pięć razy. W swojej książce *Kobe Bryant: Hard to the Hoop* Mark Stewart zamieścił przemyślenia Bryanta na temat dążenia do perfekcji: „Chcę osiągnąć perfekcję [...] a jeśli mi się nie uda, to przynajmniej dotrę do niej jak najbliżej". Każdego dnia staraj się podejść do perfekcji choćby o jeden krok, a następnie pozwól, aby twoja ciężka praca na treningach rozkwitała w naturalny i niczym nieskrępowany sposób podczas zawodów. Zapamiętaj i stosuj następującą zasadę: „odpowiedni trening i przygotowanie pozwalają osiągnąć najlepszą formę!".

DOBRY, LEPSZY, NAJLEPSZY – OTO TWOJA DROGA

Co trzeba mieć na uwadze, aby w obiektywny sposób oceniać swoje postępy i zbliżać się do sukcesu? Jednym z doskonale działających mechanizmów, które pobudzają kreatywność i wspierają wymyślanie nowych rozwiązań, jest regularne analizowanie swojego występu. Należy oceniać aspekty mentalne, techniczne i taktyczne. A konkretnie, zadać sobie trzy pytania: 1) Co zrobiłem d o b r z e? 2) Co muszę zrobić, aby być l e p s z y? 3) Co muszę zmienić, aby stać się n a j l e p s z y? Proces ten pozwoli ci zyskać szeroką perspektywę w każdym obszarze działań, a następnie zagłębić się w szczegóły. Zapisuj swoje odpowiedzi i uwagi, tworząc w ten sposób swój osobisty dziennik mistrza.

Po zadaniu sobie tych trzech pytań i zanotowaniu odpowiedzi (najlepiej nie później niż w ciągu 24–48 godzin od występu), dokonaj szczegółowej analizy tego, co nie sprawdza się w twoim przypadku, i zdecyduj, co powinieneś robić inaczej. Celem tego działania jest o to, aby docenić siebie samego wtedy, gdy jest to uzasadnione, i zacząć pracować nad odpowiednimi rzeczami w praktyce, dzięki czemu możliwe stanie się przejście na wyższy poziom. Ucz się na błędach, aby ich nie powielać (np. przywołaj w pamięci jedno z niepowodzeń, po czym wyobraź sobie, że najpierw cofasz swoje działanie, a następnie wykonujesz je prawidłowo). Warto również co pewien czas przeglądać swoje zapiski, gdyż pozwala to na śledzenie robionych postępów.

Na sąsiedniej stronie znajduje się przykładowy wpis z kategorii „mentalność" z dziennika mistrza prowadzonego przez zawodowego baseballistę. Jak już wiemy, to dzięki wdrożeniu takich spośród opisanych powyżej zasad, jak *Utrzymuj silne poczucie własnej wartości* i *Każdy czas jest tym najlepszym*, mistrzowie wykraczają daleko ponad poziom przeciętnego sportowca pod względem zdolności rozumienia samych siebie i postrzegania swoich działań. Co zrobisz, gdy na twojej drodze spiętrzą się problemy i przeciwności? Czy zamierzasz utrzymać mocną wiarę we własne siły, podobną do tej, jaką wykazał się Jim Craig z zespołu *Cud na lodzie*, grając przeciwko Rosjanom? A może tak, jak zrobił to Michael Jordan, wyciągniesz wnioski z powierzchownych oraz chwilowych porażek i będziesz parł przed siebie tak długo, aż osiągniesz sukces? Czy dążysz do rozwijania w sobie umiejętności produktywnej rywalizacji? Każda z powyższych lekcji pokazuje, jak myślą i działają najlepsi sportowcy. Nie zapomnij więc zabrać płynących z nich wniosków na linię startu, boisko czy strzelnicę.

ZAWODY
Mecz 9/7 przeciwko Jankesom

Co zrobiłem dobrze:

- Czekając na swoją kolej przed wejściem na płytę boiska, wizualizowałem sobie, że trafiam w piłkę i kieruję ją dokładnie w puste pole – gdzieś pomiędzy pierwszą a drugą lub drugą a trzecią bazę.
- Moje zmiany były bardzo dobre, bo trzymałem się swojej rutyny i wprowadzałem poprawki.
- Skupiłem się na równomiernym i głębokim oddychaniu, co pozwoliło mi zachować pełny luz i swobodę.

Co mogłem zrobić lepiej:

- Odzyskiwać koncentrację po popełnieniu błędu.

Co muszę zmienić, aby stać się najlepszy:

- Gdy popełnię błąd, muszę powiedzieć sobie, aby natychmiast powrócić do chwili obecnej. I skupić się na tym, co przede mną.
- Napisać „Wracaj!" na swojej rękawicy i używać tego jako pozytywnego przypomnienia.
- Pragnąć piłki. Myśleć: „Uderz ją prosto do mnie".

ROZDZIAŁ PIĄTY

ĆWICZENIA, ODŻYWIANIE, BÓL, KONTUZJE I REGENERACJA

> Jesteśmy tym, co nieustannie robimy.
> Doskonałość nie jest więc pojedynczym aktem, ale nawykiem.
> — ARYSTOTELES

Co łączy przestrzeganie planu treningowego, zrównoważone odżywianie, radzenie sobie z bólem i kontuzjami oraz regenerację? Każdy z tych aspektów wydolności fizycznej i psychicznej jest niezwykle istotny i zazwyczaj nie poświęca mu się należytej uwagi. Ten rozdział zawiera cenne wskazówki dotyczące pogłębiania świadomości, a co za tym idzie – także lepszego rozumienia tych mentalnych wyzwań. Dodatkowo znajdziesz w nim również praktyczne sposoby postępowania w przypadku zetknięcia się z którąkolwiek z tych kwestii, dzięki czemu będziesz w stanie opracować plan działania umożliwiający osiągnięcie sukcesu.

TWORZENIE I WYKORZYSTYWANIE ZWYCIĘSKIEJ STRATEGII ROZWIJAJĄCEJ SPRAWNOŚĆ FIZYCZNĄ

> Sukces to w osiemdziesięciu procentach znajdowanie się tam, gdzie być się powinno.
> — WOODY ALLEN

Wszyscy wiemy, że poprawa zdrowia fizycznego to nie jedyna korzyść płynąca z regularnych ćwiczeń. Badania naukowe wykazały jednoznacznie, iż aktywność fizyczna ma również pozytywny wpływ na zdrowie psychiczne. Każdy rodzaj ruchu jest lepszy niż jego brak, ponieważ każdy z nas jest po części sportowcem. Ludzkie ciało jest stworzone do ruchu!

Niezależnie od tego, czy jesteś trenującym kilka razy w tygodniu amatorem, czy zawodowym sportowcem, ważne jest, aby stworzyć i utrzymać zwycięską strategię dbania o sprawność fizyczną. Staraj się cały czas wyznawać podejście „zawsze gotowy", pozostając w formie i dbając o swoje zdrowie także poza sezonem. W przypadku sportowców, dla których sport stanowi jedną z najważniejszych rzeczy w życiu, poświęcenie się takim kwestiom, jak reżim treningowy i zdrowa dieta zapewnia utrzymanie doskonałej kondycji fizycznej przez cały rok.

Doświadczony trener może pomóc w opracowaniu odpowiedniego planu treningowego, który umożliwi osiągnięcie upragnionych celów sportowych. Mark Verstegen, ciesząca się międzynarodowym uznaniem charyzmatyczna postać oraz twórca innowacyjnych rozwiązań dotyczących treningu wytrzymałościowego, jest także autorem kilku pionierskich książek z dziedziny szeroko rozumianej sprawności fizycznej: *Core Performance*, *Core Performance Essentials*, *Core Performance Endurance*, *Core Performance Golf* oraz *Core Performance Women*. Każda z tych pozycji zawiera szereg praktycznych i efektywnych ćwiczeń oraz dziesiątki czytelnych ilustracji stanowiących świetne uzupełnienie tekstu.

Zachęcam do odwiedzenia strony Verstegena – www.teamexos.com – która stanowi idealne źródło najnowszych informacji na temat aktywnego trybu życia oraz jego wpływu na ogólny stan zdrowia. Znajdziesz tam również praktyczne wskazówki ekspertów, nagrania instruktażowe i raporty, plan odżywiania oraz spersonalizowane treningi. Wielu sportowców na różnym poziomie zaawansowania, którym udzielam konsultacji, powiedziało mi, że lubią czytać zamieszczane tam w sekcji „blog" wpisy poświęcone takim popularnym tematom, jak odżywianie, zapobieganie kontuzjom i wydolność.

Michael Boyle jest kolejną postacią w świecie sportu, która imponuje posiadaną wiedzą i doświadczeniem. To jeden z największych ekspertów w dziedzinie siły i przygotowania fizycznego, poprawy wydolności i ogólnej sprawności fizycznej. Był głównym trenerem przygotowania motorycznego na Uniwersytecie Bostońskim oraz w zawodowym zespole hokejowym Boston Bruins. Pracował także z amerykańską kobiecą reprezentacją w hokeju na lodzie w czasie, gdy zdobyła ona trzy medale olimpijskie – dwa złote w 1998 i 2018 roku oraz srebrny w 2014.

W wywiadzie, którego udzielił mi w 2012 roku na potrzeby prowadzonego przeze mnie na portalu Psychology Today bloga o nazwie *Trust the Talent*, Boyle podzielił się kilkoma cennymi spostrzeżeniami na temat wykorzystania połączonej siły umysłu i mięśni do osiągania sukcesów sportowych oraz wygrywania. Opisał między innymi bazujące na logice i wiedzy podejścia do osiągania celów kondycyjnych oraz przedstawił swoje osobiste poglądy na temat zapobiegania wypaleniu zawodowemu. Dla Boyle'a jednym z najważniejszych obszarów – na które kładzie szczególny nacisk w swojej pracy – jest nauczenie się tego, jak robić powolne, stałe postępy przez długi czas. Oto co powiedział na ten temat:

> Myślę, że najczęstszy błąd w rozumowaniu sportowców czy trenerów stanowi przekonanie, że zrozumienie tego procesu jest bardzo trudne. Tymczasem wystarczy porównać go do bajki o żółwiu i zającu. Wolno i systematycznie – tak właśnie wygrywa się wyścigi. Nie chodzi mi oczywiście o wolne tempo treningu, ale o stopniowe postępy. Zastanów się nad tym. Zacznij w pierwszym tygodniu z samym gryfem o wadze 20 kilogramów i zrób 10 powtórzeń wyciskania na ławce leżąc. Zwiększaj ciężar o 2 kilogramy tygodniowo przez rok. To raptem kilogram po każdej stronie gryfu. Jeżeli nie pominiesz żadnego tygodnia, po roku zrobisz 10 powtórzeń ze sztangą ważącą już całe 124 kilogramy ($52 \times 2 = 104$; $104 + 20 = 124$). Szczerze mówiąc, to niemożliwe, ponieważ w czasie tych 52 tygodni na pewno pojawią się fazy zastoju. Większość ludzi jednak robi wszystko w takim pośpiechu, że brak postępów odnotowuje już po kilku tygodniach.

Zmieńmy temat i przyjrzyjmy się istotnemu zagadnieniu, jakim jest przestrzeganie planu treningowego. Jako sportowiec, którego celem jest wykorzystanie pełni swoich możliwości fizycznych oraz osiągnięcie sukcesu, musisz wzmocnić ciało, aby mogło sprostać rygorom związanym z uprawianiem wyczerpującego sportu lub długim sezonem. Oto kilka istotnych elementów, które możesz włączyć do „mistrzowskiego przepisu"; pomoże ci to nie tylko w zostaniu tytanem pracy, ale także ułatwi przestrzeganie reżimu treningoweg.

Trenuj z celem i pasją. Musisz dokładnie określić swój cel, swoją pasję i misję. Każdy trening wykonuj z jak największą energią i entuzjazmem. Pozbądź się uczucia bycia uprzywilejowanym czy lepszym od innych. Zasłuż na swoje cele sportowe lub sprawnościowe poprzez ciężki, zaplanowany i codzienny wysiłek. Pamiętaj o powiedzeniu, że „Ten, kto ciężko pracuje, zawsze pokona tego, kto ma talent, ale nie przykłada się do jego rozwijania".

Zwyciężaj dzięki różnorodności. Urozmaicenie ćwiczeń sprawia, że ciało funkcjonuje prawidłowo, a poziom motywacji utrzymuje się na wysokim poziomie. Jak sprawić, aby treningi sprawiały przyjemność i były nieszablonowe? Spróbuj wprowadzać elementy z innych sportów, na przykład z mieszanych sztuk walki (MMA) lub używać różnego rodzaju sprzętu, jak chociażby kettle, płotki, spadochron oporowy, piłka lekarska czy wiele innych, równie skutecznych przyrządów. Różnorodność ćwiczeń sprawi, że każdy trening będzie zarówno efektywny, jak i przyjemny.

Jesteś wart czasu poświęcanego na trening. Ludzie nie ćwiczą regularnie głównie z powodu braku czasu. Pamiętaj, że wszyscy zaczynamy tydzień z taką samą liczbą 168 godzin. Każdy może wykonać pełny lub skrócony trening w domu rano albo wieczorem w dni, kiedy na nic innego nie ma czasu czy nie jest w stanie zrobić nic więcej pod względem fizycznym. Zawsze lepiej jest zdecydować się na zrobienie czegokolwiek, niż po prostu zrezygnować.

Znajdź odpowiedniego partnera treningowego. Wspierająca i zachęcająca do ćwiczeń osoba, która na dodatek będzie ćwiczyć wraz z tobą, może pomóc w utrzymaniu treningów na właściwych torach. Umawiajcie się na bieżni, basenie lub siłowni w wyznaczonych dniach i godzinach. Dbajcie również o to, aby wzajemnie motywować się podczas treningów.

Nawiązanie takiej relacji sprawia, że opuszczenie treningu jest trudniejsze, ponieważ twój przyjaciel od celów liczy na to, że się na nim pojawisz. Przecież zaplanowaliście wspólny trening. Bez względu na to, co wydarzy się w ciągu dnia, rób wszystko, aby wywiązać się z ustalonego z drugą osobą harmonogramu treningów.

Podziel trening na łatwe do opanowania fragmenty. To strategia, której celem jest uchronienie cię przed poczuciem przytłoczenia. Skup się w pełni na każdym wykonywanym w danej chwili segmencie. Nie zaprzątaj sobie głowy drugą połową treningu, jeżeli dopiero się rozgrzewasz. Zasada ta odnosi się również do występów w zawodach. Maraton na przykład można podzielić na dwa półmaratony albo trzy części: dwa spokojne biegi na 16 kilometrów i jeden sprawdzian formy na dychę. W przypadku początkujących biegaczy jedną z możliwości jest chociażby podejście do biegu na dystansie pięciu kilometrów jako do pięciokrotnego przebiegnięcia jednego kilometra.

Prowadź szczegółowy dziennik treningowy. Co miesiąc zapisuj łączną liczbę wykonanych treningów. Każdy dzień, w którym trenowałeś zgodnie z założeniami, oznacz złotą kropką w dzienniku lub w kalendarzu. Ten symbol to wizualny dowód potwierdzający istnienie doskonałości, którą chcesz osiągnąć, a także inspiracja do dalszej pracy nad celami. Dobrym pomysłem jest również uwzględnianie cotygodniowego harmonogramu treningów przy ustalaniu jakichkolwiek planów.

Przyjmij pełną odpowiedzialność za własne zdrowie i kondycję. Zmieniając swój sposób myślenia ze „spróbuję" lub „może" na „zrobię" i „zamierzam", zmieniasz również to, w jaki sposób się zachowujesz. Poziom motywacji zawsze będzie ulegał wahaniom, ale nie ma to znaczenia w chwili prawdy, wówczas gdy naprawdę zaczynasz działać. Zachowuj się więc wtedy tak, jakby twoja motywacja była na największym możliwym poziomie – to znaczy wzmocnij działanie swojego „motywatora" – abyś mógł iść do przodu i pokonać każdy potencjalny opór, czy to mentalny, czy fizyczny. Pracuj nad tym aspektem, a już wkrótce odkryjesz, że najsilniejsza motywacja pojawia się zazwyczaj dopiero w trakcie dobrego treningu, a nie przed nim.

Traktuj siebie jak mistrza. Systematyczne treningi sprawią, że nie tylko poczujesz w sobie więcej energii, ale poprawi się także twoje postrzeganie samego siebie. Wybierz się na bieżnię, basen lub siłownię i pozwól, aby wypełniły cię endorfiny. Ciesz się tym doświadczeniem. Gdy skończysz, będziesz czuł się po prostu świetnie. Regularna aktywność fizyczna to jeden z najlepszych prezentów, jaki możesz sobie podarować, gdyż niesie ze sobą wiele korzyści zarówno natury psychicznej, jak i fizycznej. Trzymaj się więc ustalonego planu treningowego, a zobaczysz, że w końcu stanie się on twoim sposobem na życie.

JEDZ DLA PRZYJEMNOŚCI I DLA WYNIKÓW

> Mądry człowiek powinien rozumieć,
> że zdrowie jest największym z błogosławieństw.
> Niechaj jedzenie będzie twoim lekarstwem.
> — HIPOKRATES

Trudno przecenić znaczenie właściwego odżywiania dla poprawy wyników sportowych i jakości życia. Powiedzenie: „Twoje ciało jest świątynią, ale tylko wtedy, gdy traktujesz je jak świątynię" stanowi bardzo trafny punkt wyjścia do poważnych rozważań. Zadbaj o swoją świątynię, a ona zadba o ciebie. Podjęcie tych konkretnych działań sprawi, że nie tylko wzrośnie poziom wypełniającej cię każdego dnia energii, ale i poprawią się twoja uważność oraz zdolność koncentracji na celach treningowych i sportowych. Nikt nie jest w stanie odpowiednio skupić się na codziennych czynnościach czy robić postępów w treningu, gdy jest głodny lub odwodniony.

Doktor Jose Antonio jest dyrektorem generalnym Międzynarodowego Stowarzyszenia Żywienia w Sporcie. Poprosiłem go o kilka motywujących zdań napisanych specjalnie z myślą o poważnie traktujących swoją pasję sportowcach. Oto co otrzymałem:

Prawidłowe odżywianie i suplementacja mają w sporcie istotne znaczenie dla poprawy składu ciała i osiąganych wyników, aczkolwiek należy podkreślić, że dotyczy to osób realizujących intensywny program treningowy. W kwestii odżywiania sportowcy powinni dążyć do postępów, a nie perfekcji. Najważniejsze aspekty to spożywanie chudego mięsa, zdrowych tłuszczów i nieprzetworzonych węglowodanów. Dobre efekty przynosi również stosowanie niektórych suplementów, takich jak kreatyna, beta-alanina i odżywki białkowe (zwłaszcza tuż po zakończeniu treningu).

Analizując temat odżywiania, należy pamiętać o zachowaniu zdrowego rozsądku. W pełni doceniaj znaczenie rozwijania mistrzowskich nawyków żywieniowych, które w najprostszym ujęciu sprowadzają się do tego, że jedzenie jest zarówno jedną z form treningu, jak i przyjemnością. Wielu sportowców je wciąż te same produkty spożywcze, nie zastanawiając się zbytnio, co tak naprawdę dostarczają swojemu organizmowi. Inni z kolei odżywiają się w sposób zbilansowany, ale nie poświęcają pokarmom żadnej uwagi – nie smakują w ogóle tego, co zjadają – ponieważ ich myśli zaprząta nieustannie masa innych zadań i obowiązków, z którymi muszą się codziennie zmagać.

Oto kilka sugestii, które pomogą ci rozwinąć bardziej świadome podejście do odżywiania i wypracować zdrowsze relacje z jedzeniem.

Opracuj zwycięski plan posiłków. Dowiedz się więcej o żywieniu w sporcie i poszukaj konkretnych zaleceń dotyczących wyboru produktów spożywczych. Dietetyk sportowy może pomóc ci w opracowaniu zindywidualizowanego planu posiłków, który będzie uwzględniał rozmaite rodzaje żywności. Rób cotygodniową listę zakupów, zamiast dopiero podczas chodzenia pomiędzy regałami w supermarkecie zastanawiać się nad tym, co włożyć do koszyka. Pamiętaj, aby od czasu do czasu pozwolić sobie na jeden dzień (lub posiłek) odstępstwa od żywieniowego reżimu.

Wychodząc z domu, zabieraj ze sobą odpowiednie przekąski. Sportowcy żyjący w ciągłym ruchu i stresie często nie przyjmują wystarczającej liczby kalorii w ciągu dnia, co prowadzi do wieczornych napadów obżarstwa. Przekąski takie jak orzechy, rodzynki czy banany to świetne źródło długotrwałego paliwa, które pomaga w utrzymaniu prawidłowego poziomu cukru we krwi podczas długich przerw pomiędzy posiłkami. Równie ważne jest także częste picie, dlatego zawsze staraj się mieć przy sobie butelkę z wodą.

Gryź, przeżuwaj i pij świadomie. Uruchom zmysły podczas spożywania posiłków. Czy poczułeś aromat przygotowywanego jedzenia? Czy czujesz smak przypraw? Czy poczułeś na języku fakturę pokarmu? Poświęć całą swoją uwagę jedzeniu, delektując się każdą wkładaną do ust porcją. Jeżeli zauważysz, że jesz zbyt szybko, zacznij liczyć kęsy, aby zwolnić i dać sobie czas na spokojne rozmyślanie o tym, co jesz.

Karm dobrego wilka. Opisując wcześniej temat mowy wewnętrznej, podkreślałem, jak istotne jest, aby nie zadręczać się tym, co do siebie mówimy. Odczuwając winę z powodu tego, co właśnie zjadłeś, karmisz złego, a nie dobrego wilka. Dlatego też, jeżeli postanowisz zjeść większą porcję lub zamówić ulubiony deser, powiedz sobie, iż była to przemyślana i zaplanowana decyzja, a następnie ciesz się jedzeniem. Z kolei po skończonym posiłku całkowicie zaakceptuj swoją decyzję. Nigdy nie obwiniaj się i nie dręcz tym, co zjadłeś.

Zneutralizuj wpływ środowiska. Duża część nawyków żywieniowych jest kształtowana podświadomie przez otaczające środowisko. Głośna muzyka, włączony telewizor czy towarzystwo osób, które dosłownie pochłaniają swoje posiłki, sprawiają, że i my zaczynamy jeść szybciej. Rozpoznanie, a następnie pamiętanie o istnieniu czynników, które mogą wpływać na twoje nawyki żywieniowe, pomoże ci nauczyć się je kontrolować, co z kolei zapobiegnie pośpiechowi przy jedzeniu i umożliwi czerpanie z niego więcej przyjemności.

Nie pozwól, aby dopadły cię zaburzenia odżywiania. Wielu sportowców ma obsesję na punkcie masy, rozmiaru i kształtu ciała oraz specyficznych aspektów wyglądu. Dotyczy to zwłaszcza osób uprawiających dyscypliny sportowe, w których o wyniku decyduje ocena sędziów, jak gimnastyka i jazda figurowa na łyżwach, lub takich, w których przepisowe stroje startowe odsłaniają większość ciała – np. skoki do wody i pływanie. Problem ten jest powszechny także w świecie dyscyplin wytrzymałościowych (jak biegi przełajowe) oraz wśród sportowców, którzy muszą dostosować się do określonej kategorii wagowej, jak chociażby zapaśnicy. Inne czynniki zwiększające ryzyko wystąpienia zaburzeń odżywiania u sportowców to stosowanie diety w młodym wieku i posiadanie osobowości anankastycznej, cechującej się ciągłym, niemal niemożliwym do zaspokojenia dążeniem do perfekcji i dokładności.

Obsesja na punkcie stosunku między liczbą spożywanych a spalanych podczas treningów kalorii to część problemu, nie zaś sposób na jego rozwiązanie. Jeżeli zauważysz u siebie podobne myśli (oraz zachowania polegające na ograniczaniu ilości jedzenia lub kompulsywnym objadaniu się), natychmiast zwróć się o pomoc do odpowiedniego specjalisty, ponieważ może to prowadzić do poważniejszych urazów, zaburzeń w rozwoju fizycznym i psychice oraz zagrożeń dla zdrowia, w tym osteoporozy. Poza tym nie chodzi o to, co ty zjadasz, ale o to, co zjada ciebie i z czym musisz się zmierzyć. Stłum wszelkie tego typu obawy w zarodku, zanim przekształcą się w dużo większe i o wiele trudniejsze do opanowania problemy.

Napełniaj swój bak najlepszym paliwem. Potraktuj swoje ciało tak, jakby było samochodem wyścigowym startującym w zawodach organizowanych przez NASCAR. Taki wóz został stworzony po to, by jeździć przez długi czas z maksymalną mocą oraz prędkością. Zapewnij ciału taką właśnie perfekcyjną dyspozycję w dniu zawodów, regularnie dostarczając mu podczas okresu przygotowawczego jak najlepsze paliwo. Jakość spożywanego na co dzień jedzenia i picia to czynniki mające wpływ na końcowy rezultat rywalizacji. Pamiętaj również o tym, że okres bezpośrednio przed zawodami czy same zawody to nie jest pora na dokonywanie nowych wyborów żywieniowych: nie próbuj nowego batona czy napoju energetycznego, gdyż mogą spowodować rozstrój żołądka. Odpowiednim czasem na eksperymenty z nowym jedzeniem i napojami jest trening, a nie mecz, walka czy bieg.

PANOWANIE NAD BÓLEM: POTĘGA UMYSŁU

> Boli tylko raz... od początku do końca.
>
> — JAMES COUNSILMAN, PO PRZEPŁYNIĘCIU KANAŁU LA MANCHE W WIEKU 58 LAT

Bez względu na uprawianą dyscyplinę sportu czy rodzaj podejmowanych na co dzień wyzwań fizyczno-zdrowotnych, osiągnięcie sukcesu zawsze zależy od tego, jak dobrze radzimy sobie z bólem, obolałością, zmęczeniem i dyskomfortem. Fizyczne dolegliwości bólowe to niezbędny element poprawy oraz zwiększenia wydajności i istotna część każdego procesu treningowego. Doskonale wyjaśniła to Jackie Joyner-Kersee, wybitna siedmioboistka i trzykrotna złota medalistka olimpijska: „Zapytaj dowolnego sportowca i każdy odpowie to samo: wszyscy czasem cierpimy z powodu bólu. Proszę moje ciało, aby wytrzymało wykonanie siedmiu różnych zadań. Proszenie, aby nie reagowało bólem, to już zbyt wiele".

Allen Iverson, rozgrywający zespołu Philadelphia 76ers, który w czasie kariery sześciokrotnie został wybrany do corocznego Meczu Gwiazd ligi NBA, jest – wraz z innymi wybitnymi postaciami, Bobem Cousym i Nate'em Archibaldem – określany jako „największy mały człowiek, który kiedykolwiek grał w tę grę". Mający zaledwie 183 centymetry wzrostu i ważący niecałe 75 kilogramów Iverson był jednym z największych twardzieli w NBA. Często powtarzał: „Jestem przyzwyczajony do bycia obijanym. Staram się to wytrzymać i myśleć o czymś innym. Po prostu gram dzięki adrenalinie".

Prawdopodobnie najważniejszą kwestią, którą musisz zrozumieć, jest to, że cenę, jaką trzeba zapłacić za osiągnięcie wybitności, stanowi zazwyczaj duży dyskomfort. Wiele różnych rodzajów intensywnej aktywności fizycznej, jak zapasy, pływanie, kolarstwo, wspinaczka i bieganie, to w dużej mierze jeden wielki festiwal cierpienia. Tym bardziej nie wolno ci nigdy zapomnieć, że istnieje również wspaniały świat przyjemności, dumy i satysfakcji, które pojawiają się po osiągnięciu celów leżących po drugiej stronie bólu.

Doświadczenie skrajnego zmęczenia na ostatnich kilometrach biegu czy wyścigu kolarskiego nazywane jest „zderzeniem ze ścianą". Jeżeli tylko nie zaszkodzi to twojemu zdrowiu czy też nie spowoduje ryzyka wystąpienia kontuzji (lub pogłębienia już istniejącej), musisz w takiej sytuacji umieć sięgnąć w głąb siebie i znaleźć ten ostatni najwyższy bieg, który pozwoli ci przebić się przez ową niewidzialną przeszkodę. Ann Trason, amerykańska ultramaratonka, która w czasie kariery ustanowiła 20 rekordów świata, powiedziała: „Ból zwiększa się tylko do pewnego momentu, a potem jest już ciągle taki sam".

Jako jedna z konkurencji, triathlon na dystansie olimpijskim (1,5 km pływania, 40 km jazdy na rowerze, 10 km biegu) po raz pierwszy pojawił się na igrzyskach w Sydney w 2000 roku. Cztery lata później, w Atenach, Amerykanka Susan Williams zajęła trzecie miejsce z imponującym czasem łącznym 2:05:08 – jest jedyną amerykańską triathlonistką, która zdobyła medal olimpijski w tej dyscyplinie sportu. Podczas wywiadu, który przeprowadziłem z Susan i opublikowałem na swoim blogu *Trust the Talent* w 2012 roku, opowiedziała, jak radzi sobie podczas treningów i zawodów z bólem, którego źródłem nie jest kontuzja:

> Dzięki doświadczeniu, jakie dały mi lata treningów pływackich, wiedziałam, że ciężka praca pozwala osiągać lepsze wyniki. Nie oszczędzałam się na treningach, ponieważ chciałam wspiąć się na szczyt swoich możliwości. Podczas zawodów zawsze dążyłam do tego, aby kończyć je ze świadomością, że dałam z siebie wszystko. Wiedziałam, że decyzja o wycofaniu się wywołałaby u mnie poczucie głębokiego niezadowolenia, a ja zaczęłabym mieć do siebie ogromne pretensje.

W książce zatytułowanej *O czym mówię, kiedy mówię o bieganiu* popularny japoński powieściopisarz Haruki Murakami przekonuje, że talent jest niczym bez skupienia i wytrzymałości. Dzieli się również swoją mantrą, którą z powodzeniem zastosował podczas stukilometrowego ultramaratonu: „Nie jestem człowiekiem. Jestem maszyną. Niczego nie czuję. Po prostu zmierzam naprzód"*.

---

* H. Murakami, *O czym mówię, kiedy mówię o bieganiu*, tłum. J. Polak, wyd. Muza 2010.

Istnieje kilka technik, które pomogą ci zwiększyć tolerancję na ból, przebrnąć przez niego, a może nawet go zaakceptować. Pamiętaj tylko, że w przypadku choroby lub silnego urazu (ostry ból, wstrząs mózgu, zerwane więzadła), musisz zrezygnować wcześniej, przeżyć i zachować zdolność do trenowania, co pozwoli ci sięgnąć po zwycięstwo w przyszłości.

W przypadku jakichkolwiek pytań lub wątpliwości związanych z kontuzjami zawsze konsultuj się z lekarzem sportowym, fizjoterapeutą lub innym specjalistą – zwłaszcza wtedy, gdy zachodzi podejrzenie wstrząśnienia mózgu. Bezpośrednia ocena pourazowa (ang. *Immediate Post-Concussion Assessment and Cognitive Testing* – ImPACT) to jedna z najlepszych aplikacji stosowanych w diagnostyce i ocenie wstrząśnienia mózgu. Na stronie www.impacttest.com można znaleźć ważne informacje mówiące, czym jest wstrząs mózgu i jak należy postępować, gdy do niego dojdzie. Zamieszczono tam również opis podstawowych oznak i objawów wstrząśnienia mózgu, ważne badania/publikacje oraz zalecenia lekarzy.

Przedstawione przeze mnie w tym podrozdziale sposoby postępowania mają na celu pomoc w radzeniu sobie z bólem lub dyskomfortem podczas wysiłku fizycznego i nigdy nie powinny być wykorzystywane jako usprawiedliwienie czy wytłumaczenie zignorowania ukrytych problemów zdrowotnych, powodowania kolejnych kontuzji lub ukrywania istniejących już wcześniej dolegliwości czy urazów. Porozmawiaj z doświadczonym trenerem i/lub lekarzem; dopiero wtedy podejmij przemyślane, świadome decyzje dotyczące zapobiegania kontuzjom oraz ich leczenia. Zawsze pamiętaj o swoich długofalowych celach sportowych.

Warunkiem pokonania bólu i dyskomfortu jest znalezienie metody, która będzie zarówno dopasowana, jak i korzystna dla ciebie pod względem uprawianej dyscypliny sportu, a także pozostałych obszarów życia. Przezwyciężaj zmęczenie i odnajduj ten dodatkowy bieg. Złap drugi oddech i utrzymaj tempo.

Musisz też zadbać o zachowanie równowagi pomiędzy wyczerpującym treningiem lub zawodami a odpowiednio długim odpoczynkiem i regeneracją. Oto kilka pozytywnych strategii walki z bólem, które pozwolą ci osiągnąć szczytową formę i maksymalną wytrzymałość.

Obserwuj reakcje swojego organizmu podczas wysiłku. Okresowo kontroluj stan swojego ciała i aktualne tempo, aby dokonać odpowiednich zmian. Sprawdzaj całe ciało pod kątem nadmiernego napięcia i rozluźniaj miejsca, w których je stwierdzisz. Jednym z ważnych miejsc, które zawsze powinny być rozluźnione, jest obręcz barkowa.

Musisz też wypracować zdolność do autorefleksji. Zadawaj sobie pytania w stylu: „Czy poruszam się za szybko/wolno, aby osiągnąć jak najlepszy wynik?"; „Czy utrzymuję właściwą technikę, zwłaszcza wtedy, gdy jestem już zmęczony?"; „Czy w trakcie intensywnego wysiłku zjadam i piję dostatecznie dużo, aby uniknąć wyczerpania zapasów glikogenu, a w rezultacie utraty sił i porażki?".

Doświadczeni maratończycy nieustannie ostrzegają nowicjuszy, aby w podekscytowaniu nie ulegli chęci wystartowania na długim dystansie już po kilku miesiącach, nawet jeśli były to miesiące pełne wyczekiwania i ciężkich treningów. Wszystkie, nawet te najrozsądniejsze przedstartowe założenia debiutanta mogą się błyskawicznie zmienić już na pierwszych kilometrach biegu, co często kończy się dotkliwym zderzeniem ze ścianą. Mantra, którą należy zapamiętać i stosować, brzmi: „Zawsze trzymaj się tego, co zaplanowałeś przed zawodami".

Skup się na tym, co sprawia ci przyjemność. Doświadczanie radości płynącej z wysiłku, utrzymywanie prawidłowej techniki ruchu i właściwego oddychania to zawsze lepsze podejście niż skupianie się na uczuciu palenia w mięśniach nóg lub rąk, zwłaszcza już na samym początku czy też końcu treningu.

Jeden z czołowych biegaczy zdradził mi kiedyś swoją treningową strategię. Otóż podczas pokonywania na treningu kolejnego odcinka o długości 400 metrów koncentruje się na swoich powiekach. Gdy zapytałem go, dlaczego to robi, uśmiechnął się, a następnie wyjaśnił: „Powieki to jedyna część mojego ciała, która nie boli, gdy biegam czterysetki". Z kolei jedna z zawodniczek wytrzymałościowych powiedziała mi, że zmuszenie się do uśmiechu w chwili, gdy sytuacja podczas zawodów staje się wyjątkowo trudna, pomaga jej w złagodzeniu bólu i poprawia nastrój.

Zamień negatywne myśli w pozytywne. Negatywne myśli („Ale boli", „Nie chcę tego robić") nie tylko sprawią, że zwolnisz, ale i zwiększą napięcie mięśni, co tylko spotęguje wrażenie bólu. Kiedy sprawy zaczną przybierać zły obrót, uśmiechnij się do siebie i powtarzaj w kółko pozytywną sentencję, na przykład: „Bądź silny", „Wytrzymaj", „Zdobądź to", „Lekko i szybko" lub „Rozluźnij się i ciśnij".

Pogódź się z przeciwnościami. To podejście stosowane podczas szkolenia w armii amerykańskiej, które z równą skutecznością może wykorzystać też każdy cywil. Oznacza konieczność zaakceptowania dyskomfortu towarzyszącego ciężkiej pracy i przekraczaniu tego, co uważa się za granice możliwości. Zaakceptuj wyzwanie. Ciesz się zmaganiami.

Słuchaj ulubionej muzyki. Muzyka może wprowadzić cię w doskonały nastrój i odwrócić uwagę od dyskomfortu przez cały trening. Co jakiś czas uzupełniaj lub zmieniaj swoją treningową playlistę, dzięki czemu nie stanie się nudna i monotonna. Nie rezygnuj jednak ze sprawdzonych utworów, które wciąż pobudzają cię do działania, inspirują i przypominają o wymarzonym sukcesie.

Ćwicz obrazowanie metaforyczne, aby zminimalizować uczucie bólu. Pływak na przykład może wyobrażać sobie, że płynąc, obmywa się z bólu, który potem unosi się za nim w wodzie. Z kolei biegacz może zobrazować samego siebie jako potężny czołg, którego nic nie jest w stanie spowolnić czy zatrzymać.

Skoncentruj się na wykonaniu zadania. Podczas meczu, biegu czy walki skup na tym całą energię, a wszystko inne – łącznie z bólem – dosłownie rozpłynie się w powietrzu. George Foreman, złoty medalista olimpijski i dwukrotny mistrz świata w boksie wagi ciężkiej, powiedział: „Jeżeli wyraźnie widzę w myślach to, czego pragnę, nie odczuwam żadnego bólu, gdy to osiągam".

Rób to, co możesz zrobić w tej jednej, konkretnej chwili. Dave Scott, sześciokrotny mistrz świata w triathlonie na dystansie Ironman, powtarzał sobie podczas zawodów: „Rób to, co w tej chwili możesz zrobić".

Chodzi o to, aby zachować pozytywne nastawienie i dać z siebie wszystko tu i teraz. Wykorzystaj mantrę Scotta w trakcie własnych wyścigów i treningów. To naprawdę może pomóc.

Im lepiej opanujesz powyższe techniki budowania wytrzymałości mentalnej, tym mniej prawdopodobne będzie, że pozwolisz, aby ból przeszkodził ci w osiągnięciu celu – czy to w realizacji określonego wyzwania o charakterze sprawnościowym, wygraniu zawodów, wejściu na szczyt góry, czy po prostu czerpaniu radości z uprawiania sportu. Jeżeli nauczysz się naprawdę przekraczać granicę odczuwanego bólu, to osiągnięcie doskonałości będzie już tylko kwestią czasu.

W RAZIE URAZU KIERUJ SIĘ ZDROWYM ROZSĄDKIEM

> Przeszkody pozwalają człowiekowi poznać samego siebie.
>
> – ANONIM

Niestety, kontuzja to jedno z tych wyzwań, które są powszechną częścią uprawiania sportu, bez względu na poziom zaawansowania czy rodzaj dyscypliny. Urazy sportowe klasyfikuje się jako traumatyczne (silny kontakt) lub przeciążeniowe (długotrwały stresor). Najlepszym sposobem zapobiegania kontuzjom jest utrzymanie doskonałej kondycji fizycznej (zbudowanie solidnej bazy poza sezonem), przestrzeganie prawidłowej rozgrzewki przed każdym treningiem, praca nad odpowiednią techniką, doskonalenie wszystkich zdolności mentalnych i obniżenie poziomu stresu.

Długotrwały i nadmierny poziom stresu – zarówno w życiu osobistym, jak i zawodowym – powoduje wzrost napięcia mięśniowego oraz spadek poziomu uważności, co prowadzi do obniżenia świadomości sytuacyjnej. Stan ten zwiększa prawdopodobieństwo przeoczenia istotnych informacji napływających z otoczenia i opóźnienia czasu reakcji. Ważnym czynnikiem, który może zmniejszyć prawdopodobieństwo odniesienia kontuzji na treningu czy podczas zawodów, jest efektywne panowanie nad stresem w życiu pozasportowym.

Rozgrywający New England Patriots, Tom Brady, już w pierwszym meczu sezonu ligowego NFL w 2008 roku doznał kontuzji, która wykluczyła go z dalszych rozgrywek – zerwanie więzadeł krzyżowego przedniego (ACL) i pobocznego piszczelowego (MCL) w lewym kolanie. Gdy rok później wrócił na boisko, grał na wcześniejszym, wysokim poziomie, zupełnie jakby nic się nie stało. Zamiast martwić się o zrekonstruowane więzadła, Brady skupił się na celnym rzucaniu piłki. Co więcej, po występie w otwierającym sezon meczu z Buffalo Bills, wygranym przez Patriotów 25 : 24, Brady został uznany ofensywnym graczem tygodnia konferencji AFC.

W 2011 roku Albert Pujols, znany z niezwykle mocnych uderzeń pałkarz zespołu St. Louis Cardinals, zderzył się na pierwszej bazie z innym zawodnikiem podczas meczu z Kansas City Royals, łamiąc przy tym lewy nadgarstek i przedramię. Jego powrót do gry był o wiele szybszy, niż przewidywano. Już niecałe dwa miesiące po wypadku Pujols zaliczył najdłuższy zarejestrowany do tej pory na Busch Stadium w St. Louis *home run*, którego długość szacuje się na 141,7 metra.

Po zdobyciu dzikiej karty i awansowaniu do fazy *play off* w ostatnim dniu sezonu Cardinals dotarli do World Series, pokonując po drodze Philadelphia Phillies i Milwaukee Brewers. Następnie zespół Pujolsa wygrał z Texas Rangers w siedmiu meczach, wieńcząc tym samym swoją pasjonującą walkę o tytuł.

Jeszcze kilkadziesiąt lat temu tak poważne urazy, jak zerwanie więzadeł w zasadzie automatycznie zmieniały bieg kariery każdego sportowca. Dziś jest już na szczęście inaczej, czego najlepszymi przykładami z ostatnich lat są tacy zawodnicy, jak wybierany do drużyny gwiazd ligi NBA silny skrzydłowy Blake Griffin, jeden z najwybitniejszych zapolowych Andre Ethier, gwiazda zawodowego futbolu amerykańskiego Adrian Peterson oraz Georges St-Pierre, mistrz wagi półciężkiej federacji UFC, którzy po operacjach kolan powrócili do najwyższej formy. W przypadku St-Pierre'a zajęło to aż 19 długich miesięcy spędzonych na rehabilitacji po zabiegu rekonstrukcji zerwanego więzadła krzyżowego w prawym kolanie. W głównej walce wieczoru gali UFC 154, która odbyła się 17 listopada 2012 roku w Montrealu, triumfalnie powrócił do oktagonu, jednogłośną decyzją sędziów pokonując Carlosa Condita i odzyskując pas mistrzowski.

Przezwyciężanie emocjonalnych i fizycznych wyzwań związanych z wystąpieniem umiarkowanej lub poważnej kontuzji wymaga umiejętności skutecznego radzenia sobie z mentalną stroną rehabilitacji. To szczególnie trudne, ponieważ poza fizycznym bólem, z którym sportowiec musi sobie poradzić, pojawia się również cierpienie psychiczne spowodowane początkowo tymczasowym odstawieniem na boczny tor, a później brakiem możliwości trenowania i grania na poziomie sprzed kontuzji.

W razie kontuzji celem każdego sportowca jest zapanowanie nad sytuacją zamiast pozwolenie, by to sytuacja zapanowała nad nim. Zabierz swoje mistrzowskie nastawienie na salę treningową i spraw, aby na czas powrotu do pełnej sprawności rehabilitacja stała się twoją nową pasją. Takie podejście spowoduje, że powrócisz do rywalizacji na poprzednim, a może i jeszcze wyższym poziomie. Oto kilka wskazówek, które pomogą ci stać się zwycięzcą w wewnętrznej rozgrywce o sukces w rehabilitacji, który z kolei zapewni ci triumfalny powrót na boisko.

Poznaj i zrozum pięć etapów utraty. Istnieje kilka typowych etapów, przez które często – choć nie zawsze – przechodzą ludzie po odniesieniu poważnej kontuzji. Pierwszy to szok lub zaprzeczenie („Nie mogę uwierzyć, że to się dzieje"). Na drugim etapie pojawia się gniew („Dlaczego teraz?"; „To niesprawiedliwe!"). Trzeci etap to tzw. gdybanie („Gdyby tylko…"). Na czwartym dochodzi do poważnego pogorszenia nastroju, graniczącego niekiedy z zaburzeniami natury depresyjnej („Rehabilitacja nie działa, po co w ogóle zawracać sobie głowę?"). Piąty i ostatni etap to akceptacja („Może i nie było to najlepsze, co mogło mnie spotkać, ale postaram się to wykorzystać jak najlepiej").

Współpracuj w celu uzyskania motywacji i wsparcia. Na przykład zwróć się o pomoc do pracowników ochrony zdrowia i poproś o wsparcie rodzinę, przyjaciół oraz kolegów z zespołu. Najważniejsze to mówić o swoich uczuciach, zamiast dusić je w sobie. Nie pozwól, aby duma cię powstrzymała przed rozmową z psychologiem, gdy zajdzie taka potrzeba. Rehabilitacja jest procesem indywidualnym i o różnym przebiegu, nie oznacza to jednak, że musisz zmagać się z nim w samotności.

Cierpliwość to najlepsze lekarstwo. Bądź niesamowicie cierpliwy, ale także wytrwały, szczególnie podczas długiego, powolnego procesu odzyskiwania zdrowia. Zaniedbanie rehabilitacji spowoduje tylko wydłużenie czasu powrotu do sprawności. Z kolei przesadne zaangażowanie może szybko doprowadzić do odnowienia lub wystąpienia kolejnej kontuzji, co jeszcze bardziej pogorszy sytuację. Stosuj się do zaleceń trenera oraz lekarzy. Innymi słowy: pozwól ekspertom być ekspertami za każdym razem, gdy zadasz im jakieś pytanie czy też wyrazisz swoje obawy. Uwierz w to, że proces leczenia przyniesie dokładnie takie rezultaty, jakich oczekujesz jako człowiek i sportowiec, a prawdopodobnie tak właśnie się stanie.

Rozpal swoją wyobraźnię. Każdego dnia poświęć kilka minut na wizualizację tego, jak kontuzjowany obszar zdrowieje, staje się silniejszy i wraca do normalnego stanu. Wyobraź sobie okład z lodu lub działające leczniczo kolory otaczające uszkodzone i bolące miejsce. Każdego dnia oglądaj i analizuj nagrania z meczów czy zawodów lub wyobrażaj sobie siebie podczas treningu. Wszystko to pozwoli ci zachować pełnię zdolności mentalnych w czasie oczekiwania na powrót zdolności fizycznych.

Laura Wilkinson, reprezentantka USA w skokach do wody, złamała trzy kości w stopie podczas ostatniego treningu przed zawodami kwalifikacyjnymi na igrzyska olimpijskie w 2000 roku. Nie mogąc trenować na basenie, przez dwa miesiące rekonwalescencji wizualizowała sobie, że każdego dnia wykonuje perfekcyjne skoki. Wilkinson nie tylko poleciała do Sydney, ale także zdobyła tam złoty medal, choć jej stopa nie była jeszcze całkowicie wyleczona.

Zmieniaj negatywy w pozytywy. Wspólnie z członkami swojego sztabu medycznego, lekarzem lub fizjoterapeutą odkrywaj nowe sposoby wykorzystywania czasu rekonwalescencji poprzez ćwiczenia, hobby lub inne zainteresowania. Jeżeli doznałeś kontuzji dolnej części ciała, wzmacniaj jego górną część, wykonując ćwiczenia siłowe lub korzystając z ergometru ręcznego. Jeśli uszkodzona została górna część ciała, wzmacniaj dolną część, ćwicząc na odpowiednich urządzeniach lub jeżdżąc na rowerze stacjonarnym. Utrzymuj dobre nawyki dbania o siebie poprzez odpowiednią ilość odpoczynku i snu oraz utrzymywanie zbilansowanej diety.

Przetrwaj spadki formy i niepowodzenia. Przyjmij postawę, zgodnie z którą każde niepowodzenie to okazja, by udowodnić swoją wartość poprzez spektakularny powrót. Nie pozwól, aby jakiekolwiek myśli czy uczucia związane z pogarszaniem się sprawności zaburzały proces odzyskiwania zdrowia i sprawności. Pamiętaj też, iż proces ten ani nie zachodzi z dnia na dzień, ani nawet nie przebiega w sposób liniowy. Spodziewaj się zmian, wzlotów i upadków – to wszystko jest częścią tego, przez co musisz przejść, aby wyzdrowieć. Tak trzymaj!

Pozwól, że podsumuję ten podrozdział, posługując się następującym scenariuszem zdarzeń: wyobraź sobie, że pewna uczennica została właśnie odsunięta od gry z powodu skręcenia stawu skokowego III stopnia. Jak w tak trudnej sytuacji powinien zareagować mistrz i co musi zrobić, aby wyjść zwycięsko z czekających go rehabilitacyjnych zmagań? Młoda zawodniczka wciąż ma szanse na osiąganie rewelacyjnych wyników, musi jednak uczynić z rehabilitacji swój nowy sport i trzymać się tego podejścia do czasu odzyskania pełnej sprawności. Innymi słowy: powinna potraktować proces powrotu do zdrowia jak każde inne sportowe wyzwanie i zacząć je realizować, nie poddając się lękowi oraz wątpliwościom.

Jeżeli chodzi o konkretne działania, to przede wszystkim powinna całkowicie zaangażować się w realizację zadań czekających ją teraz w sali treningowej, a nie podczas zawodów; przestrzegać opracowanego wspólnie ze specjalistami i lekarzami planu powrotu do zdrowia; przykładać się do nauki i zdobywać dobre oceny w szkole; rozmawiać z rodziną, przyjaciółmi, trenerami i kolegami z drużyny oraz zapewnić sobie ich wsparcie; dbać o odpowiednią ilość snu oraz odpoczynku, aby przyśpieszyć proces zdrowienia; wizualizować swój powrót do sportu i wykonywać w myślach te same ćwiczenia, które robi podczas treningów jej drużyna.

REGENERACJA:
ROZLUŹNIONE CIAŁO ŁATWIEJ ZMĘCZYĆ

Relaks oznacza uwolnienie wszelkich obaw i napięć
oraz zespolenie z naturalnym porządkiem życia.

— DONALD CURTIS, ZNANY
AUTOR KSIĄŻEK I PRELEGENT

Mistrz wie doskonale, że regeneracja jest jednym z warunków zapewniających długotrwałe postępy i wieloletnie sukcesy. Każdy ciężki trening wymaga odprężenia i odpoczynku zarówno pod względem psychicznym, jak i fizycznym. Spójrz na to przez pryzmat koncepcji *ying* i *yang* – regeneracja to *ying*, a *yang* to trening. Połączenie przetrenowania z niedostateczną regeneracją prowadzi do wypalenia i zwiększa ryzyko wystąpienia kontuzji oraz chorób. Kiedy jesteś zmęczony, twoja zdolność do produktywnego działania i jasnego myślenia jest upośledzona. Legendarny trener ligi NFL Vince Lombardi ostrzegał: „Zmęczenie z każdego może zrobić tchórza".

Opanowanie odpowiednich technik relaksacyjnych to niezbędny element regeneracji, szczególnie ważny przy przeciwdziałaniu zużyciu tkanek i zmęczeniu podczas długiego sezonu. Sprawdź, które metody relaksacji najlepiej pomagają ci zmniejszyć wyczerpanie fizyczne i psychiczne. Codzienne osiąganie stanu głębokiego rozluźnienia pomoże wyciszyć umysł i utrzymać napięcie fizyczne na prawidłowym poziomie. Weź sobie do serca słowa, które wypowiedział starożytny chiński filozof Lao-tsy: „Zaplanuj to, co trudne, kiedy jeszcze jest łatwe; zajmij się wielką sprawą, kiedy jest jeszcze mała"[*]. Dokładaj wszelkich starań, aby uwolnić stres i napięcie, gdy tylko zauważysz, że zaczynają w tobie wzbierać.

Wzmacniaj umysł i ciało poprzez głęboką relaksację. Oprócz stosowania 15-sekundowej techniki oddechowej (patrz str. 62) eksperymentuj z innymi metodami. Możesz na przykład wprowadzać się w stan głębokiego odprężenia poprzez obrazowanie mentalne. Przed wyjściem na trening zajmij wygodną pozycję w ulubionym fotelu w domu lub połóż się

---

[*] W tłum. J. Zawadzkiego – http://biblioteka.kijowski.pl/antyk%20azjatycki/03.%20lao-tsy%20- -%20tao%20te%20king.pdf (dostęp: 8.11.21).

na ławce w szatni – oddychaj powoli i głęboko przez 10 minut. Wyobraź sobie, że twoje ciało unosi się w przestrzeni lub w wannie wypełnionej gorącą wodą. Pamiętaj, aby wcześniej wyłączyć telefon komórkowy. Po prostu leż nieruchomo, ciesz się pięknem ciszy i pozwól umysłowi oczyścić się z nagromadzonego szumu.

Poświęć trochę czasu na zmniejszenie poziomu stresu, odcięcie się na kilka chwil od sportu, a następnie zacznij trenować. Spróbuj także robić sobie co jakiś czas dzień odpoczynku, którego jedynym celem będzie umożliwienie ciału wypoczęcia i nabrania sił. Zadbaj również o to, aby w harmonogramie nie zabrakło lekkich i spokojnych aktywności. Co lubisz robić w wolnym czasie? Jakie masz hobby i czym najbardziej się interesujesz? Postaraj się zrelaksować ciało, dając mu wolne od uprawiania sportu, dzięki czemu na treningach będziesz mógł zmusić je do cięższej pracy. Pamiętaj, że aby osiągnąć mistrzowski poziom, musisz być w pełni wypoczęty i przygotowany na trudy treningów i zawodów (wskazówki dotyczące snu znajdziesz w *Dodatku B*).

Zdrzemnij się, aby osiągnąć maksymalną wydolność. Wyobraź sobie, że pewnego dnia stajesz się senny, a twoje nogi zaczynają słabnąć – bardzo możliwe, że główną przyczyną jest źle przespana noc. Niestety nie masz zbyt wiele czasu na odpoczynek, a przed tobą jeszcze niemała liczba zajęć, w tym także mocny trening. Uciąć sobie drzemkę czy nie? – oto dobre pytanie. Jeżeli jednak zdecydujesz się na popołudniową drzemkę, jak długo powinna trwać? Czy dłuższa drzemka zawsze przynosi lepsze efekty?

W badaniu przeprowadzonym w 2006 roku przez parę australijskich psychologów, Amber Brooks i Leona Lacka, wzięła udział grupa osób, których czas nocnego odpoczynku ograniczono do mniej więcej pięciu godzin na dobę. Zgodnie z uzyskanymi wynikami najlepsze efekty pod względem wydajności poznawczej, energii i uważności przyniosła popołudniowa drzemka trwająca 10 minut (porównywano takie zmienne, jak całkowity brak snu w ciągu dnia oraz drzemki trwające dokładnie 5, 10, 20 i 30 minut). Weź to pod rozwagę, gdy zaczniesz ustalać swoją własną magiczną liczbę. Pamiętaj, że drzemki naprawdę pomagają w chwilach zmęczenia, gdy potrzebujesz szybkiego zastrzyku energii bez wspomagania się chemią.

Wypróbuj metodę progresywnej relaksacji mięśni. To niezwykle skuteczna i popularna technika umożliwiająca osiągnięcie głębokiego rozluźnienia. Polega na systematycznym naprzemiennym napinaniu i rozluźnianiu różnych grup mięśni w całym ciele, co prowadzi do zmniejszenia nagromadzonego w nich napięcia. Zdolność kontrolowania napięcia mięśniowego wymaga dużej samoświadomości, dlatego poza poprawą zdolności koncentracji, ćwiczenie to pomoże ci również dostrzec różnicę pomiędzy kontrastującymi ze sobą odczuciami napięcia i rozluźnienia.

Istotne dla powodzenia tej metody jest napięcie każdej grupy mięśniowej z siłą sięgającą mniej więcej 50 procent – nie na tyle mocno, abyś zrobił sobie krzywdę, ale wystarczająco, abyś poczuł pracę mięśni. Za każdym razem utrzymuj napięcie przez 6–8 sekund, a następnie powoli zmniejszaj je aż do osiągnięcia pełnego rozluźnienia. Zarówno podczas fazy napinania, jak i rozluźniania oddychaj powoli i głęboko.

Ćwiczenia relaksacyjne – czy to opisana powyżej metoda progresywnej relaksacji mięśni, czy mentalne skanowanie całego ciała (polegające na koncentrowaniu się na kolejnych częściach ciała i płynących z nich doznaniach) – działają najlepiej, gdy zaczyna się od głowy i schodzi stopniowo aż do palców stóp. Dlaczego? Ponieważ ciałem rządzi umysł, jeżeli więc rozluźnisz się, zaczynając od góry, czyli od miejsca, w którym gromadzi się większość napięcia, a następnie będziesz przesuwał się w dół (zamiast w odwrotnym kierunku), pozostałe grupy mięśni łatwiej poddadzą się działaniu tej metody.

Oto jedna z wersji progresywnej relaksacji mięśni, która pozwoli ci pozbyć się napięcia psychicznego i fizycznego. Pomiń wszelkie nadwyrężone, naderwane lub bolące grupy mięśni (lub po prostu zamiast je fizycznie napinać, wyobraź sobie, jak się rozluźniają) i zawsze konsultuj się z lekarzem przed wykonaniem tego ćwiczenia, jeżeli masz jakiekolwiek obawy dotyczące swojego zdrowia lub urazów. Najlepsza pora dnia na zastosowanie tej metody to późny wieczór, tuż przed pójściem spać.

Przygotuj się, wkładając luźne ubranie i przyciemniając lub wyłączając światło. Usiądź wygodnie w fotelu lub połóż się w łóżku, a następnie postaraj się, żeby nogi i ręce były wyprostowane oraz rozluźnione. Powoli zamknij oczy.

Zacznij od głębokiego i świadomego oddychania przez 3–5 minut. Wdech przez nos i wydech przez usta. Wdychaj odprężenie i wydychaj napięcie. Pozwól sobie na porzucenie trosk i zmartwień – nie masz nic innego do roboty i nie musisz być nikim konkretnym.

Czoło: unieś brwi na tyle, by skóra na czole się zmarszczyła. Utrzymaj to powstałe na czole i głowie napięcie… skup się na nim… i rozluźnij. Pozwól, by twoje czoło ponownie stało się miękkie i gładkie.

Twarz: napnij mięśnie twarzy, zaciskając mocno oczy, marszcząc nos i napinając policzki oraz podbródek. Utrzymaj to powstałe na twarzy napięcie… i rozluźnij.

Barki: unieś ramiona aż do uszu i przytrzymaj w tej pozycji. Poczuj, jak napięcie narasta i osiąga maksimum… po czym opuść ramiona z powrotem.

Plecy / klatka piersiowa: napnij mięśnie pleców poprzez lekkie wygięcie tułowia. Poczuj, jak napinają się, gdy ściągasz ramiona do tyłu, wypychając jednocześnie klatkę piersiową do przodu. Utrzymaj to napięcie… i rozluźnij się całkowicie.

Bicepsy/przedramiona: napnij oba bicepsy, zginając ręce w łokciach. Napinaj je przez kilka chwil… skup się na odczuwanym napięciu… i rozluźnij.

Prawa dłoń/nadgarstek: zaciśnij prawą dłoń w pięść. Poczuj napięcie w dłoni i nadgarstku. Zwróć uwagę na różnicę pomiędzy napięciem w prawej a rozluźnieniem w lewej dłoni. Utrzymaj zaciśniętą dłoń przez kilka chwil… i rozluźnij.

Lewa dłoń/nadgarstek: zaciśnij lewą dłoń w pięść. Poczuj napięcie w dłoni i nadgarstku. Zwróć uwagę na różnicę pomiędzy napięciem w lewej a rozluźnieniem w prawej dłoni. Utrzymaj zaciśniętą dłoń przez kilka chwil... i rozluźnij.

Dolna część pleców / pośladki: skup się na mięśniach pośladków. Napnij je. Utrzymaj to napięcie... i rozluźnij.

Uda / przednia część goleni: napnij wszystkie mięśnie nóg, unosząc stopy kilka centymetrów nad podłogę (nogi muszą być wyprostowane), napinając mięśnie ud i zginając jak najmocniej stopy (jakbyś chciał skierować palce stóp w stronę twarzy), tak abyś czuł napięcie w mięśniach w przedniej części goleni (przy piszczelach). Skup się na tym napięciu... i rozluźnij.

Uda/łydki: ponownie napnij wszystkie mięśnie nóg, unosząc stopy kilka centymetrów nad podłogę (nogi wciąż muszą być wyprostowane), napinając mięśnie ud, tym razem jednak jak najmocniej prostując stopy (kierując je w stronę przeciwną do twarzy), tak aby poczuć napięcie w łydkach. Skup się na tym napięciu... i rozluźnij. Poruszaj palcami stóp.

Na koniec wyobraź sobie, że twoje mięśnie stają się cieplejsze i cięższe, a ty zapadasz się w fotelu lub łóżku. Ciesz się stanem głębokiego relaksu, który teraz przeżywasz i który staje się coraz głębszy. Cały czas oddychaj powoli, głęboko i rytmicznie. Jeżeli chcesz, możesz kontynuować, powtarzając powyższe 10 ćwiczeń lub skupiając się na konkretnych grupach mięśni, które wymagają dodatkowej uwagi. Zaśnij lub – jeżeli zdecydowałeś się na zastosowanie tej metody w dzień – powróć do swoich obowiązków wypełniony uczuciem odprężenia i odświeżenia.

Warto, abyś wiedział, że oprócz progresywnej relaksacji mięśni istnieje kilka bardziej skutecznych sposobów na szybkie pozbycie się stresu. Najlepsze z nich to uśmiechanie się szeroko, medytacja w pozycji siedzącej lub podczas wolnego marszu, strząsanie napięcia z rąk i nóg, podskakiwanie, ochlapywanie twarzy zimną wodą, nucenie melodii lub ściskanie piłki tenisowej.

Dotarcie do tego miejsca oznacza, że masz już zarówno wiedzę, jak i narzędzia mentalne potrzebne do tego, by z należytą uwagą podchodzić do takich aspektów stawania się mistrzem, jak trening, zbilansowane odżywianie, panowanie nad bólem, postępowanie z urazami oraz regeneracja. Wiesz już, że robienie postępów i dotarcie do granic swoich możliwości zależy od zasilania organizmu odpowiednim pożywieniem oraz przestrzegania planu i założeń treningowych. Rozumiesz, że zdolność do przebijania się przez ścianę bólu i dyskomfortu pozwoli ci osiągać znajdujące się po jej drugie stronie cele. A także masz świadomość tego, jak ważne jest przemyślane działanie w przypadku doznania kontuzji, dzięki czemu wyjdziesz zwycięsko z wewnętrznych zmagań o powodzenie rehabilitacji. Doceniasz znaczenie aktywnej regeneracji i wiesz, że musisz znaleźć na nią czas, ponieważ nagrodą za ten wysiłek jest wypoczęty umysł i zdrowe ciało, co z kolei utrzyma cię do końca sezonu w świetnej formie. Nie zapominaj również o tym, że w miarę postępów w sporcie, zależność pomiędzy przestrzeganiem tych zasad a szansą osiągnięcia zamierzonych celów będzie tylko rosła.

A teraz odpowiedz sobie na jedno pytanie: czy wiedząc to wszystko, wciąż uważasz, że możesz sobie pozwolić na lekceważenie któregokolwiek z opisanych przeze mnie czynników odpowiadających za twoje wyniki?

ROZDZIAŁ SZÓSTY

PRZEJMIJ KONTROLĘ NAD SWOIM **PRZEZNACZENIEM**

> Przeznaczenie człowieka kryje się w jego duszy.
> — HERODOT

Istnieje wiele fascynujących i ważnych badań psychologicznych, które rzuciły światło na rolę, jaką psychika odgrywa zarówno w rozwoju osobistym, jak i w osiąganiu coraz lepszych wyników sportowych. W tym rozdziale przeczytasz o kilku klasycznych już opracowaniach, które uzupełniłem najnowszymi odkryciami z dziedziny psychologii sportu i innych obszarów psychologii. Przedstawię zagadnienia uzupełniające, które powinien znać każdy sportowiec niezależnie od poziomu zaawansowania, takie jak konieczność unikania syndromu myślenia grupowego („Uważaj na swojego wewnętrznego konformistę!"), znaczenie odroczonej gratyfikacji („Czy zaliczysz test cukierkowy?") oraz korzyści płynące z wykorzystania mechanizmów społecznych („Socjalizuj się"). Stosując się do wiedzy zawartej w tym rozdziale, rozwiniesz umiejętność myślenia, odczuwania i działania na drodze do wybitności nie tylko w samym sporcie, ale i w całym życiu.

UWAŻAJ NA SWOJEGO WEWNĘTRZNEGO KONFORMISTĘ!

Badania wykazały, że myślenie kategoriami konformistycznymi może prowadzić do podejmowania złych decyzji, czego negatywnym skutkiem bywa niekiedy zaburzenie rozwoju kariery sportowej. Właśnie dlatego tak ważne jest, aby być świadomym łatwości, z jaką można stać się ofiarą syndromu myślenia grupowego, i dlaczego samodzielne myślenie to jedna z podstawowych cech mistrza. W 1972 roku psycholog Irving Janis ukuł termin **syndrom myślenia grupowego**, opisując go jako: „sposób myślenia, któremu ulegają ludzie należący do jakiejś grupy [...] gdy dążenie jej członków do osiągnięcia jednomyślności bierze górę nad ich motywacją do trzeźwej oceny alternatywnych kierunków działania".

W 1951 roku psycholog społeczny Solomon Asch przeprowadził wraz ze swoimi współpracownikami serię eksperymentów psychologicznych dotyczących zachowań konformistycznych w grupach. Uczestnikami badania byli studenci, których umieszczano w sali, a następnie informowano, że biorą udział w teście mającym na celu sprawdzenie wzroku. Każdy uczestnik był przydzielany do grupy składającej się z 5–7 podstawionych aktorów – osób, które znały prawdziwą naturę eksperymentu.

Podczas każdego testu pokazywano grupie dużą białą kartę z pojedynczą pionową czarną linią, a następnie osobną kartę z trzema pionowymi czarnymi liniami o różnej długości – oznaczonymi literami a, b i c. Zadaniem członków grupy było wskazanie, która z tych trzech linii z drugiej karty jest identyczna z linią z karty pierwszej. Następnie grupie pokazywano kolejny zestaw kart – łącznie powtórzono tę operację 18 razy.

Prawdziwi badani umieszczani byli w grupach w taki sposób, aby ich kolej na udzielenie odpowiedzi następowała pod koniec każdej serii. W trakcie pierwszych prób podstawione osoby odpowiadały poprawnie. Ich zadanie polegało na tym, aby przy 12. zestawie kart podać ewidentnie nieprawidłową odpowiedź. Naukowcy chcieli w ten sposób sprawdzić, czy badani dostosują się do pozostałych członków grupy, udzielając tych samych, błędnych odpowiedzi.

Wynik badania wykazał, że element presji, aby dostosować się do grupy, był nawet większy, niż Asch zakładał wcześniej. Podsumowując: prawdziwi badani zgadzali się z błędną odpowiedzią innych w 37 procentach przypadków, podczas gdy aż trzy czwarte z nich podporządkowało się zdaniu większości przynajmniej przy jednej próbie. Kiedy jednak te same osoby wzięły udział w pisemnej wersji testu, 98 procent z nich wybierało prawidłową odpowiedź.

Interpretacja wyniku tego eksperymentu jednoznacznie dowodzi, że ludzie często świadomie wybierają błędną odpowiedź tylko dlatego, że postąpili tak inni członkowie grupy. Powodem wybierania błędnych odpowiedzi przez uczestników badania była niechęć do wyróżniania się na tle grupy i ryzyka ośmieszenia. Konformizm oznacza zmianę własnego zachowania i podążanie za innymi członkami grupy, nawet wtedy, gdy przyjęte przez nich poglądy są wyrazem niewłaściwej oceny sytuacji.

Aby osiągnąć mistrzowski poziom, nie możesz dostosowywać się do większości poprzez szukanie skrótów w takich kwestiach, jak postawa, wysiłek i dążenie do bycia jak najlepszym sportowcem. Uczyń z doskonałości swoją największą wartość i okazuj to, nigdy nie rezygnując z osiągnięcia jak najlepszych wyników – niezależnie od tego, czy „większość" dotyczy kolegów z drużyny, czy twojej całej grupy rówieśniczej. Kształtując swoje podejście do treningu i rywalizacji, zawsze porównuj się z mistrzami i godnymi naśladowania sportowcami, którzy osiągnęli prawdziwe sukcesy. Postępując w ten sposób, zaczniesz w pełni kontrolować swoją sportową przyszłość i osobiste przeznaczenie.

CZY ZALICZYSZ TEST CUKIERKOWY?

W 1972 roku podczas swojej pracy na Uniwersytecie Stanforda psycholog Walter Mischel wraz z grupą innych badaczy przeprowadził na grupie dzieci w wieku 4–6 lat badanie (test marshmallow zwany też testem cukierkowym), którego przedmiotem było zjawisko odroczonej gratyfikacji. Każdemu dziecku oferowano możliwość wyboru pomiędzy szybkim zjedzeniem jednej pianki marshmallow lub ciastka a odczekaniem bliżej nieokreślonego czasu i podwojeniem słodkiej nagrody. Naukowcy mierzyli, jak długo każde z dzieci opierało się pokusie zjedzenia pianki, a następnie w trakcie kolejnych serii badań przeprowadzonych po kilkunastu latach sprawdzali związek pomiędzy podjętą decyzją a osiągniętymi sukcesami.

Mischel umieszczał dzieci w pokoju pozbawionym wszelkich elementów rozpraszających, po czym kładł przed maluchami na stole wybrany rodzaj słodyczy. Następnie naukowiec informował dzieci o tym, że musi na chwilę wyjść, a dziecko ma dwie możliwości: wezwać naukowca dzwonkiem i zjeść leżącą na talerzu piankę lub poczekać na jego powrót, dzięki czemu dostanie drugą porcję. Niektóre dzieci zjadały piankę natychmiast po tym, jak zostawały w pokoju same, rezygnując tym samym z otrzymania drugiej. Tylko co trzecie dziecko wytrzymało wystarczająco długo, aby dostać nagrodę. Okazało się również, że znaczenie miał wiek – im starsze było dziecko, tym dłużej udawało mu się opierać pokusie zjedzenia łakocia.

Przeprowadzone 16 lat później, w 1988 roku, badanie porównawczo-kontrolne z udziałem tych samych dzieci przyniosło zaskakujące rezultaty. Przede wszystkim naukowcy zaobserwowali pozytywną korelację pomiędzy wynikami testu cukierkowego a sukcesami osiąganymi w dorosłym życiu. Młodzi dorośli, którzy w dzieciństwie wykazali zdolność do odroczenia gratyfikacji, zostali opisani przez swoich rodziców jako znacznie bardziej kompetentni niż ich rówieśnicy. Kolejna seria badania – z 1990 roku – wykazała, że osoby, które najdłużej powstrzymywały się przed zjedzeniem słodyczy, uzyskały lepsze wyniki na egzaminie SAT (amerykański odpowiednik naszego egzaminu maturalnego) niż osoby, które zjadły piankę dużo szybciej.

Samokontrola to sekret mistrzów. Są gotowi opóźnić natychmiastową gratyfikację i tolerować spowodowaną tym frustrację nieco dłużej w celu uzyskania większej nagrody. Możesz zdać test cukierkowy nie tylko jako sportowiec, ale także jako zwykły człowiek, opracowując i stosując własną taktykę powstrzymywania się od zbaczania z obranej drogi, kiedy ktoś lub coś zacznie kusić cię słodyczami. Jeżeli na przykład zaczniesz odczuwać chęć odejścia od planu żywieniowego, możesz odciągnąć swoje myśli od tego tematu poprzez muzykę, głębokie oddychanie lub rozmowę. A zamiast poddawać się chwilowej chęci skrócenia treningu, krzyknij do siebie: „Sięgnij po złoto!" i trenuj dalej. Bardzo dobrze działa też w takiej chwili wyobrażenie sobie tego cudownego uczucia, które pojawi się po wykonaniu całego treningu.

Zaakceptuj fakt, że codziennie będziesz musiał mierzyć się z różnego rodzaju testami cukierkowymi. Każde wyzwanie przyjmuj z pełną świadomością i gotowością. Czekanie jest warte wysiłku, a cierpliwość popłaca. Myśl więcej o tym, co zyskujesz, niż o tym, z czego rezygnujesz. Powiedz sobie: „Moje pragnienie dążenia do osiągnięcia obecnego celu jest tak silne, że chwilowy dyskomfort nie ma żadnego znaczenia". Myśl o nagrodzie i podążaj naprzód, a działanie, jakbyś już był złotym medalistą, stanie się twoją drugą naturą. To jak będzie? Ilu słodkim pokusom oprzesz się dzisiaj?

SOCJALIZUJ SIĘ

Doktora Normana Tripletta uważa się dziś za prekursora psychologii sportu ze względu na pionierskie badania, które prowadził na przełomie XIX i XX wieku. Triplett, piastujący stanowisko profesora psychologii na Uniwersytecie Indiany i zapalony miłośnik kolarstwa, był także zafascynowany związkami pomiędzy wynikami osiąganymi przez jednostkę podczas wykonywania różnych zadań, w tym również typowo sportowych, a obecnością innych osób.

Triplett ogłosił swoje pierwsze wyniki w pracy zatytułowanej *The Dynamogenic Factors in Pacemaking and Competition*, która ukazała się w 1898 roku na łamach magazynu „American Journal of Psychology". Jego najważniejszą tezą było to, że kolarze osiągają znacznie lepsze czasy, gdy jadą w obecności *pacemakerów** lub innych zawodników, niż gdy ścigają się sami ze sobą w trakcie indywidualnej jazdy na czas. Triplett doszedł do wniosku, że „fizyczna obecność innego kolarza jest dla zawodnika bodźcem wzbudzającym instynkt rywalizacji; że dzięki temu inna osoba może być środkiem wyzwalającym lub uwalniającym pokłady dodatkowej energii, której on sam nie jest w stanie uwolnić; oraz że widok ruchów innej osoby, możliwie, iż sugerujących większą prędkość ich wykonywania, również stanowi źródło inspiracji do większego wysiłku".

---

* *Pacemaker* – dosł. człowiek, który tworzy (nadaje) tempo. Termin stosowany w zawodach masowych (np. biegach, kolarstwie). Polskim odpowiednikiem tego terminu jest „zając" (przyp. red.).

W 1924 roku Floyd Allport ukuł termin facylitacja społeczna (ang. *social facilitation*), aby określić mechanizm zjawiska polegającego na pojawiającej się w obecności innych osób tendencji do lepszego wykonania prostych lub dobrze wyuczonych zadań. Jeżeli jednak zadanie jest trudne, obecność innych może mieć odwrotny skutek – wydajność się pogarsza, ponieważ pobudzenie lub aktywność fizjologiczna wzrastają do zbyt wysokiego poziomu. Częściowo wyjaśnia to, dlaczego niektórzy sportowcy grają lepiej na treningach niż podczas zawodów.

W jaki sposób wyniki Tripletta dotyczące facylitacji społecznej można bezpośrednio wykorzystać do poprawy własnych wyników sportowych? Chociażby poprzez szukanie możliwości dołączenia do innych osób w celu zwiększenia efektywności w trakcie wykonywania prostych lub dobrze wyuczonych zadań. Możesz na przykład wziąć udział w zajęciach spinningu lub jeździć na rowerze z kimś zamiast sam. Możesz też stworzyć sobie wyobrażonego rywala, z którym będziesz mógł się zmierzyć w czasie samotnych treningów. A zamiast zamykać stadion czy halę przed kibicami, trener może co jakiś czas zapraszać ich do oglądania sparingów lub treningów technicznych swojego zespołu.

Co trzeba zrobić, aby przezwyciężyć nadmierne pobudzenie fizjologiczne przy tak złożonym zadaniu jak precyzyjne uderzanie piłki w golfie? Weźmy jako przykład typową golfistkę rozgrzewającą się przed swoją rundą. Wszystkie długie uderzenia próbne wychodzą jej idealnie, potem jednak, tuż przed rozpoczęciem prawdziwej rundy i w obecności innych graczy, zaczyna odczuwać silną tremę, choć stojące przed nią zadanie jest przecież identyczne pod względem wymagań fizycznych z tym, któremu z taką łatwością kilkukrotnie sprostała w czasie rozgrzewki. Nadmierne podekscytowanie i brak pewności siebie w oczekiwaniu na swoją kolej powodują, że traci rytm w zamachu i uderza tak, iż piłka ląduje w wysokiej trawie.

W jaki sposób owa golfistka może poprawić efektywność gry w obecności innych? Jedną z metod, jakie może zastosować podczas treningów, jest podskakiwanie przez 60–90 sekund, a następnie wykonanie kilku uderzeń przy przyśpieszonym tętnie. Pomoże jej to lepiej opanować nerwy i zwiększy szanse na dobre wyniki, gdy będzie rywalizować z innymi zawodnikami. Może również symulować warunki panujące na turniejach, rzucając wyzwania innym graczom obecnym na polu golfowym – na przykład szybki konkurs polegający na umieszczeniu piłki jak najbliżej wybranego celu.

Nasza bohaterka powinna również wypracować własny, skuteczny rytuał przedstrzałowy – taki jak na przykład przedstawiony poniżej – i bezwarunkowo trzymać się go zarówno przed pierwszym uderzeniem, jak i przez całą rundę.

1. Skoncentruj się na uderzeniu, wybierając dokładny cel.
2. Wyobraź sobie idealny tor lotu piłki.
3. Weź głęboki oddech, aby wyciszyć umysł i zmniejszyć napięcie.
4. Wykonaj jeden lub dwa próbne zamachy, aby wczuć się w optymalne tempo.
5. Pozwól, by zamach i uderzenie po prostu zaistniały.

Golfistka zaczyna od nakierowania umysłu na właściwe tory (1 i 2), potem zajmuje się ciałem (3), tempem, by na końcu po prostu wykonać zamach i posłać piłkę tam, gdzie chciała. Z czasem pierwsze uderzenie w obecności innych graczy przestanie ją przerażać.

POZNAJ SWOICH SPORTOWYCH RODZICÓW

Poznaj mojego tatę to udana komedia będąca wyjątkowo wnikliwym spojrzeniem na relacje rodzinne, w której Ben Stiller, Teri Polo i Robert De Niro prezentują swoje doskonałe umiejętności aktorskie. Stiller gra Gaylorda „Grega" Fockera, pielęgniarza, który zamierza oświadczyć się swojej dziewczynie – Pam Byrnes (granej przez Teri Polo). Jack Byrnes, emerytowany agent CIA – postać grana przez De Niro – to ojciec Pam i wyjątkowo oschły sztywniak. Nadopiekuńczy przyszły teść szybko staje się najgorszym koszmarem Grega.

W trakcie weekendowej wizyty w domu rodziców Pam, Greg nieustannie jest obserwowany przez Jacka, który chce się upewnić, że sprowadzony przez córkę kandydat na zięcia będzie honorowym i godnym zaufania mężem. Oprócz poddania Grega badaniu poligraficznemu, Jack wyjaśnia mu także, jak ważna jest wiarygodność, przedstawiając swój „krąg zaufania". Według Jacka istnieją tylko dwa możliwe miejsca, w których mogą być ludzie: ludzie, którym ufasz, są wewnątrz kręgu, podczas gdy ludzie, którym nie ufasz – poza nim.

Koncepcja kręgu zaufania może pomóc rodzicom w zrozumieniu tego, co powinni robić, aby jak najlepiej wspierać swojego syna lub córkę w uprawianiu sportu. Budowanie zaufania w relacji rodzic – dziecko bywa trudne. Niemal wszyscy rodzice wierzą w to, że znają najlepsze metody pomagania dziecku w osiąganiu sukcesów sportowych. Jednak nawet najlepsze intencje często okazują się błędne. To, co ty myślisz o swoich radach, nie ma znaczenia – liczy się to, co myśli o nich twoje dziecko.

Na kartce narysuj okrąg. To krąg zaufania twojego dziecka. Kropka wewnątrz niego symbolizuje zachowanie, które jest dla niego korzystne. Kropka poza kręgiem to zachowanie, które w niczym mu nie pomaga. Aby stać się mistrzem sportowego wychowania, ustal wspólnie z dzieckiem, czy twoje zachowanie w odniesieniu do tej części jego życia, która dotyczy sportu, znajduje się wewnątrz czy na zewnątrz kręgu. Tworzenie tego typu wizualnego przedstawienia sytuacji podczas burzy mózgów może okazać się niezwykle cenne i pomóc ci zarówno w dokonaniu pozytywnych oraz praktycznych zmian w obszarze dotyczącym sportu, jak i w umacnianiu więzi z dzieckiem.

Jakie są zatem najczęstsze preferencje młodych sportowców dotyczące sposobu postępowania rodziców? W 2010 roku w magazynie „Journal of Applied Sport Psychology" opublikowano wyniki badania przeprowadzonego przez doktor Camillę Knight oraz jej współpracowników z Uniwersytetu Alberty w Kanadzie, którego celem było poznanie oczekiwań młodych tenisistów dotyczących zachowania rodziców w trakcie zawodów. Czterdziestu dwóch kanadyjskich juniorów osiągających bardzo dobre wyniki sportowe podzielono na 11 grup fokusowych. Najważniejsze, najczęściej wskazywane tematy to:

- Rodzice powinni komentować postawę i wysiłek, ale powstrzymać się od udzielania instrukcji dotyczących techniki i taktyki.
- Rodzice powinni udzielać porad praktycznych (np. przypominać o odżywianiu i wykonywaniu rozgrzewki).
- Sygnały niewerbalne wysyłane przez rodziców powinny być zgodne z ich przekazem werbalnym (np. motywujące wypowiedzi połączone z pozytywną mową ciała i gestykulacją).
- Rodzice powinni rozumieć i szanować etykietę obowiązującą w danym sporcie (np. unikać przejawów złych manier, takich jak krzyczenie na sędziów).

Większość sportowców – niezależnie od uprawianej dyscypliny sportu i wieku (dotyczy to nawet zawodowców i olimpijczyków) – na pewno zgodziłaby się z każdym z powyższych stwierdzeń. Co ważne, największe znaczenie ma czas pojawienia się informacji zwrotnej. Jako rodzic powinieneś unikać wygłaszania długich kazań lub przeprowadzania dogłębnych analiz wyników dziecka w drodze na mecz lub trening czy zaraz po nich. Wspólna kolacja także nie jest dobrą okazją do udzielania kolejnej życiowej lekcji. Dużo lepsze efekty osiąga się poprzez zabawę i dbanie o jakość spędzanego z dziećmi czasu. A przed zawodami po prostu pokaż dziecku uniesiony kciuk, uśmiechnij się szeroko, poklep dzieciaka po plecach lub pokiwaj z aprobatą głową.

Kochaj swoje dziecko za to, jakie jest, a nie za to, co potrafi. Pomóż mu przeżyć coś, z czego będzie mogło być dumne. Konsekwentnie, ale ze zrozumieniem zwracaj uwagę, gdy zachowa się w niewłaściwy sposób. Chwal zawsze, gdy na to zasłuży. Kiedy mówi, nawiąż z nim dobry kontakt wzrokowy i poświęć mu całą uwagę, wyraźnie pokazując w ten sposób, że naprawdę interesuje cię, co chce przekazać. Jesteś wzorem, który będzie naśladowało w przyszłości, musisz więc dawać przykład tego, co uważasz w sobie lub w życiu za wartościowe. Postępuj zgodnie z tymi wzorcami, a nigdy nie zostaniesz wyrzucony z kręgu zaufania swojego dziecka.

Jeżeli natomiast to ty jesteś tym „młodocianym sportowcem", koniecznie okazuj rodzicom wdzięczność za to, że cię wychowali i kochają. Pomagaj im zawsze, kiedy tylko będziesz w stanie. Jak najczęściej wyrażaj swoje podziękowania i pytaj ich, które z twoich zachowań im się podobają, a które chcieliby zmienić. Sam również słuchaj uważnie tego, co mówią, aby zrozumieć ich sposób myślenia i poznać ich oczekiwania. To pomoże wam nadawać na tych samych falach i sprawi, że wszyscy na tym skorzystacie.

WDZIĘCZNOŚĆ TO NIE FRAZES

Jak napisał Platon, jeden z najwybitniejszych filozofów starożytnej Grecji: „Wdzięczny umysł to wspaniały umysł, który ostatecznie przyciąga do siebie wspaniałe rzeczy". Kilka przeprowadzonych ostatnio badań w dziedzinie psychologii pozytywnej dowodzi, że wyrazy wdzięczności mogą zachęcać zarówno jednostki, jak i całe grupy do rozwoju. Dobrze wykształcona zdolność do odczuwania wdzięczności jest bowiem jedną z tych cech osobowości, które są najsilniej skorelowane z dobrym samopoczuciem. A korzystny wpływ prowadzenia dziennika wdzięczności lub regularnego sporządzania listy rzeczy, za które jest się wdzięcznym, na zdrowie psychiczne został już wielokrotnie potwierdzony badaniami.

Osoby prowadzące dziennik wdzięczności przez 10 tygodni (wśród przykładów doświadczeń wywołujących uczucie wdzięczności wymieniano „szlachetność przyjaciół" i „Rolling Stonesów") czuły się znacznie szczęśliwsze i z większym optymizmem postrzegały nadchodzący tydzień – do takich wniosków doszli doktorzy Robert Emmons z Uniwersytetu Kalifornijskiego w Davis i Michael McCullough z Uniwersytetu w Miami, których badanie opisano w 2003 roku w magazynie „Journal of Personality and Social Psychology". Co więcej, badani prowadzący dziennik także ćwiczyli częściej niż grupa, której naukowcy polecili zapisywanie nieprzyjemnych lub denerwujących sytuacji (np. „głupi kierowcy") czy też neutralnych zdarzeń życiowych / porównań społecznych.

"Znajdź dobro. Ono jest wszędzie, otacza cię. Znajdź je, wyeksponuj, a wtedy zaczniesz w nie wierzyć" – powiedział Jesse Owens, olimpijska legenda lekkiej atletyki. Uczucie wdzięczności może w realny sposób wpłynąć na pozytywne samopoczucie sportowca i sprawić, że osiągnie on swój najwyższy poziom. Ta psychofizjologiczna reakcja organizmu jest specyficznym bodźcem do dalszego rozwoju i czerpania radości zarówno ze sportu, jak i z pozostałych życiowych doświadczeń. Może również przyczyniać się do budowania pozytywnych relacji z rodziną, przyjaciółmi, kolegami z drużyny i trenerami, co z kolei wywiera pozytywny wpływ na samego sportowca.

Zastanów się nad tym, co w twoim życiu sprawia, że odczuwasz wdzięczność. Najlepszym, a zarazem szybkim i łatwym sposobem umożliwiającym osiągnięcie tego jest prowadzenie dziennika wdzięczności. Przypomnienie sobie i zapisanie pięciu dobrych rzeczy (dużych lub małych), które wydarzyły się wcześniej w ciągu dnia albo tygodnia, może być skutecznym ćwiczeniem poprawiającym nastrój.

Przykładami wspomnień, które zasługują na trochę twojego czasu i utrwalenie ich w dzienniku, są na przykład wsparcie otrzymane od kolegi z drużyny podczas trudnego treningu techniki, słuchanie ulubionej piosenki przed treningiem, rozkoszowanie się chłodną bryzą w trakcie długiego biegu lub trener udzielający ci cennych wskazówek. Jest to również okazja do ponownego przeżycia i docenienia każdego z tych doświadczeń.

MEDYTACJA:
MENTALNE WYCISKANIE SZTANGI

Nie bez powodu medytacja jest praktykowana w różnych formach od tysięcy lat. Jedną z integralnych części kodeksu i szkolenia we władaniu mieczem samurajów, starożytnych japońskich wojowników, była medytacja zen. Dlaczego? Ponieważ spokojny umysł to potężny umysł. Działanie z wyciszonym umysłem to ważna cecha bycia w strefie. Aby rywalizować na swoim najwyższym poziomie, sportowiec musi pozostać skupiony na zadaniu, nie pozwalając umysłowi błądzić gdzieś poza chwilą. Wybiegające poza aktualny cel lub chaotyczne myśli (mgła mózgowa) obniżają jakość skupienia i zwiększają napięcie mięśni.

Co najmniej kilka badań potwierdziło, że stosowanie technik medytacyjnych może poprawić funkcjonowanie mózgu i wywołać zauważalne zmiany w jego strukturze. Doktor Eileen Luders, adiunkt w laboratorium neuroobrazowania UCLA, zajmuje się badaniami nad budową morfologiczną (formą i strukturą) mózgu osób aktywnie praktykujących medytację. W badaniu przeprowadzonym w 2009 roku, którego wyniki opublikowano w czasopiśmie „NeuroImage", Luders wraz ze swoimi współpracownikami wykazała, że medytacja może przyczynić się do powiększenia objętości istoty szarej. Wniosek ten opierał się na dokonanym przez naukowców porównaniu skanów mózgów osób medytujących od dłuższego czasu (praktykujących różne formy medytacji średnio przez 24 lata) ze skanami mózgów osób, które nigdy nie medytowały.

Co ważne, medytacja nie musi być praktykowana przez długi czas, aby wywierać pozytywny fizyczny wpływ na mózg. W 2012 roku w magazynie „Proceedings of the National Academy of Sciences of the United States of America" ukazał się artykuł podsumowujący badanie przeprowadzone przez neurobiologów Yi-Yuana Tanga z publicznego uniwersytetu badawczego Texas Tech oraz Michaela Posnera adiunkta z Weill Cornell Medical College i emerytowanego profesora Uniwersytetu Oregonu. Dwójka naukowców wraz ze współpracownikami wykazała, że zaledwie 11 godzin integracyjnego treningu ciała i umysłu, będącego rodzajem medytacji uważności (*mindfulness*), w ciągu miesiąca zwiększyło efektywność połączeń nerwowych i wydajność mózgu, co miało wyraźny pozytywny wpływ na zdrowie psychiczne.

W wydanym w 2011 roku dodatku do czasopisma „Psychiatry Research" („Psychiatry Research: Neuroimaging"), który w całości poświęcony był tematowi neuroobrazowania, zamieszczono opis badania przeprowadzonego przez doktor Brittę Hölzel, psycholożkę z Massachusetts General Hospital i Harvard Medical School, które wykazało, że praktykowanie 30-minutowej medytacji *mindfulness* przez osiem tygodni może spowodować znaczące zmiany w strukturze fizycznej mózgu. Hölzel i jej współpracownicy przeprowadzili obrazowanie rezonansem magnetycznym mózgów uczestników badania przed medytacją i po jej zakończeniu. Stwierdzili zwiększenie objętości istoty szarej w hipokampie, obszarze odpowiedzialnym za uczenie się i pamięć, oraz w strukturach mózgu związanych z regulacją emocjonalną. Obrazy pokazały również zmniejszenie komórek ciała migdałowatego, parzystej struktury znajdującej się zarówno w prawej, jak i lewej półkuli mózgu, wewnątrz płatów skroniowych, która uważana jest za mózgowe centrum stresu i lęku.

W badaniu Hölzel jako metodę interwencji terapeutycznej zastosowano tzw. redukcję stresu poprzez medytację uważności (ang. *mindfulness-based stress reduction*, MBSR), popularny program psychoedukacyjny opracowany pod koniec lat 70. XX wieku przez profesora Jona Kabata-Zinna. W dniu rozpoczęcia badania ani jeden z jego uczestników nie miał żadnych wcześniejszych doświadczeń z medytacją. Technika medytacji uważności wykorzystuje „różne obiekty, na których można skupić uwagę. Mogą to być zarówno uczucia związane z oddychaniem, jak i emocje, myśli, czy też obserwacja wszelkiego rodzaju doznań cielesnych" – wyjaśniła Hölzel. „Głównym celem jest sprowadzenie umysłu z powrotem do tu i teraz, w przeciwieństwie do pozwolenia, aby swobodnie dryfował".

Medytacja uważności może wzmacniać i dopełniać wszystkie zdolności mentalne oraz strategie przedstawione w poprzednich rozdziałach. Medytowanie szczególnie dobrze sprawdza się w przypadku osób charakteryzujących się reaktywnym lub emocjonalnym umysłem, a także tych, które chcą poprawić zdolność koncentracji. Zakończmy ten wątek ćwiczeniem z medytacji uważności. Wybierz konkretny obiekt, na którym chcesz skupić uwagę – może to być uczucie związane z oddychaniem (zwłaszcza dźwięk wdychanego i wydychanego powietrza) albo proces werbalny, jak chociażby intonowanie mantry lub powtarzanie słowa klucza przy każdym wydechu: „omm", „jeden" lub „spokój".

Usiądź prosto na krześle ze stopami spoczywającymi płasko na podłodze lub z nogami skrzyżowanymi na poduszce. Postaraj się być obecny – skup się na tu i teraz. Zamknij oczy i obserwuj swój oddech –

oddychaj równomiernie i naturalnie, ale także głęboko i powoli. Skoncentruj się na wybranym obiekcie, na przykład doznaniach związanych z oddychaniem (od uczucia powodowanego przez wciągane i wydychane nozdrzami powietrze po unoszenie się i opadanie brzucha). Pomoże ci to utrzymać umysł w chwili obecnej i powstrzymać go od błądzenia, do czego ma w takich chwilach skłonność.

Gdy tylko zauważysz, że twój umysł oddalił się od obecnego stanu, pomyśl „hmm" (neutralność/ciekawość) zamiast „grr" (opór/frustracja). Twój umysł może zarówno wybiegać w przyszłość lub wracać do wydarzeń z przeszłości, jak i próbować analizować to, jak dobrze oddajesz się medytacji. Po prostu zwracaj na takie rzeczy uwagę i natychmiast (raz za razem) powracaj do skupiania się na oddychaniu. Wszystkie pozostałe myśli, emocje i odczucia pojawiają się i odchodzą, aż w końcu umysł stanie się niczym nieruchoma tafla wody, a ty osiągniesz stan wewnętrznego spokoju. Wykonuj to ćwiczenie przez 10 lub 15 minut.

Już nawet 10 minut medytacji każdego dnia może przynieść ogromne korzyści. Każdemu, kto chciałby zacząć przygodę z medytacją, szczerze polecam niezwykłą książkę zatytułowaną *Gdziekolwiek jesteś, bądź. Przewodnik uważnego życia*, napisaną przez samego Jona Kabata-Zinna, który pracował nad poprawą uważności z członkami amerykańskiej reprezentacji olimpijskiej w wioślarstwie, przygotowującymi się do igrzysk olimpijskich w 1984 roku.

Podejmij mocne zobowiązanie do regularnego praktykowania medytacji uważności: medytuj, aby rozwiać mgłę mentalną przed kolejnym treningiem; medytuj, aby przygotować scenę do obrazowania mentalnego lub wizualizacji; medytuj, aby wyciszyć umysł w ostatni wieczór przed zawodami i łatwiej zasnąć. Musisz zrozumieć i uwierzyć w to, że medytacja to klucz do skarbca wypełnionego energią – naucz się go otwierać, a będziesz mógł korzystać z tego skarbu w dowolnej chwili!

Jeżeli chcesz rozwijać się przez cały czas, musisz przejąć kontrolę nad swoim osobistym przeznaczeniem. „…są w życiu tym chwile, w których przeznaczeń swych panem jest człowiek. Jeśliśmy zeszli do nędznej sług roli, To nasza tylko, nie gwiazd naszych wina"*, napisał William Szekspir. Pozostań skupiony na wykonywaniu codziennych aktów doskonałości mimo pojawiających się pokus zejścia z obranej ścieżki. Szukaj możliwości włączenia w swoje działania innych osób, na przykład poprzez zapisanie się na zajęcia grupowe w klubie lub znalezienie partnera treningowego, który sprawi, że zwiększysz swój wysiłek podczas wykonywania prostych lub dobrze wyuczonych zadań oraz ćwiczeń. Porozmawiaj z członkami rodziny i wspólnie rozwiążcie trapiące was problemy z komunikacją, a następnie wspierajcie się nawzajem w kwestii aktywności sportowych. Zwróć szczególną uwagę na wszystkie dobre rzeczy, jakie pojawiają się we wszystkich aspektach twojego życia. Zacznij praktykować medytację uważności, dzięki której będziesz mógł trenować także swój mózg i ulepszać zdolność koncentracji. Zawsze opieraj się zagrożeniom stwarzanym przez syndrom myślenia grupowego i nie ulegaj negatywnej presji rówieśników, by być gorszym, niż jesteś.

---

* W. Shakespeare, *Juliusz Cezar*, akt I, scena 2, tłum. L. Ulrich; https://wolnelektury.pl/katalog/lektura/juliusz-cezar.html (dostęp: 16.11.21).

ROZDZIAŁ SIÓDMY

ZEN
W STREFIE

*Chciałbym
zaoferować coś,
co mogłoby ci pomóc
ale w zen
nie ma nic takiego!*

— IKKYU SOJUN, JAPOŃSKI MISTRZ ZEN I POETA

Kilka lat temu miałem zaszczyt poznać wybitną mistrzynię sztuk walki, doktor Robertę Trias-Kelley. Opowiedziała mi wspaniałe historie o tym, jak rozumie pełnioną przez siebie funkcję nauczyciela i o lekcjach życia, które wpaja uczniom. Wyjaśniła mi, że w jej *dojo* jednymi z najpotężniejszych rekwizytów są miska oraz bicz. „Kiedy dostrzegam, że uczeń zbyt intensywnie skupia się na technice, każę mu pochylić głowę nad miską i przypominam o konieczności opróżnienia umysłu. Gdy stwierdzam, że uczeń jest wobec siebie zbyt samokrytyczny, wręczam mu bicz i mówię, iż jeśli ma się karać, powinien robić to w odpowiedni sposób!".

Była gwiazda amerykańskiej zawodowej ligi baseballu Shawn Green miał idealny zamach i był jednym z najceniej rzucających zapolowych. Podczas trwającej 15 lat kariery w Major League pobił lub wyrównał kilka rekordów. 23 maja 2002 roku Green zrobił coś, co prawdopodobnie można uznać za najwspanialszy występ w pojedynczym meczu w historii baseballu. Jego wyczyn to sześć celnych uderzeń piłki na sześć rzutów – cztery razy wybijał piłkę poza boisko, raz zdobył dwie bazy w jednym biegu i raz jedną, co dało mu liczbę 19 zdobytych baz i niepobity do dziś rekord ligi. Green poprowadził także swój zespół, Los Angeles Dodgers, do zwycięstwa nad Milwaukee Brewers. W książce *The Way of Baseball: Finding Stillness at 95 mph* Green twierdzi, że większość swojego sukcesu zawdzięcza nauce i stosowaniu zasad zen w praktyce:

> Wydaje nam się, że tym, co nas definiuje są tylko nasze myśli i ego. Zawsze podejrzewałem, że moje prawdziwe „ja" to coś więcej niż nieustanne, powtarzające się myśli i nienasycone pragnienia mojego ego. Długo szukałem tej wyższej, ważniejszej części mnie poprzez zgłębianie filozofii zen i medytację, ale dopiero głębokie zakorzenienie się nawyków medytacyjnych w mojej grze sprawiło, że naprawdę zacząłem odłączać się od myśli i łączyć z tkwiącym głęboko we mnie poczuciem istnienia.

Zen oznacza pełną, pozbawioną iluzorycznej zasłony świadomość chwili obecnej. Termin ten wywodzi się z chińskiego słowa *chán*, które jest z kolei aliteracją sanskryckiego słowa *dhyāna*, oznaczającego cichą medytację lub kontemplację. Podejście opierające się na filozofii zen w celu zdobycia mądrości może być całkiem skuteczne, ponieważ pobudza wyobraźnię. Analiza przypowieści zen to wyjątkowo skuteczny sposób na ominięcie przeszkody w postaci nadmiernie analitycznego umysłu i przeniesienie ważnych informacji prosto do podświadomości. Historie te mogą pomóc w dotarciu do wewnętrznych zasobów, a następnie w zmobilizowaniu ich i wykorzystaniu do rozwiązywania problemów oraz wprowadzania pozytywnych zmian.

Rozdział ten zawiera 22 klasyczne, przekazujące cenne nauki opowieści wywodzące się z filozofii zen i taoizmu, które pozwolą ci pogłębić i rozwinąć mentalność mistrza. Przypowieści dotyczą wielu spośród opisanych już wcześniej zdolności i strategii mentalnych. Każda z historii może wnieść odrobinę pomocnej wiedzy o życiu, a także przyczynić się do poprawy twoich sportowych wysiłków. Każda opowieść uzupełniona jest o opracowaną z myślą o sporcie lekcję, która pozwala zrozumieć zawarte w opowieści przesłanie oraz pytanie, którego celem jest wywołanie autorefleksji mającej w moim zamyśle stanowić punkt wyjścia do dalszych poszukiwań. Wykorzystaj mądrość wypełniającą ten rozdział i odkryj własne, unikatowe podejście, a następnie stosuj poszczególne lekcje w różnych chwilach swojej podróży.

OPRÓŻNIJ SWOJĄ FILIŻANKĘ

Pewien profesor uniwersytecki udał się z wizytą do słynnego mistrza zen. Podczas gdy mistrz w milczeniu przyrządzał herbatę, profesor mówił o zen. Mistrz zaczął nalewać herbatę do filiżanki gościa, a gdy ta wypełniła się po brzegi, nalewał dalej. Profesor patrzył przez chwilę na wylewającą się herbatę, po czym nie wytrzymał i wykrzyknął: „Jest pełna! Już więcej się nie zmieści!". Mistrz odrzekł: „Jesteś jak ta filiżanka. Jak mogę pokazać ci, czym jest zen, jeżeli najpierw nie opróżnisz swojej filiżanki?".

Sportowa lekcja: zawsze bądź gotowy na przyswojenie nowej wiedzy lub umiejętności. Taoizm uświadamia nam, że użyteczność miski zależy od tego, czy jest pusta, czy pełna. Aby się rozwijać, musimy być gotowi porzucić to, co już wiemy, a to pozwoli otworzyć się na czerpanie wiedzy od innych osób o wyjątkowych umiejętnościach, zwłaszcza trenerów i kolegów z drużyny. Nawet najlepsi sportowcy, ci, którzy już dotarli na sam szczyt w swoich dyscyplinach, nieustannie starają się uczyć nowych technik i doskonalić swoje umiejętności. Bądź naprawdę uważnym słuchaczem, akceptuj uwagi i wprowadzaj je w życie.

Autorefleksja: czy jestem uczniem swojej gry i nie wzbraniam się przed nauką?

MNICH I LUSTRO

Był kiedyś mnich, który wszędzie nosił ze sobą lustro. W końcu zauważył to pewien ksiądz. „Ten mnich musi być bardzo przejęty tym, jak wygląda, skoro ciągle nosi ze sobą lustro" – pomyślał. „A przecież wygląd zewnętrzny nie powinien go w ogóle obchodzić. Liczy się to, jacy jesteśmy wewnątrz". Ksiądz podszedł więc do mnicha i zapytał: „Dlaczego zawsze nosisz to lustro?", myśląc, że w ten sposób na pewno udowodni mu niewłaściwość jego postępowania. Mnich jednak wyciągnął lustro z torby i skierował je w stronę księdza. Następnie rzekł: „Używam go w trudnych chwilach. Patrzę w nie, a ono pokazuje mi zarówno źródło moich problemów, jak i sposób ich rozwiązania".

Sportowa lekcja: zrozum, że tylko ty jesteś odpowiedzialny za wszystkie obszary zarówno swojego przygotowania, jak i osiąganych wyników. To na tobie spoczywa obowiązek utrzymywania dobrego nastawienia, wkładania największego możliwego wysiłku w treningi i zawody oraz wykazywania się silnym charakterem także w życiu codziennym. Otoczenie, w jakim dorastamy, uczymy się i pracujemy oraz wszelkie zdarzenia, do których doszło z naszym udziałem, mogły wpłynąć na to, kim jesteśmy teraz, ale my sami odpowiadamy za to, kim staniemy się w przyszłości.

Z przykrością muszę stwierdzić, że wielu sportowców zamiast skupić się na sobie i swoim postępowaniu, wyładowuje emocje na sędziach lub zawodnikach. Aby osiągać mistrzowskie wyniki, nigdy nie obwiniaj innych, tylko skup się na tym, co możesz zrobić lepiej.

Autorefleksja: czy biorę stuprocentową odpowiedzialność za swoje sukcesy i porażki?

BRZEMIĘ

Pewnego wieczoru dwóch mnichów wracało do klasztoru. Padał deszcz i na poboczach dróg tworzyły się kałuże wody. Po jakimś czasie zobaczyli stojącą przy drodze piękną, młodą kobietę, która nie mogła przejść przez wielką kałużę. Starszy z mnichów podszedł do niej, podniósł ją i przeniósł na drugą stronę drogi, a następnie ruszył dalej do klasztoru. Wieczorem młodszy mnich przyszedł do niego i powiedział: „Panie, jako mnisi nie możemy dotykać kobiet". Starszy mnich odpowiedział: „Tak, bracie". Wtedy młodszy zapytał: „Ale panie, dlaczego w takim razie dotknąłeś tej kobiety i przeniosłeś ją przez drogę?". Starszy mnich uśmiechnął się do niego i powiedział: „Ja dawno już zostawiłem ją po drugiej stronie drogi, ale ty wciąż ją niesiesz".

Sportowa lekcja: działaj tu i teraz. Zawsze koncentruj się na tym, aby zwyciężyć w danej chwili, a nie na wyniku końcowym. Naucz się jak najszybszego odpuszczania po zawodach i uwalniania się od ciężaru niepowodzeń oraz rozczarowań. Jak? Pamiętaj, że przegrywa każdy, lecz mistrz nie rozpamiętuje swoich porażek. Ciesz się tym, co zrobiłeś dobrze, zapamiętuj wszystkie pozytywne zmiany, a całą resztę wyrzuć z pamięci. To pomoże ci zmniejszyć ciążące na tobie brzemię.

Zwróć uwagę na to, że podczas wywiadów przed najważniejszymi meczami czy zawodami gwiazdy zawsze skupiają się tylko na czekającym ich wyzwaniu, niemal odmawiając rozmowy na tematy dotyczące przeszłości. Nie pozwalają, aby ich ukierunkowane już na chwilę obecną nastawienie zostało zaburzone jakimkolwiek wspomnieniem dawno zakończonego meczu. Nas, zapalonych kibiców, doprowadza to niemal do szału, tak bardzo interesuje nas przecież, co myślą o dotychczasowych meczach w *play offach*, występach rywali i tym podobnych rzeczach. Może to właśnie jeden z powodów, dla których gwiazdy sportu są tam, gdzie są.

Jest takie popularne powiedzenie, które najczęściej powtarzają gracze, trenerzy i kibice baseballu oraz golfa: najlepsi gracze mają krótką pamięć. Baseballista, który po kilku złych lub nietrafionych uderzeniach nie potrafi o tym zapomnieć, prawdopodobnie popełni w dalszej części meczu błąd w polu lub znowu zawiedzie, gdy ponownie stanie przed miotaczem drużyny przeciwnej. Podobne mechanizmy zachodzą podczas gry w golfa – golfista, który wciąż rozpamiętuje niefortunne odbicie piłki od podłoża lub nietrafienie do dołka z bliskiej odległości w poprzedniej rundzie, rzadko kiedy jest w stanie utrzymać odpowiednie nastawienie i wykonać dobry zamach przy następnym uderzeniu.

Autorefleksja: czy istnieje jakieś brzemię powstałe w wyniku moich doświadczeń sportowych, które wciąż dźwigam i którego muszę się pozbyć?

KROPLA WODY

Gisan Zenkai, żyjący w XIX wieku mistrz zen, poprosił młodego ucznia, aby przyniósł mu wiadro wody do schłodzenia kąpieli. Uczeń zrobił to, a gdy woda w kąpieli miała już odpowiednią temperaturę, wylał resztę z wiadra na ziemię. „Ty głupcze!" – krzyknął mistrz. „Dlaczego nie dałeś reszty wody roślinom? Jakim prawem marnujesz w tej świątyni choćby jedną kroplę wody?". W tym momencie młody uczeń doświadczył istoty tego, czym jest zen. Zmienił swoje imię na Tekisui, co oznacza kroplę wody.

Sportowa lekcja: maksymalnie wykorzystuj swoje umysłowe i fizyczne możliwości. Każde, nawet najkrótsze zawahanie czy osłabienie starań to jak zmarnowanie jednej kropli (potu). Przygotowując się, zwracaj uwagę na najmniejsze szczegóły. Staraj się jak najlepiej wykorzystać każdą sytuację. Zamiast pozwalać, by zawładnęła tobą irytacja z powodu braku wolnego kortu czy bieżni, wykorzystaj czas oczekiwania i zrób na parkingu rozciąganie oraz rozgrzewkę. Albo wybierz ćwiczenie, które wydaje ci się najnudniejsze ze wszystkich, i skoncentruj na tym, by uczynić je jak najefektywniejszym.

Znajomy, który pomagał przy organizacji zawodów triathlonowych Ironman, podzielił się ze mną swoimi spostrzeżeniami. Zauważył mianowicie, że czołowi zawodnicy naprawdę niczego nie marnują ani podczas przedstartowych przygotowań, ani przy pakowaniu sprzętu, a zwłaszcza w strefach zmian, kiedy na przykład kończą etap pływacki i przesiadają się na rower. W odniesieniu do doskonałości, powiedzenie „wykorzystaj lub strać" zawsze się sprawdza.

Autorefleksja: czy daję z siebie wszystko, co mogę?

MOŻE

Pewnego razu był sobie stary rolnik, który od wielu lat zajmował się uprawami. Któregoś dnia uciekł mu koń. Na wieść o tym zdarzeniu odwiedzili go sąsiedzi. „Co za pech" – powiedzieli współczująco. „Może" – odparł rolnik. Następnego ranka koń wrócił, przyprowadzając ze sobą trzy dzikie konie. „To cud!" – wykrzyknęli sąsiedzi. „Może" – odrzekł starzec. Kolejnego dnia syn rolnika postanowił dosiąść jednego z nowych koni, jednak spadł z niego i złamał nogę. Sąsiedzi ponownie przyszli, aby wyrazić współczucie z powodu nieszczęścia. „Może" – odpowiedział gospodarz. Dzień później we wsi pojawili się urzędnicy, by powołać młodych mężczyzn do wojska. Zobaczywszy, że syn rolnika ma złamaną nogę, zostawili go w spokoju. Sąsiedzi gratulowali rolnikowi, mówiąc, że dopisało mu szczęście. „Może" – rzekł rolnik.

Sportowa lekcja: nie śpiesz się z określaniem wydarzeń jako dobre lub złe. Poczekaj z oceną do zakończenia meczu lub sezonu. Zmierzając ku wytyczonemu celowi, zachowaj zdrowy rozsądek – nie popadaj w nadmierny zachwyt, gdy osiągniesz dobry wynik, i nie zamartwiaj się niepowodzeniem. Zawsze staraj się jak najlepiej wykorzystać sytuację, niezależnie od tego, co dzieje się na tablicy wyników.

Autorefleksja: czy zachowuję spokój i opanowanie, gdy bogowie sportu stawiają przede mną trudności?

CHWILA NAPIĘCIA

Pewnego dnia podczas wędrówki przez puszczę mężczyzna natknął się na okrutnego tygrysa. Uciekał, ale wkrótce dotarł do krawędzi wysokiego klifu. Desperacko pragnąc ocalić życie, zszedł po pnączu i zawisł nad zabójczą przepaścią. Gdy tak wisiał, z dziury w urwisku wyłoniły się dwie myszy i zaczęły podgryzać pnącze. Mężczyzna nagle zauważył dorodną, dziką truskawkę. Zerwał ją i włożył do ust. Była niewiarygodnie pyszna!

Sportowa lekcja: korzystaj z okazji. Zawsze, w każdej sytuacji staraj się znaleźć coś pozytywnego. Dzika truskawka symbolizuje konieczność koncentrowania się w każdym momencie życia na plusach (piękno i proste radości), a nie na minusach (niebezpieczeństwa i kłopoty). Pamiętaj o swoim zamiłowaniu do gry, współzawodnictwa i konkretnych wyzwań, jakie stawia przed tobą dany moment, jakikolwiek by był.

Uważam, że jednym z najbardziej ekscytujących momentów w koszykówce jest ten, w którym wybitny zawodnik, zwłaszcza rozgrywający, biegnie w stronę szykujących się do powstrzymania go obrońców drużyny przeciwnej, po czym nagle rzuca piłkę ponad ich głowami, a jego kolega z drużyny kończy akcję efektownym wsadem. Taki moment to właśnie zerwanie truskawki. Oni dostrzegają okazję!

Autorefleksja: czy podczas treningów i zawodów skupiam się na pozytywnych osiągnięciach oraz pojawiających się możliwościach?

DAR OBELG

Żył sobie kiedyś wielki wojownik. Pomimo sędziwego wieku, wciąż był w stanie pokonać każdego, kto rzucał mu wyzwanie. Jego sława sięgała najdalszych zakątków kraju, a wielu chciało szkolić się pod jego okiem. Pewnego dnia do wioski, w której mieszkał, przybył owiany złą sławą młodzieniec. Pragnął zostać pierwszym człowiekiem, który pokona wielkiego mistrza. Oprócz siły, stary wojownik miał niezwykłą umiejętność dostrzegania i wykorzystywania słabości przeciwnika. Czekał, aż wykona on pierwszy ruch, ujawniając tym samym słabość, a następnie uderzał z bezlitosną siłą i szybkością błyskawicy. Nikt nigdy nie wytrwał z nim w pojedynku dłużej niż do pierwszego ruchu. Wbrew radom zatroskanych uczniów leciwy mistrz z radością przyjął wyzwanie młodego wojownika. Gdy stanęli do walki, młodzieniec zaczął obrzucać mistrza obelgami. Obrzucał go błotem i pluł mu w twarz. Przez wiele godzin atakował go wszystkimi znanymi ludzkości przekleństwami i obelgami. Ale stary wojownik tylko stał przed nim, nieruchomy i spokojny. W końcu młody wojownik opadł z sił. Wiedząc, że został pokonany, odszedł okryty wstydem. Zawiedzeni tym, że stary mistrz nie walczył z bezczelnym młodzieńcem, uczniowie zebrali się wokół i zapytali: „Jak mogłeś znieść takie upokorzenie? Jak udało ci się go odpędzić?". Mistrz odpowiedział: „Jeśli ktoś przychodzi, by dać ci prezent, a ty go nie przyjmujesz, to czyj jest ten prezent?".

Sportowa lekcja: nie pozwól innym podejmować za siebie decyzji. Nie dopuszczając do tego, by negatywne nastawienie innych osób przeszkadzało ci w przygotowaniach oraz wykonywaniu zadań, możesz zachować nad wszystkim kontrolę i zapanować nad swoimi emocjami. Trener New

England Patriots Bill Belichick zawsze powtarzał swoim zawodnikom, aby „ignorowali zgiełk", czyli lekceważące i rozpraszające rzeczy, które inni mówią lub wypisują na ich temat. Ty także ignoruj podczas zawodów wszelki zgiełk pochodzący od przeciwników – nie daj się wciągnąć w zastawianą przez nich pułapkę.

Jako przykład może posłużyć ośmiokrotny mistrz świata w boksie Floyd Mayweather Jr. Słynie on z wyśmiewania swoich przeciwników zarówno na ringu, jak i poza nim, ale sam nigdy nie daje się ponieść emocjom. Jego zachowanie to element strategii, która ma na celu wyprowadzenie przeciwnika z równowagi i zdobycie nad nim psychologicznej przewagi. Podobne podejście stosował także Chael Sonnen, amerykański zawodnik mieszanych sztuk walki oraz trzykrotny pretendent do pasa mistrzowskiego federacji UFC.

Autorefleksja: czy jestem wystarczająco silny psychicznie, by nie dać się sprowokować? Czy jestem na tyle dojrzały, aby umieć wycofać się z kłopotów?

CIĘŻKA PRACA

Młody, ale gorliwy uczeń zen podszedł do swojego nauczyciela i zapytał: „Jeśli będę bardzo ciężko i pilnie pracował, ile czasu zajmie mi poznanie istoty mojego zen?". Mistrz zastanowił się, po czym odpowiedział: „Dziesięć lat". Wówczas uczeń rzekł: „A jeśli będę pracował jeszcze ciężej i naprawdę starał się uczyć jak najszybciej, ile czasu mi to wtedy zajmie?". Mistrz odparł: „Cóż, dwadzieścia lat". „A jeśli naprawdę, naprawdę poświęcę się całkowicie i będę starał się tak mocno, jak to tylko możliwe?" – zapytał ponownie uczeń. „Trzydzieści lat" – rzekł mistrz. „Nie rozumiem" – powiedział rozczarowany uczeń. „Za każdym razem, gdy mówię, że będę pracował ciężej, ty mówisz, iż zajmie mi to więcej czasu. Dlaczego?". Mistrz skwitował: „Jeżeli jedno oko skierujesz na cel, to i na ścieżkę też patrzysz tylko jednym okiem".

Sportowa lekcja: zadbaj o proces, a wyniki pojawią się same. Sportowcy często tak bardzo martwią się o wymarzony cel, że zapominają o codziennych sprawach, na których muszą się skupić, aby go osiągnąć. Trzymaj się planu rozwoju, stawiaj jeden uważny krok za drugim, a twój talent będzie rozwijał się w naturalny sposób. Doskonałość nie przychodzi z dnia na dzień, nie pojawia się także w gwałtownym przebłysku geniuszu i dlatego trzeba ją odpowiednio rozwijać.

W świecie triathlonu najlepsi zawodnicy nieustannie ostrzegają początkujących przed nadmiernym wysiłkiem i brakiem dostatecznej regeneracji. Ambitni triathloniści po prostu trenują coraz ciężej i nie dbają o odpowiedni odpoczynek, co prowadzi do tego, że nie osiągają takich wyników, na jakich im zależy. Oto mantra, którą musisz zapamiętać i powtarzać: „Zawsze trzymaj się planu treningowego". Pracuj ciężko, odpoczywaj właściwie.

Autorefleksja: czy na treningach po prostu bezmyślnie się męczę, czy też jestem świadomy tego, co robię?

WIELKIE FALE

Onami był wspaniałym zapaśnikiem żyjącym w epoce Meiji. Jego imię oznaczało „Wielkie Fale". Onami cierpiał z powodu osobliwego problemu. Był mistrzem w zapasach i podczas treningów zwyciężał nawet ze swoimi nauczycielami. Jednak jakakolwiek publiczność krępowała go tak bardzo, że z łatwością przewracali go choćby jego uczniowie. Onami postanowił zwrócić się do mistrza zen o pomoc w rozwiązaniu problemu. Wędrowny nauczyciel o imieniu Hakuju właśnie przybył do miasta i zatrzymał się w świątyni. Onami udał się do niego i opowiedział o swoim kłopocie. „A więc twoje imię oznacza Wielkie Fale!" – powiedział mistrz. „Zostań na noc w tej świątyni. Wyobraź sobie, że naprawdę jesteś jedną z tych wielkich fal. Nie jesteś już nieśmiałym zapaśnikiem, tylko potężną falą, która pochłania i niszczy wszystko, co stanie na jej drodze. Zrób to, a troski znikną. Staniesz się największym zapaśnikiem, jakiego kiedykolwiek znano". Powiedziawszy to, nauczyciel wstał i udał się na spoczynek.

Onami siedział cicho i medytował. Myślał o tym, co powiedział mistrz. Próbował wyobrazić sobie siebie jako fale oceanu. Wiele myśli przelatywało mu przez głowę. Powoli jego umysł coraz częściej powracał do wizji fal. Godziny mijały. Fale zaczynały być coraz wyższe i wyższe. Zmiatały wręcz świątynne wazy. Gdy wzeszło słońce, świątynia zniknęła – pozostało jedynie rozległe, falujące morze.

Kiedy nauczyciel się obudził i przyszedł do sali, w której zostawił Onami, zobaczył zapaśnika pogrążonego w medytacji, z lekkim uśmiechem na ustach. Kapłan poklepał go delikatnie. „Teraz już nic cię nie pokona. Stałeś się wielkimi falami". Tego samego dnia Onami powrócił do uprawiania zapasów. Od tamtej pory nie przegrał żadnego turnieju.

Sportowa lekcja: stwórz mocny i wyraźny mentalny obraz siebie w szczytowej formie i rywalizującego na najwyższym poziomie. Twoje ciało odbiera wszystkie wysyłane przez umysł wizualizacje, jakby były prawdziwe. Gdy wyobrażasz sobie doskonały występ, tak naprawdę właśnie go tworzysz. Wizualizacja działa najlepiej, kiedy umysł jest oczyszczony, a ciało spokojne. Ureguluj oddech, wykonując pełny wdech i pełny wydech. Pomoże ci to osiągnąć stan potrzebny do przeprowadzenia wizualizacji. Praktykowanie sztuki wizualizacji i medytacji pozwala zwiększyć pewność siebie w trakcie uprawiania sportu.

Autorefleksja: czy stosuję technikę wizualizacji i stwarzam obraz siebie podczas idealnego występu?

ŻABA I STONOGA

Żaba spotyka stonogę, przygląda się jej przez dłuższą chwilę i mówi: „To niewiarygodne! Jak możesz chodzić tak szybko i koordynować te wszystkie nogi? Ja mam tylko cztery i wciąż sprawia mi to trudność". Słysząc te słowa, stonoga zatrzymuje się, myśli, po czym stwierdza, że nie jest już w stanie ruszyć z miejsca.

Sportowa lekcja: okej, przyznaję, że źródłem tej przypowieści nie jest zen, ale lubię ją, ponieważ nawiązuje do maksymy wykorzystywanej w psychologii sportu: „Nadmiar myślenia osłabia efektywność". Podczas zawodów powinieneś przestawić się z trybu „świadomie" na tryb „automatycznie", ufając umiejętnościom, które wypracowałeś podczas treningów. Uwolnij umysł i pozwól mu pracować swobodnie, zamiast działać jak robot. Nie próbuj kontrolować swoich umiejętności – po prostu pozwól im zaistnieć dzięki odczytywaniu wszystkiego, co dzieje się w trakcie rywalizacji, i reagowaniu na to.

Czy wiesz, że za utrzymanie równowagi podczas chodzenia odpowiedzialny jest przede wszystkim narząd przedsionkowy, którego bardziej znana nazwa to błędnik i który znajduje się w uchu wewnętrznym? Narząd ten odbiera i przetwarza miliony impulsów docierających do niego za pośrednictwem nerwów z proprioreceptorów czucia głębokiego położonych w mięśniach, ścięgnach i stawach. Mechanizm ów działa jak odruch. Gdybyśmy musieli świadomie analizować to wszystko, nasze codzienne funkcjonowanie stałoby się prawdziwą udręką! Od umiejętności motorycznych po umiejętności sportowe – ostateczny cel to zdolność wprowadzania się w stan automatycznego reagowania i działania. O to właśnie chodzi w często powtarzanym twierdzeniu o odpowiednim „wytrenowaniu mięśni".

Osiągnięcie takiego stanu w golfie na przykład oznacza zdolność do wykonania dobrego pod względem technicznym zamachu kijem bez świadomego myślenia o tej czynności. Golfiści pracują nad osiągnięciem efektu „mechanicznego odtworzenia" zamachu. Podczas turnieju najlepsi golfiści robią wszystko, aby nie pozwolić na powstanie choćby jednej myśli dotyczącej zamachu (poza jednym lub dwoma próbnymi zamachami wykonywanymi przed uderzeniem). Ich uwaga skupia się na punkcie, do którego chcą posłać piłkę. Ma to istotne znaczenie, ponieważ piłka jest uderzana po mniej więcej sekundzie od rozpoczęcia zamachu. Jakakolwiek próba świadomej ingerencji w zamach (będąca niczym innym jak tylko zakłóceniem podświadomej kontroli) niemal na pewno zaburzy jego przebieg. Dlatego wiedzący o tym golfiści pozwalają, aby zamach po prostu się wydarzył.

Opanowanie umiejętności niezbędnych do uprawiania twojego sportu oraz zapoznanie się z jego zasadami da ci zdolność do działania bez udziału świadomości. Ozzie Smith, uhonorowany miejscem w galerii sław baseballu, grał na pozycji łapacza w zespołach San Diego Padres i St. Louis Cardinals w latach 1978–1996. Otrzymał przydomek „Czarnoksiężnik z Oz", a za swoją doskonałą grę w obronie aż 13 razy nagradzany był złotą rękawicą. „Kiedy wchodzę w swój rytm, przestaję myśleć. Wszystko po prostu zaczyna się wydarzać" – wyjaśnia Smith.

W książce *Zen w sztuce łucznictwa* Eugen Herrigel wspomina, jak japońscy mistrzowie zen nauczyli go, aby pozwalał strzałom latać: poprzez podążanie za przepływem chwili. Herrigel napisał, że: „…w boju tym łucznik mierzy w siebie samego – a jednak nie w siebie samego. W ten sposób staje się on jednocześnie celem i tym, kto celuje, strzelcem i strzałą"*. Praktyka, praktyka i jeszcze więcej praktyki spowoduje ostatecznie, że to działanie samo będzie wypływało z ciebie, a nie ty będziesz musiał je wykonać. Użyj mocy – nie wymuszaj działania.

Autorefleksja: skoro nie umiem zaufać swoim sportowym umiejętnościom podczas zawodów, to po co tak ciężko nad nimi pracuję na treningach?

POSKRAMIANIE UMYSŁU

Po wygraniu kilku turniejów łuczniczych pewien młody i nieco zarozumiały zawodnik rzucił wyzwanie mistrzowi zen, który słynął z doskonałości w tej dyscyplinie. Młody mistrz zademonstrował niezwykłe zdolności, gdy za pierwszym razem trafił idealnie w sam środek oddalonej tarczy, a następnie rozszczepił pierwszą strzałę, trafiając w nią przy następnym strzale. „Proszę bardzo – powiedział do starca – zobaczmy, czy potrafisz temu dorównać!". Niewzruszony mistrz nawet nie naciągnął cięciwy łuku, tylko dał znak młodemu łucznikowi, aby ten podążył za nim na górę. Zaciekawiony intencjami starca, młodzian poszedł za nim wysoko, aż dotarli do głębokiej przepaści, której brzegi łączyła dość wątła i chwiejna kłoda. Stary mistrz spokojnie wszedł, a następnie stanął na środku niepewnej i niebezpiecznej kładki. Wybrał odległe drzewo jako cel, naciągnął łuk i trafił strzałą prosto w jego pień. „Teraz twoja kolej" –

---

* E. Herrigel, *Zen w sztuce łucznictwa*, tłum. M. Kłobukowski, wyd. Pusty Obłok, 1987.

rzekł i z gracją wrócił na bezpieczny grunt. Młody mistrz wpatrywał się z przerażeniem w bezdenną otchłań i nie mógł zmusić się do wejścia na kłodę, a tym bardziej do zatrzymania się na niej i oddania strzału. Wtedy, wyczuwając dylemat swojego przeciwnika, stary mistrz rzekł: „Doskonale posługujesz się łukiem, ale słabo radzisz sobie z umysłem, który pozwala na oddanie strzału".

Sportowa lekcja: osiągnięcie wspaniałych rzeczy jest możliwe, musisz jednak skupić się na tym, czego w chwili prawdy pragniesz, a nie na tym, co napawa cię strachem. Zdyscyplinowany umysł sprawia, że sportowcy o podobnych umiejętnościach fizycznych osiągają różne wyniki. Pamiętaj, że celem i stojącym przed tobą zadaniem jest opanowanie umiejętności działania na najwyższym poziomie dokładnie wtedy, gdy sytuacja tego wymaga, a nie wtedy, kiedy ty uznasz to za dogodne.

Dodatkowo w doskonaleniu umiejętności może pomóc trenowanie w różnych środowiskach i rywalizacja z przeciwnikami o rozmaitych stylach i technice. Oznacza to konieczność wyjścia poza swoją strefę komfortu. Szukaj nowych wyzwań o coraz wyższym stopniu trudności.

Autorefleksja: czy w chwili pracy koncentruję się na tym, co pragnę, aby się wydarzyło?

ARCYDZIEŁO

Pewien mistrz sztuki kaligrafii kreślił na kartce papieru jakieś znaki. Obserwował go jeden z jego wyjątkowo spostrzegawczych uczniów. Kiedy mistrz skończył, poprosił go o opinię. Uczeń natychmiast ocenił, że znaki są nieładne. Mistrz spróbował ponownie, a uczeń ponownie skrytykował jego pracę. I tak w kółko – mistrz starannie kreślił na nowo te same znaki, a uczeń za każdym razem je odrzucał. Gdy w pewnej chwili uczeń zajął się czymś innym i nie patrzył, mistrz skorzystał z okazji i szybko odrysował znaki. „Proszę! A teraz?" – zapytał ucznia. Uczeń odwrócił się, by spojrzeć. „To... arcydzieło!" – wykrzyknął młody.

Sportowa lekcja: pozwól, aby twoje działanie było bardziej instynktowne, kreatywne i spontaniczne. Zazwyczaj wiąże się to ze zmniejszeniem wysiłku, a nie jego zwiększaniem. Zamiast dążyć do zaimponowania innym lub wymuszenia określonego rezultatu, działaj w sposób, który jest dla ciebie naturalny. Zwróć uwagę, jak wybitny tenisista po prostu płynie ku piłce. Dla porównania: przeciętni gracze sami utrudniają sobie wykonanie zadania, ponieważ stają się spięci i niepewni siebie.

Autorefleksja: czy podczas rywalizacji działam bardziej intuicyjnie i polegam na zmysłach?

KRÓL I KONKURS NA OBRAZ SPOKOJU

Pewien król zaoferował nagrodę dla artysty, który namaluje najlepszy obraz przedstawiający spokój. Wielu artystów próbowało i zgłaszało swoje prace. Król obejrzał wszystkie obrazy. Tylko dwa naprawdę mu się podobały i musiał dokonać wyboru. Jeden obraz przedstawiał spokojne jezioro, w którego tafli idealnie odbijały się otaczające je strzeliste góry. Nad jeziorem widoczne było błękitne niebo z puszystymi, białymi chmurami. Każdy, kto spojrzał na ten obraz, uważał go za najlepszy i sądził, że to doskonałe ujęcie spokoju. Na drugim obrazie także były góry, ale poszarpane i nagie. Nad nimi rozpościerały się wzburzone chmury, z których padał deszcz i które rozświetlały błyskawice. Ze zbocza jednej z gór spływał spieniony wodospad. Trudno wyobrazić sobie mniej spokojny obraz. Ale kiedy król przyjrzał się uważnie, zobaczył obok wodospadu maleńki krzak rosnący w szczelinie skalnej. I gniazdo, które zbudowały w nim ptaki; w tym gnieździe, w samym środku grzmotu wściekle spadającej wody, siedziała idealnie spokojna samica. Król wybrał drugi obraz. „Spokój nie oznacza znalezienia miejsca, w którym nie ma hałasu, kłopotów ani ciężkiej pracy" – wyjaśnił król. „Spokój oznacza umiejętność przebywania pośród tych wszystkich rzeczy ze spokojem w sercu. To jest prawdziwe znaczenie spokoju".

Sportowa lekcja: prawdziwy spokój pochodzi z wewnątrz. Nawet pośród zgiełku i zakłóceń towarzyszących wielkiemu wydarzeniu lub ważnej sytuacji można zachować stan spokoju psychicznego poprzez głębokie oddychanie i skoncentrowanie całej energii na zbliżającym się zadaniu. Żaden czynnik zewnętrzny nie ma dostępu do twojego wnętrza, jeżeli nie wyrazisz na to zgody. Dlatego utrzymuj zwycięskie nastawienie niezależnie od okoliczności.

Sportowcy, którzy opanowali zdolność wchodzenia w strefę (rozgrywający, który nie marnuje ani jednej piłki podczas meczu koszykówki, pałkarz trafiający w każdą rzuconą w jego stronę piłkę czy biegacz rozgrywający zawody życia) zgodnie twierdzą, że osiągnęli ten stan dzięki mentalnemu spowolnieniu gry i że pozwoliło im to na obserwowanie sytuacji na boisku oraz instynktowne reagowanie.

Autorefleksja: czy w ferworze rywalizacji potrafię zachować spokój i opanowanie?

MALOWANY TYGRYS

Pewien mnich mieszkał w górskiej jaskini; spędzał czas na medytacji, poznawaniu samego siebie i malowaniu na jednej ze ścian tygrysa. Skończony obraz okazał się tak niewiarygodnie realistyczny, że mnich zaczął się go bać, po czym stwierdził, iż nie jest w stanie dalej mieszkać w jaskini.

Sportowa lekcja: traktuj uprawianie sportu jako coś, czym naprawdę jest, zamiast zmieniać w coś, czym nie jest. Większość lęków związanych z udziałem w zawodach czy działaniem w ogóle jest wynikiem wybujałej wyobraźni. Zamiast pozwalać myślom kształtować obraz rzeczywistości, wyobraź sobie, że jesteś myśliwym, a rywale to tylko namalowany tygrys. To ty decydujesz o tym, jakie obrazy pojawiają się w twoim umyśle, stwórz więc mentalny wizerunek stojącego przed tobą wyzwania, który zapewni ci silną i wolną od lęku reakcję emocjonalną. Zamiast tworzyć obraz tygrysa, wyobraź sobie, że jesteś wielką falą (patrz str. 184).

Autorefleksja: czy używam wyobraźni do osiągnięcia stanu skupienia i gotowości, czy też wyolbrzymiam swoje lęki?

ODDYCHANIE

Po roku pobytu w klasztorze mnich studiujący zen powiedział z żalem: „Wszystko, czego się nauczyłem, to oddychanie". Po pięciu latach w klasztorze mnich wciąż ubolewał, że nie nauczył się niczego poza oddychaniem. Kiedy w końcu osiągnął oświecenie, starszy już mnich uśmiechnął się i stwierdził: „W końcu wiem wszystko o oddychaniu".

Sportowa lekcja: naucz się, a następnie ćwicz subtelne aspekty głębokiego oddychania. W chwilach nadmiernego stresu oddech może się spłycić. Zmniejsza się wtedy ilość pobieranego tlenu i wzrasta napięcie mięśni. Już samo wydłużenie wydechu, niezależnie od długości wdechu, sprzyja powstaniu reakcji relaksacyjnej. Prawidłowe oddychanie wspomaga usuwanie napięcia z organizmu i pozwala na powrót do chwili obecnej. Zwróć chociażby uwagę na to, jak często przed oddaniem celnego rzutu wolnego wykonujący go zawodnik bierze głęboki oddech.

Autorefleksja: czy mój oddech w trakcie całego dnia jest swobodny i głęboki?

TO MINIE

Pewnego dnia do nauczyciela medytacji przyszedł uczeń i powiedział: „Moje próby medytacji są beznadziejne! Albo w ogóle nie mogę się skupić, albo bolą mnie nogi, albo ciągle zasypiam. To po prostu okropne!". „To minie" – odparł rzeczowo nauczyciel. Tydzień później uczeń ponownie przyszedł do nauczyciela i rzekł: „Mistrzu, wszystko jest cudownie! Gdy medytuję czuję się tak świadomy, tak spokojny i tak żywy! To po prostu cudowne!". „To minie" – skwitował nauczyciel.

Sportowa lekcja: wszystko przemija. W sporcie też nic nie jest stałe. Spadki formy przychodzą i odchodzą. Zdolność do wejścia w strefę przychodzi i odchodzi. Wszyscy sportowcy doświadczają ciągłych wahań w poziomie sprawności psychicznej i fizycznej. Nie panikuj, gdy dopadnie cię kryzys, on niedługo minie. Jeżeli masz świetny okres, po prostu przeciągaj to tak długo, jak tylko zdołasz. Obolałość po ciężkim treningu ostatecznie minie. Jak wszystko.

Autorefleksja: czy dopasowuję się do przypływów i odpływów w mojej wydolności?

RĄB DREWNO, NOŚ WODĘ

Pewien uczeń podszedł do uznanego nauczyciela i zapytał, jakie czynności powinien wykonać, aby osiągnąć *satori* (natychmiastowe lub stopniowe oświecenie równoznaczne z wyzwoleniem duchowym). Stary mistrz zen odpowiedział: „Rąb drewno i noś wodę". Po 10 latach sumiennego wypełniania tych obowiązków, sfrustrowany uczeń ponownie udał się do mistrza i rzekł: „Robiłem to, co powiedziałeś. Rąbałem drewno i nosiłem wodę przez dziesięć lat, ale wciąż nie osiągnąłem oświecenia! Co powinienem teraz zrobić, o wielki mędrcu?". Mistrz odparł: „Dalej rąb drewno i noś wodę, mój synu". Uczeń z oddaniem powrócił do swoich obowiązków. Minęła kolejna dekada. Przez te 10 lat uczeń dojrzał i osiągnął *satori*. Wrócił do starego mistrza z uśmiechem na twarzy. „Mistrzu – wyznał – osiągnąłem *satori* i stałem się oświeconą istotą. Co powinienem teraz uczynić?". Mistrz rzekł: „W takim dalej rąb drewno i noś wodę, o oświecony". Uczeń ukłonił się głęboko i odszedł do swojego drewna i wody.

Sportowa lekcja: opanuj podstawowe umiejętności w swoim sporcie. Wysoka jakość treningu to warunek sportowej świetności. „Spektakularne osiągnięcia zawsze są poprzedzone niezbyt spektakularnymi przygotowaniami" – zauważył Roger Staubach, rozgrywający Dallas Cowboys, członek Galerii Sław NFL.

Bez względu na to, jaki rodzaj treningu wykonujesz, musisz poświęcać mu całą uwagę, a nie rozpraszać się czy też niepotrzebnie wszystko analizować. Utrzymuj prostotę, bo nie potrzebujesz w tym momencie niczego dodatkowego czy wyjątkowego.

Autorefleksja: czy podczas treningu jestem skupiony i uważny, czy po prostu mechanicznie powtarzam ruchy?

DOPASOWANIE

Starszy mężczyzna przypadkowo wpadł rzeki, a rwący nurt poniósł go w stronę wysokiego i niebezpiecznego wodospadu. Przerażeni świadkowie obawiali się o życie staruszka. On jednak szczęśliwie wynurzył się z wody u podnóża wodospadu żywy i bez żadnych obrażeń. Ludzie pytali go, jak udało mu się przeżyć. „To ja dopasowałem się do wody, a nie woda do mnie. Nie zastanawiając się nad niczym, pozwoliłem się jej ukształtować. Zanurzyłem się wraz z wirem, a następnie wraz z nim wypłynąłem. Tak właśnie przetrwałem".

Sportowa lekcja: dopasuj myśli, uczucia i działania do zmieniających się okoliczności, takich jak nagła decyzja trenera o zmianie składu, harmonogramu treningu czy warunków na boisku. Sztywny i zachowawczy sposób myślenia sprawia, że sytuacja staje się o wiele gorsza. Płyń z chwilą, aby utrzymać optymalną efektywność. Rezygnując z kontroli, odzyskujesz ją.

W chwilach takich, jak ostatnie minuty zawodów, krzyki niezadowolonych kibiców, zmiana taktyki przeciwnika lub niesprawiedliwe wykluczenie twojego kolegi z dalszej gry przez sędziego, nie próbuj szukać rozwiązania – zaakceptuj sytuację i wyjdź z niej zwycięsko!

Naucz się radzić sobie pod silną presją. Twoim celem jest posiadanie piłki w ostatnich sekundach spotkania i oddanie ostatniego rzutu, doprowadzenie do sytuacji, w której jedno uderzenie dzieli cię od zwycięstwa w turnieju, lub wypracowanie szansy na zdobycie decydującego przyłożenia. Oddanie celnego i zwycięskiego rzutu w ostatniej sekundzie meczu koszykówki czy wybicie piłki w trybuny i zdobycie tytułu mistrza w zawodowej lidze baseballu to marzenie wielu dzieciaków. Nie pozwól, aby w chwili największej presji marzenie to ustąpiło miejsca lękowi przed porażką.

Autorefleksja: jak dobrze dostosowuję się do nieoczekiwanych lub niechcianych sytuacji?

PRZEZNACZENIE

Podczas jednej z wojen japoński generał zdecydował się na zaatakowanie dużo liczniejszej armii wroga. Był pewien, że jego żołnierze zwyciężą, ale oni sami byli pełni wątpliwości. W drodze na pole bitwy zatrzymali się w świątyni. Po wspólnej modlitwie generał wyjął monetę i powiedział do żołnierzy: „Rzucę teraz tą monetą. Jeśli wypadnie reszka, zwyciężymy. Jeżeli wypadnie orzeł, przegramy. W ten sposób sprawię, że przeznaczenie się ujawni". Rzucił monetę w powietrze i wszyscy uważnie obserwowali, jak spada. Wypadła reszka. Żołnierze tak bardzo się uradowali i nabrali pewności siebie, że od razu rzucili się walki. Odnieśli zwycięstwo. Po bitwie jeden z dowódców powiedział do generała: „Nikt nie jest w stanie zmienić przeznaczenia". „Słuszna uwaga" – odparł generał, pokazując dowódcy monetę, która po obu stronach miała reszkę.

Sportowa lekcja: musisz sam kształtować swoje przeznaczenie. Osiągniesz tylko to, w spełnienie czego głęboko wierzysz. Uwierz zatem, że jesteś stworzony do osiągania wielkich rzeczy w swoim sporcie, i zapracuj na to poprzez mądrze wykonywaną, ciężką pracę. A w razie wątpliwości rzuć monetą z dwiema reszkami! W ten sposób twoje pragnienia będą zawsze na wierzchu.

Autorefleksja: jak doskonałym byłbym zawodnikiem, gdybym zawsze myślał i działał tak, jakby porażka była niemożliwa?

GONITWA ZA DWOMA KRÓLIKAMI

Pewien adept sztuk walki zwrócił się do swojego nauczyciela z pytaniem: „Chciałbym pogłębić swoją wiedzę na temat sztuk walki. Oprócz bycia twoim uczniem, chciałbym także pobierać nauki u innego nauczyciela, aby nauczyć się innego stylu. Co sądzisz o tym pomyśle?". Mistrz odpowiedział: „Myśliwy, który goni za dwoma królikami, nie złapie żadnego z nich".

Sportowa lekcja: ten strzał, ta chwila – podążanie ku zwycięstwu polega na przechodzeniu od jednego strzału (podania lub rzutu) do drugiego. Skup się całkowicie na tej jednej, konkretnej chwili, nie wybiegając myślami naprzód i nie próbując robić dwóch rzeczy naraz. Dążąc do wszystkiego, skończysz z niczym. Następne uderzenie może poczekać. Bądź pewny swojego planu treningowego i strategii opracowanej przed zawodami. Zaufaj trenerowi i pracy, jaką włożył w twoje przygotowania. Musisz być ostrożny przy doborze innych osób, które chciałbyś prosić o radę. Trzymaj się podejścia zakładającego pogoń za jednym królikiem. Znajomy trener tenisa podzielił się ze mną kiedyś taką historią: „Pewna kobieta poprosiła mnie, abym nauczył jej dzieci gry w tenisa. Potem zaprowadziła je na lekcje do innego trenera. Jedno z dzieci wróciło do mnie z inną mechaniką zamachów. Od tej chwili wiedziałem już, że wszystkie moje starania skazane są na niepowodzenie".

Autorefleksja: czy wkładam całą energię i wysiłek w to, aby jak najlepiej robić tylko jedną rzecz naraz?

GOSPODA

Pewien słynny nauczyciel duchowy pojawił się przed bramą pałacu królewskiego. Żaden ze strażników nie próbował go zatrzymać, wszedł więc do środka i skierował się do sali, w której na tronie siedział sam król. „Czego chcesz?" – zapytał król, natychmiast rozpoznając gościa. „Chciałbym przenocować w tej gospodzie" – odpowiedział nauczyciel. „Przecież to nie jest gospoda, tylko mój pałac" – odparł król. „Czy mogę zapytać, kto zasiadał na tym tronie przed tobą?". „Mój ojciec. Umarł jakiś czas temu". „A kto był właścicielem tego pałacu przed twoim ojcem?". „Mój dziadek. Również nie żyje". „Czyli jest to miejsce, w którym ludzie mieszkają przez krótki czas, a potem się wyprowadzają, dlaczego więc uważasz, że nie jest to gospoda?".

Sportowa lekcja: sport będzie istniał jeszcze długo po naszym odejściu. Zarówno nasze życie, jak i kariera w sporcie to nic innego, jak odwlekanie nieuchronnego. I jak wszystko na tym świecie, także i wyczynowe uprawianie sportu musi kiedyś dobiec końca. Jak mówi jedno z mądrych powiedzeń: „Przeznaczeniem każdego rekordu jest jego pobicie". Sport, który uprawiamy, jest jak gospoda z przypowieści, a my zatrzymaliśmy się w niej tylko przejazdem.

Gary Mack, były doradca Seattle Mariners i Phoenix Suns, powiedział: „Sukces rodzi się ze spokoju ducha, który osiągasz wtedy, gdy wiesz, że zarówno jako sportowiec na boisku, jak i człowiek poza nim zrobiłeś wszystko, co w twojej mocy. Jak chcesz być wspominany, gdy zakończysz karierę?". Wykorzystaj maksymalnie czas, który masz – tylko w ten sposób unikniesz poczucia żalu, gdy dotrzesz do końca.

Autorefleksja: jak chcę być zapamiętany, gdy mój czas dobiegnie końca?

FIGURKA

Pewien młody człowiek miał glinianą figurkę będącą rodzinną pamiątką. Od zawsze żałował, że jest ulepiona ze zwykłej, brązowej gliny, a nie odlana z błyszczącego złota. Kiedy zaczął pracować, odkładał od czasu do czasu trochę pieniędzy, aż w końcu udało mu się zebrać wystarczającą sumę na realizację swojego szczególnego projektu: pokrycia figurki złotem. Nareszcie wyglądała dokładnie tak, jak sobie wymarzył, a ludzie zachwycali się nią. Był bardzo dumny z tego, że ma złotą figurkę. Jednak złoto nie trzymało się zbyt dobrze i już po krótkim czasie zaczęło miejscami odpadać. Mężczyzna uzbierał pieniądze i ponownie kazał pokryć figurkę złotem.

Wkrótce okazało się, że poświęca cały swój czas i środki, aby jego figurka pozostawała pokryta złotem. Pewnego dnia z wieloletniej podróży powrócił jego dziadek. Młody człowiek chciał pochwalić się tym, że z glinianej figurki zrobił złotą. Jednak w wielu miejscach spod warstwy złota wyłaniała się glina, co wprawiło go w zakłopotanie. Starzec uśmiechnął się i z wyraźną czułością trzymał figurkę. Wilgotną szmatką delikatnie ją pocierał i stopniowo usuwał glinę. „Wiele lat temu musiała wpaść w błoto, które na niej zaschło. Jako bardzo małe dziecko nie dostrzegłeś żadnej różnicy. Zapomniałeś o tym zdarzeniu i sądziłeś, że to tylko gliniana figurka. Popatrz jednak tutaj" – mówiąc to, pokazał wnukowi miejsce, w którym usunął całą glinę. Spod spodu przezierał jasnożółty kolor.

„Twoja figurka od zawsze była z litego złota. Nigdy nie musiałeś pokrywać gliny większą ilością złota. Teraz, gdy już wiesz, czym tak naprawdę jest ta figurka, musisz jedynie delikatnie usunąć resztę gliny i odsłonić swoje marzenie, które zawsze miałeś na wyciągnięcie ręki".

Sportowa lekcja: klucz potrzebny do otwarcia skarbca, w którym kryją się twoje największe sukcesy, cały czas masz w ręku. Pamiętaj o tym, co napisałem wcześniej: jeżeli potrafisz dostrzec doskonałość u innych, to znaczy, że masz już ją w sobie. Dostrzegaj złoto skryte pod warstwą błota i ciesz się, gdy uda ci się wydostać je na wierzch. Pozbądź się błota, usuwając wątpliwości i inne mentalne przeszkody – niech tkwiące w tobie złoto cały czas będzie widoczne. Masz w sobie wewnętrzną wybitność, która tylko czeka na uwolnienie. Odkryj swój pełny potencjał.

Autorefleksja: czy postrzegam siebie jako mistrza?

Jak widzisz, przypowieści zen – takie, jak chociażby *Brzemię* czy *Poskramianie umysłu* – mogą dostarczyć wielu cennych wskazówek dotyczących osiągania mistrzowskiego poziomu. Czy jesteś jak pokorny mnich z *Mnicha i lustra*, który akceptuje ciężar odpowiedzialności za swoją sytuację? Czy w sytuacjach stresowych jesteś jak spokojny ptak, siedzący w gnieździe tuż obok szalejącego wodospadu w *Królu i konkursie na obraz spokoju*? Pamiętaj, aby zadawać sobie pytania zamieszczone na końcu każdej przypowieści, i zastanawiać się nad odpowiedziami. Wszystkie przypowieści zen dotyczą odwiecznych wyzwań, z którymi ludzkość mierzy się od tysięcy lat, dlatego warto wykorzystywać je w sportowych dążeniach ku doskonałości.

ROZDZIAŁ ÓSMY

ZŁOTE
REFLEKSJE

Co innego studiować wojnę, a co innego wieść żywot wojownika.
— TELAMON Z ARKADII, NAJEMNIK ŻYJĄCY W V WIEKU P.N.E.

Ten rozdział rozpoczyna przysłowie zen:

> Aby nie zejść ze ścieżki,
> obserwuj mistrza,
> podążaj za mistrzem,
> krocz z mistrzem,
> patrz przez mistrza,
> zostań mistrzem.

Igrzyska olimpijskie to największe wydarzenie sportowe na świecie – nie tylko pod względem liczby konkurencji czy zawodników biorących w nim udział, ale i oglądalności. Klasyfikacja olimpijska – określana dzięki trzem kolorom medali: złotemu, srebrnemu i brązowemu – zapewnia sportowcom, mediom oraz milionom kibiców wymierny bilans indywidualnych i drużynowych sukcesów osiągniętych przez każdego z najlepszych uczestników zarówno letnich, jak i zimowych turniejów. Na kolejnych stronach zajrzymy w głąb umysłów sportowców, którym udało się zmienić przeciwności losu w kamienie milowe ich karier i zdobyć jeden lub więcej złotych medali olimpijskich, stając tym samym na szczycie w swojej dyscyplinie sportu.

„Złote medale tak naprawdę nie są odlane ze złota. Tworzący je materiał to wyjątkowe połączenie potu, determinacji i trudnego do zdobycia stopu zwanego odwagą" – powiedział Dan Gable, jeden z najbardziej znanych zapaśników i trenerów zapasów w historii. Gable zdobył złoty medal na Igrzyskach Olimpijskich w Monachium w 1972 roku. W żadnej z sześciu stoczonych wtedy walk nie pozwolił przeciwnikowi zyskać ani jednego punktu. Jako trener drużyny zapaśniczej na Uniwersytecie Iowa Gable ustanowił rekord 355-21-5, a prowadzona przez niego drużyna zdobyła 15 tytułów mistrzowskich NCAA Division I.

Pamiętaj, że ostatecznym triumfem jest zdobycie złotego medalu za to, co osiągnąłeś „wewnątrz". Prawdziwy mistrz to ktoś, kto pokonał olbrzymie przeszkody oraz komplikacje, osiągając następnie szczyt swoich możliwości – i to nawet wtedy, gdy uzyskany „zewnętrzny" wynik nie był nagrodzony żadnym z trzech miejsc na podium. Każdy z prezentowanych w tym rozdziale i obdarzonych wyjątkową mentalnością sportowców przedstawia niezwykłe spojrzenie na swoją osobistą podróż w głąb mistrzowskiego umysłu. Wszyscy też osiągnęli sukces na światowej scenie, stając na najwyższym stopniu olimpijskiego podium – niektórzy dokonali tego, powracając po poważnych kontuzjach, inni pokonując wszelkie przeciwności losu pojawiające się na ich drodze do złota:

- **Duncan Armstrong** – australijski pływak; złoty medal na Igrzyskach Olimpijskich w Seulu w 1988 roku.
- **Jon Montgomery** – kanadyjski skeletonista; złoty medal na Igrzyskach Olimpijskich w Vancouver w 2010 roku.
- **Gabriele Cipollone** – wschodnioniemiecka wioślarka; złote medale na Igrzyskach Olimpijskich w Montrealu w 1976 roku i w Moskwie w 1980 roku.
- **Adam Kreek** – kanadyjski wioślarz; złoty medal na Igrzyskach Olimpijskich w Pekinie w 2008 roku.
- **Dana Hee** – amerykańska mistrzyni taekwondo; złoty medal na Igrzyskach Olimpijskich w Seulu w 1988 roku.
- **Nick Hysong** – amerykański tyczkarz; złoty medal na Igrzyskach Olimpijskich w Sydney w 2000 roku.

- **Phillip Ferdinand Mahre** – amerykański narciarz alpejski; złoty medal na Igrzyskach Olimpijskich w Sarajewie w 1984 roku.
- **Natalie Cook** – australijska siatkarka plażowa; złoty medal na Igrzyskach Olimpijskich w Sydney w 2000 roku.
- **Glenroy Gilbert** – kanadyjski sprinter; złoty medal na Igrzyskach Olimpijskich w Atlancie w 1996 roku.

DUNCAN ARMSTRONG, AUSTRALIA
złoty medalista olimpijski w pływaniu

Największe dokonania

- 1988, Igrzyska Olimpijskie w Seulu – złoto (200 metrów stylem dowolnym)
- 1988, Igrzyska Olimpijskie w Seulu – srebro (400 metrów stylem dowolnym)
- 1986, Igrzyska Wspólnoty Narodów w Edynburgu – złoto (200 metrów stylem dowolnym)
- 1986, Igrzyska Wspólnoty Narodów w Edynburgu – złoto (400 metrów stylem dowolnym)
- 1989, uhonorowany tytułem All-American jako najlepszy w danym sezonie pływak na dystansach 400 i 800 metrów stylem dowolnym (był wtedy studentem na Uniwersytecie Florydy)
- dwukrotny uczestnik igrzysk olimpijskich (1988, 1992)

Igrzyska olimpijskie od zarania dziejów inspirują mężczyzn i kobiety. Dla wielu sportowców największym przeżyciem była już sama przygoda związana z podróżą do obcego kraju w celu wzięcia udziału w turnieju oraz niezapomniane wspomnienia. Inni uwielbiali atmosferę panującą w reprezentacji, a następnie życie w wiosce olimpijskiej podczas igrzysk. Każdy, kto interesuje się historią tego wydarzenia, będzie zachwycony tą różnorodnością przeżyć, jakie towarzyszyły biorącym w nich udział sportowcom.

Uwielbiam opowieści – zarówno jako słuchacz, jak i opowiadający. Te związane z igrzyskami olimpijskimi zawsze wypełnione są wątkami dotyczącymi odwagi, wytrzymałości, oportunizmu czy pojawienia się nieoczekiwanych wydarzeń. Oto historie, które od najmłodszych lat podsycały moje pragnienie zostania olimpijczykiem. W 1976 roku, kiedy miałem zaledwie sześć lat, patrzyłem, jak 16-letni mieszkaniec Queensland, Steve Holland, zdobywa na igrzyskach w Montrealu brązowy medal na dystansie 1500 metrów stylem dowolnym mężczyzn. Cała szkoła stłoczyła się w bibliotece, aby oglądać jego walkę o złoto. Wciąż pamiętam podekscytowanie i oczekiwanie, by zobaczyć, jak ten cudowny mistrz świata reprezentuje nasz kraj w obliczu największej szansy na złoty medal, jaką mieliśmy podczas tego turnieju. Niestety, tamtego dnia Steve został przechytrzony przez dwóch lepszych zawodników i zajął trzecie miejsce. Doświadczenie, które przeżyłem wtedy w szkolnej bibliotece, stało się impulsem oraz inspiracją do tego, by to właśnie pływanie stało się moją furtką prowadzącą do udziału w igrzyskach olimpijskich.

Oto co sprawia, że zostanie mistrzem olimpijskim jest tak trudne – wszystkie poświęcone i wypełnione pasją oraz marzeniami lata. Kiedy się zakwalifikujesz i reprezentujesz swój kraj, nie mierzysz się tylko ze sportowcami, którzy przygotowywali się przez ostatni rok czy dwa, cztery, a może nawet i dziesięć lat. Masz do czynienia z ogromnie zmotywowanymi, bardzo utalentowanymi, bezkompromisowymi i niezwykle poważnie podchodzącymi do życia ludźmi, którzy przygotowywali się do tego wydarzenia przez całe życie! Możesz zapomnieć o tym, co planowałeś przed turniejem, ponieważ gdy rozlegnie się wystrzał startera, może zdarzyć się dosłownie wszystko. To właśnie dlatego igrzyska są prawdziwym rajem dla miłośników sportu. Scenariusz pisze się na twoich oczach i nie masz pojęcia, jak rozwinie się sytuacja.

Tym, co przygotowało mnie do zwycięstwa na 200 stylem dowolnym w Seulu w 1988 roku, były moje własne wyobrażenia dotyczące igrzysk. W tamtym czasie nie interesowała mnie ani kultura Korei Południowej, ani skład naszej reprezentacji, wygląd wioski olimpijskiej czy liczba gratisów otrzymanych od sponsorów. Oczywiście w wieku 20 lat, po pięciu latach wyczerpujących treningów pod okiem mojej trenerki Laurie Lawrence, dostrzegałem wszystkie te rzeczy, ale żadna z nich nie miała znaczenia. Moja niewiarygodna koncentracja na tym, co muszę zrobić, aby wygrać, dawała mi przewagę nad rywalami.

W Seulu zjawiliśmy się 10 dni przed moim startem, a ja przez cały ten czas niemal nie opuszczałem swojego pokoju. Dbałem jedynie o jedzenie, trenowanie, spanie i pilnowanie się, aby nie popaść w obłęd, oczekując na zakończenie odliczania przez uruchomiony cztery lata wcześniej i mierzący czas dzielący mnie od zaledwie kilku chwil w basenie zegar. Bo tak właśnie to wygląda: każdy sportowiec ma tylko cztery lata, aby w chwili rozpoczęcia swojego startu na igrzyskach być tak gotowym, jak to tylko możliwe. Nie możesz przyjechać na igrzyska z listą rzeczy, które nie wyszły lub których nie zdołałeś zrobić, ponieważ wymówki przestają mieć jakiekolwiek znaczenie dokładnie w tej samej sekundzie, w której zatrzymuje się czteroletni zegar, do twoich uszu dobiega huk wystrzału i masz minutę i 47 sekund, by udowodnić, że jesteś najlepszym zawodnikiem pływania na 200 metrów stylem dowolnym w historii. Jeśli w tym scenariuszu pojawia się nawet najmniejszy wykręt czy tłumaczenie się – przegrywasz. Po prostu. Możesz wygrywać przez cztery lata i być w najlepszej formie, po czym tuż przed turniejem dopada cię najzwyklejsze w świecie przeziębienie. I pojawiasz się na linii startu osłabiony, z nadkruszoną pewnością siebie, co sprawia, że przeciwnicy rozrywają cię na strzępy. Cztery lata twojego życia jako sportowca spuszczone w kiblu. Wiem, że to brzmi okropnie, ale uwierz, iż takie tragedie zdarzają się na każdych igrzyskach wielu pretendentom do złotego medalu. Masz cztery lata, dokładnie tyle samo, co każdy inny olimpijczyk, i jeżeli nie wykorzystasz ich w pełni, nigdy nie wygrasz.

Wracając do mojej opowieści: gdy tylko dotarłem do wioski olimpijskiej, przez całe 10 dni nie tylko jej nie opuściłem, ale i rzadko kiedy wychodziłem ze swojego pokoju.

W owym 1988 roku byłem gotowy, twardy psychicznie i pewny siebie. Co więcej, tylko kilka osób wiedziało, że na treningach osiągałem czasy lepsze, niż ktokolwiek mógł przypuszczać, co stawiało mnie w roli faworyta do zdobycia złotego medalu. Zrobiłem wszystko, co mogłem, by wystartować w tym wyścigu, a moje zadanie polegało jedynie na pokonaniu najszybszych mężczyzn w historii mojego dystansu. Łatwizna, prawda?

Wierzę w to, że wszystko, co wydarzyło się w ciągu tych dwóch dni walki o złoto, było mi pisane. Dziś, patrząc na tamte wydarzenia z perspektywy minionych 25 lat, wciąż jestem zaskoczony, że poszło tak gładko. Moje podejście do rywalizacji opierało się przede wszystkim na pewności siebie wynikającej z przygotowania. Im ciężej trenowałem, tym lepiej pływałem, choć jestem pewien, że przez dużą część mojej kariery sportowej byłem przetrenowany. Ale wtedy, w latach poprzedzających igrzyska w Seulu w 1998 roku, mój trening był po prostu niesamowity. Wiedziałem o tym i to właśnie dawało mi tak wielką pewność siebie – byłem pewny, że wykonałem lepszą pracę niż którykolwiek z moich rywali. Miałem pewność, że siedmiu pozostałych zawodników z finałowej ósemki nie trenowało tak jak ja. Kiedy padł strzał, musiałem pokazać wszystkim, co tak naprawdę działo się w moim umyśle. Byłem przekonany, że pierwsze 100 metrów mogę przepłynąć szybciej niż kiedykolwiek wcześniej, a moje nogi są na tyle silne, by drugą połowę dystansu przepłynąć w równie świetnym stylu i czasie.

Dokładnie tak właśnie zrobiłem, zaś przeciwnicy nie zdołali utrzymać narzuconego przeze mnie tempa drugiej setki. Pobiłem rekord świata i zdobyłem złoto.

Uwielbiałem wszystkie stare historie o mistrzach zdobywających złote medale na igrzyskach, ale te, które inspirowały mnie najmocniej, opowiadały o ludziach, którzy dorastali w biednych lub trudnych warunkach i którzy przez lata wykazywali się zwierzęcą niemal wytrwałością w dążeniach ku sportowym szczytom. A potem z wielką odwagą i determinacją pokonywali wszelkie ostatnie przeszkody, odnosząc zwycięstwa, które były zaskoczeniem dla całego świata. Marzyłem o tym, by zostać takim mistrzem olimpijskim, jak Emil Zátopek, Władimir Salnikow, Lasse Virén i Herb Elliott – prawdziwi twardziele, którzy nigdy nie oszczędzali się na treningach i osiągali najwyższe cele.

JON MONTGOMERY, KANADA
złoty medalista olimpijski w skeletonie

Największe dokonania

- 2010, Igrzyska Olimpijskie w Vancouver – złoto
- 2008, mistrzostwa świata w Altenbergu – srebro
- 2008, mistrzostwa świata w Altenbergu – srebro (w parze mieszanej)
- 2011, mistrzostwa świata w Königssee – brąz (w parze mieszanej)

Uprawianie sportu ma tyle definicji czy znaczeń, ilu ludzi na świecie. Dla jednych stanowi drogę ucieczki, dla innych drogę powrotu. W przypadku nielicznych jest sposobem na lepsze życie, dla wielu sposobem na spełnienie marzeń. Ja sam należę do tej drugiej grupy. Jestem pewny, że nigdy nie znalazłbym w sobie wystarczającej odwagi i pewności siebie, aby odkryć swoje sportowe powołanie, swój środek do osiągnięcia celu, a teraz swoją pasję, gdybym nie wierzył w siebie na tyle, aby próbować nowych rzeczy i wychodzić poza swoją strefę komfortu.

Dorastałem w odległej od miejskiego zgiełku części kanadyjskiej prowincji Manitoba, a moje największe szczęście polegało na tym, że urodziłem się mniej więcej w tym samym czasie i w tym samym małym miasteczku, co 16 innych chłopców, którzy wyrośli na niesamowitych sportowcach. Spędziłem dzieciństwo, bawiąc się razem z przyjaciółmi na przyszkolnych boiskach podczas przerw i grając w hokeja na rolkach po szkole, hokeja na lodzie przez całą zimę i baseball przez całe lato. Dzięki jednym z najlepszych trenerów w całej prowincji, bez testów kwalifikacyjnych i bez ściągania zawodników z innych miast, moja drużyna reprezentująca małą, liczącą zaledwie 1600 osób społeczność zdobyła łącznie osiem tytułów mistrza prowincji w hokeju, trzecie miejsce w zawodowej lidze hokejowej Western Canadian oraz dwa tytuły mistrza prowincji w baseballu. Zawsze byliśmy najmniejszą drużyną, ale graliśmy tak, jakbyśmy byli dwa razy więksi, i ani razu nie wyszliśmy na lód czy boisko bez wiary w zwycięstwo. Myślę, że właśnie ta skrywana pewność siebie była naszą największą zaletą.

Zespoły, które zazwyczaj wzbudzały w innych strach i zmuszały do uległości, były całkowicie wytrącane z równowagi naszą nieustępliwością i wolą walki, które wykazywaliśmy aż do ostatniej sekundy lub ostatniego autu meczu. Ta postawa „nigdy nie mów nigdy" i wiara w to, że zwyciężymy nawet w obliczu dużych przeciwności losu, okazała się czynnikiem decydującym podczas niezliczonych spotkań, w których byliśmy lepsi niemal pod każdym względem, z wyjątkiem jednego... naszej własnej skuteczności! Mówiąc prościej, wierzyliśmy, że osiągniemy to, do czego dążyliśmy.

Wszystko, czego nauczyłem się, dorastając, ukształtowało moje dorosłe życie. Po ukończeniu studiów i przeprowadzce do Calgary w prowincji Alberta, rozpaczliwie szukałem czegoś, co mógłbym nazwać swoim, na czym mógłbym się całkowicie skupić. Przez wiele lat tym czymś był hokej, ale od czasu ukończenia szkoły średniej nie grałem w drużynie, która brała udział w rozgrywkach, a ja tęskniłem za atmosferą braterstwa i satysfakcji z siebie, które towarzyszyły mi, gdy dawałem z siebie wszystko na lodzie. W pewnym momencie pustkę tę wypełniła nauka, ale zdawanie testów to nie to samo, co sprawdzanie sił w sporcie. Właśnie to uczucie, fizyczne wyzwanie i moje życiowe marzenie, by założyć strój z klonowym liściem na piersi i reprezentować swój kraj w czymś – w czymkolwiek – zainspirowały mnie do spróbowania nowych sportów. Przede wszystkim tych, których uprawianie było możliwe tylko w miastach mających olimpijskie tradycje.

Łyżwiarstwo szybkie było pierwszym nowym sportem, którego posmakowałem po przyjeździe do Calgary jesienią 2001 roku. Spędziwszy niemal całe życie na wrotkach, myślałem, że przejście na łyżwy nie będzie stanowiło problemu. Niezwykle się myliłem. Bardzo cienkie, długie ostrze łyżwy i brak usztywnienia stawu skokowego w bucie jest w porównaniu z rolkami hokejowymi tym, czym dla Jimmy'ego Choo może być drewniany chodak (aczkolwiek moja żona powiedziała, że to fantazyjny damski but)! Naprawdę podobała mi się nauka jazdy na panczenach i udało mi się zrozumieć różnicę między techniką ruchu w hokeju a techniką ruchu w łyżwiarstwie szybkim, chciałem jednak spróbować kilku innych sportów, zanim wybiorę ten, któremu podporządkuję wysiłki i zaangażowanie. Moim celem wciąż było dostanie się do reprezentacji narodowej i musiałem mieć pewność, że będę pracował nie tylko ciężko, ale i mądrze.

Przez chwilę rozważałem też saneczkarstwo, kolejną dyscyplinę sportu, którą można było uprawiać tylko w tych miastach gospodarzach zimowych igrzysk olimpijskich, ale po tym, jak w marcu 2002 roku, podczas przypadkowej wizyty z rodzicami w Canada Olympic Park w Calgary, po raz pierwszy zobaczyłem zawody w skeletonie, od razu wiedziałem, że to coś, czego muszę spróbować.

Miesiąc po tym, jak skeleton został ponownie – po 54 latach przerwy – uznany za pełnoprawną dyscyplinę olimpijską, pierwszy raz znalazłem się w lodowej rynnie, leżąc z głową skierowaną w dół, na sankach, które później opisałem moim przyjaciołom jako tacę ze stołówki z doczepionymi od spodu szynami, i pędząc z prędkością ponad 72 kilometrów na godzinę. Osiem lat później, na igrzyskach w 2010 roku, zjeżdżałem po torze zbudowanym na zboczu góry w Whistler, w Kolumbii Brytyjskiej z niemal dwukrotnie większą prędkością, realizując ostatni etap swojego największego marzenia: występu w stroju z liściem klonu na piersi i poczucia ciężaru złotego medalu olimpijskiego na szyi.

Po tym pierwszym przejeździe w 2002 roku nie miałem za bardzo pojęcia, co właśnie się wydarzyło, wiedziałem jednak z całą pewnością, że znalazłem swoje nowe coś. Nie wyobrażałem sobie, co mogę osiągnąć w sporcie, o którego istnieniu nie miałem pojęcia jeszcze tydzień wcześniej, mogłem jednak już stwierdzić, że dam z siebie wszystko, aby się tego dowiedzieć. Wierzyłem, że cel ten osiągnę tylko dzięki ciężkiej pracy, poświęceniu i staremu dobremu podejściu „krew, pot i łzy". Naprawdę byłem przekonany, że uprawianie tego sportu będzie moją drogą do sukcesu. I nie miałem na myśli wygrywania wyścigów czy zdobywania medali, ponieważ doskonale zdawałem sobie sprawę, iż nie mam kontroli nad tym, jak dobry będę w porównaniu z innymi zawodnikami, ale wiedziałem, że stosując tę zwycięską formułę, stanę się najlepszym skeletonistą, jakim mogę być. To wszystko, na czym mi zależało. Jak dobry mogę być? Jak mogę stać się najlepszą wersją samego siebie? To, do czego prowadzi nasz wysiłek, nie zależy od nas. Nie mamy na to wpływu. Możemy za to kontrolować swoje nastawienie i wiarę w to, że uda się dotrzeć do granicy własnych możliwości. Czasami granica ta leży dalej niż granice wszystkich innych ludzi. Różnica między tymi, którzy realizują swoje marzenia, wykorzystując do tego własny potencjał, a tymi, którzy tego nie robią, zaczyna się od wiary, że naprawdę mogą osiągnąć to, o czym marzą.

GABRIELE CIPOLLONE, NRD
złota medalistka olimpijska w wioślarstwie

Największe dokonania

- 1980, Igrzyska Olimpijskie w Moskwie – złoto (kobieca ósemka)
- 1976, Igrzyska Olimpijskie w Montrealu – złoto (kobieca czwórka)
- 1977, mistrzostwa świata w Amsterdamie – złoto (kobieca ósemka)
- 1978, mistrzostwa świata w Nowej Zelandii – srebro (kobieca ósemka)

Moja wioślarska podróż miała nieco burzliwy przebieg, a gdy zaczynałam, nikt nie przypuszczał nawet, że zostanę mistrzynią olimpijską.

Kiedy w 1970 roku trener zaprosił mnie do hangaru, w którym trzymano łodzie, nie miałam o wioślarstwie zielonego pojęcia. Na szczęście miałam cechy fizyczne i psychiczne, które okazały się bardzo pomocne i pozwoliły mi nie tylko poznać tajniki tego sportu, ale i uprawiać go z coraz większym powodzeniem. Byłam wysoka, silna, energiczna, ale także obdarzona siłą woli i ambicją. Do tamtego dnia zajmowałam się różnymi dyscyplinami sportu.

Pierwsze pięć lat mojej przygody z wioślarstwem nie należało jednak do szczególnie udanych, a powodem, dla którego nie zrezygnowałam całkowicie z treningów, była przyjemność, jaką mi to sprawiało. Nie marzyłam też wówczas o tym, aby znaleźć się w kadrze narodowej, gdyż wydawało mi się to mało prawdopodobne.

W grudniu 1975 roku dotarłam do miejsca, w którym moja dotychczasowa droga zdawała się rozdzielać na dwie ścieżki, i musiałam podjąć trudną decyzję. Klub, do którego należałam, skupił się na przygotowaniu zawodników do kwalifikacji do kadry narodowej. Byłam tak daleko za innymi zawodniczkami, że mój trener chciał, abym zrezygnowała. Na szczęście dla mnie zbiegło się to z poszukiwaniem silnej zawodniczki do jednej z kobiecych czwórek ze sternikiem. Miałam 18 lat i musiałam podjąć decyzję, czy spróbować jeszcze raz, czy iść na studia i zostać inżynierem budownictwa.

Niezbyt dobrze reaguję, gdy ktoś mówi mi rzeczy w stylu: „Nie możesz tego zrobić". Po tym, jak zachował się mój trener, z całą mocą odezwała się we mnie wrodzona ambicja. Pomyślałam: „Jeszcze ci pokażę" i przez następne miesiące bardzo ciężko pracowałam nad techniką, aby dopasować się do tamtej osady. Do reprezentacji olimpijskiej zakwalifikowałyśmy się w maju 1976 roku.

Gdy dziś myślę o tamtych dniach i podejściu trenera, czuję wdzięczność, ponieważ to dzięki niemu właśnie musiałam zastanowić się nad tym, co tak naprawdę chcę robić. I rozstrzygnąć, czy jestem gotowa wykorzystać swoje zdolności i pracować coraz ciężej, aby stać się światowej klasy wioślarką, czy też to, co dotąd udało mi się osiągnąć, już mi wystarczy. Obie możliwości wydawały się jednakowo dobre, musiałam tylko zdecydować, w którą stronę chcę skręcić, a następnie działać z pełnym zaangażowaniem.

W 1980 roku moja kobieca ósemka pojechała na igrzyska z wieloma zaległościami. Całkiem niedawno obejrzałam nasz wyścig w Moskwie i pamiętam każdą jego część bardzo wyraźnie.

Strategia opracowana przez trenera koncentrowała się przede wszystkim na osadzie radzieckiej, którą uważaliśmy za najgroźniejszego przeciwnika. Wiedzieliśmy, że ostatnie 250 metrów będzie w jej wykonaniu najwolniejsze z całego, liczącego 1000 metrów dystansu. Naszym celem było trzymanie się jak najbliżej i niedopuszczenie do tego, aby po 750 metrach od startu wyprzedzała nas o więcej niż pół długości łodzi.

Rzeczywistość okazała się zaskakująco inna. Na 250 metrów przed metą nasz sternik krzyknął, że tracimy do radzieckiej osady więcej niż długość łodzi.

Pamiętam, co wtedy pomyślałam: „To nie może być prawda. Musimy natychmiast coś zrobić!". Chyba każdej z nas to samo przyszło do głowy, bo nasza łódź momentalnie zaczęła przyśpieszać. Odległość, jaka nam pozostała, okazała się wystarczająca, aby wygrać dosłownie dwoma ostatnimi pociągnięciami wioseł.

Cała nasza ósemka dostosowała się do nowej sytuacji, słuchała sternika i pracowała jeszcze ciężej jako zespół, aby osiągnąć wspólny cel. W tamtych chwilach istniała bardzo cienka granica pomiędzy nastawieniem negatywnym (poddanie się i porażka) a pozytywnym, czyli powiedzeniem sobie, że trzeba podjąć ten wysiłek i liczyć na zwycięstwo.

Cała drużyna pokazała wspaniałego ducha walki i jestem im za to bardzo wdzięczna.

Teraz, już jako trenerka, staram się przekazywać moim zawodnikom i zawodniczkom, że słabsze momenty na treningu czy podczas wyścigu nie są niczym złym. Wszyscy jesteśmy ludźmi. Ważne, aby się nie poddawać, wiedzieć, że może do tego dojść, i wierzyć we własną zdolność do ponownego podjęcia walki i bycia jeszcze silniejszym niż wcześniej. Ten moment musi być wielokrotnie ćwiczony.

Wierzę, że bez względu na poziom zawodów właśnie siła psychiczna może okazać się czynnikiem przesądzającym o zwycięstwie lub porażce.

ADAM KREEK, KANADA
złoty medalista olimpijski w wioślarstwie

Największe dokonania

- 2008, Igrzyska Olimpijskie w Pekinie – złoto (męska ósemka)
- 2007, mistrzostwa świata w Monachium – złoto (męska ósemka)
- 2003, mistrzostwa świata w Mediolanie – złoto (męska ósemka)
- 2002, mistrzostwa świata w Sewilli – złoto (męska ósemka)
- dwukrotny uczestnik igrzysk olimpijskich (2004, 2008)
- 2010, honorowy tytuł Canadian Athlete Leader of the Year
- 2005, honorowy tytuł sportowca roku Uniwersytetu Stanforda

Najlepszą pomocą, jaką kiedykolwiek otrzymałem, było pytanie zadane przed igrzyskami olimpijskimi przez mojego trenera, Mike'a Spracklena: „Adam, chcesz wygrać? Ale tak naprawdę, naprawdę?". I nie chodzi o samo pytanie, ale o to, kiedy je wypowiadał. Otóż robił to zawsze, gdy moje działania nie pokrywały się z moimi celami. Słyszałem je, gdy spóźniałem się na treningi, nie odpoczywałem odpowiednio, nie wkładałem całego serca w wiosłowanie lub byłem zbyt leniwy.

Potrzebujemy w życiu mentorów, którzy potrafią być szczerzy i rzucać nam wyzwania poprzez zadawanie wartościowych, często trudnych pytań. Pytań, które następnie wwiercają nam się w umysły i odkrywają położone głęboko pokłady motywacji, tak potrzebnej do osiągnięcia sukcesu na światowym poziomie. Pytanie, którego sens podaje w wątpliwość siłę naszej motywacji – pod warunkiem, że pada we właściwym momencie – pozwala nam uzyskać dostęp do większej duchowej i psychologicznej siły sprawczej.

Wierzę, że najważniejszym czynnikiem odpowiadającym za efektywny trening jest zdolność do zachowania ciągłej i świadomej uważności. W treningu nie chodzi o to, by wykonywać ruchy ciałem, podczas gdy umysł i dusza przebywają gdzie indziej. Trening to coś więcej, to skoncentrowany wysiłek całej istoty. Utrzymanie takiego podejścia sprawia, że zarówno nawyki, jak i umiejętności stają się częścią naszej podświadomości. Celem pozostawania tu i teraz w trakcie treningu jest wykreowanie podświadomych zdolności w umyśle, ciele i duszy.

Świetnym narzędziem, którego używam do przywracania uważności, jest wyobrażenie sobie nauczyciela, trenera lub mnicha unoszącego się nad moim ramieniem. Kiedy zaczynam odbiegać myślami lub skupiać uwagę na czymś innym niż zadanie, które mam do wykonania, mój przewodnik krzyczy: „Bądź tu i teraz!". Wówczas całym sobą powracam do zadania.

Oczywistym celem sportowej rywalizacji jest zwycięstwo. Uważam jednak, że zbyt mocne skupianie się na tym jednym tylko aspekcie osłabia zdolność do działania. Można to porównać do szukania idealnego partnera życiowego lub gromadzenia jak największej ilości pieniędzy na koncie bankowym. Jeżeli skupiasz się tylko na wyniku, pozostajesz samotny i biedny. Zamiast tego należy koncentrować się na wyższym celu: odkryciu swojego prawdziwego, najlepszego „ja".

Rywalizacja odsłania sedno tego, jacy naprawdę jesteśmy pod względem emocjonalnym, duchowym i psychologicznym. Obecność rywali działa jak skrajna, zewnętrzna motywacja, która pomaga dotrzeć głębiej do własnych najlepszych i najgorszych cech. W rywalizacji i wyzwaniu odnajdujemy wewnętrzną prawdę. Jak ciężko jesteś gotów pracować w dniu zawodów? Jak duże masz umiejętności? Jak dobrze przygotowałeś się do tego dnia? Co powstrzymuje cię przed pokazaniem swojego najlepszego „ja"? Jak się czujesz, gdy prezentujesz swoje najlepsze oblicze?

Bądź świadomy własnych reakcji w trakcie zawodów, przed nimi i po nich, ale ich nie oceniaj. Obserwuj swoje zachowania i reakcje na czynniki zewnętrzne, a następnie je zapisuj. Postępując w ten sposób, prowokujesz powstawanie ważnych pytań potrzebnych do dalszego rozwoju. Następnie zadaj je swojemu trenerowi, psychologowi sportowemu lub duchowemu mentorowi. Zgłębianie tych kwestii i szukanie odpowiedzi zwiększa siłę, którą wykorzystasz podczas treningu, kolejnych zawodów i w życiu pozasportowym.

Jeżeli podchodzisz do rywalizacji z zamiarem odnalezienia swojego prawdziwego, najlepszego „ja", na pewno osiągniesz sukces. Zwycięstwo często staje się wtedy „zaledwie" przyjemnym efektem ubocznym.

Początkowo myślałem, że igrzyska olimpijskie będą przytłaczającym przeżyciem, a mnie dopadnie coś w rodzaju paraliżu wywołanego zdenerwowaniem. Tymczasem wszystko okazało się zaskakująco zbliżone do tego, co uważałem już za normę. Czułem się jak na innych zawodach. W pierwszych chwilach po przybyciu na turniej moje poczucie znajomości sytuacji i komfortu uległo lekkiemu zaburzeniu, potem poczułem ukłucie strachu. Aby sobie z tym poradzić, musiałem przestać oceniać swoje reakcje i uwierzyć, że moje ciało ma mądrość, która jest silniejsza niż inteligencja analitycznego mózgu.

Rytuał, który wypracowałem w trakcie kariery zawodniczej, pomógł mi zachować zdrowy rozsądek w dniu olimpijskiego sprawdzianu. To taki mały ceremoniał, który sprawia, że osiągam odpowiedni poziom zdenerwowania. Całkowity brak tremy jest zły. Potrzebujesz jej, aby wypaść jak najlepiej, jednak staje się twoim największym zagrożeniem, gdy pozwalasz, aby napędzała negatywne myśli i strach.

W dniu każdego ważnego wyścigu, zawodów czy testu nieustannie powtarzam sobie: „Dziś jest bardzo wyjątkowy dzień, niby normalny, ale trochę bardziej wyjątkowy. Dziś jest dzień wyścigu!". I muszę przyznać, że wszystkie dni, kiedy brałem udział w zawodach, a zwłaszcza ten, który przeżyłem podczas igrzysk olimpijskich, były właśnie takie: wyjątkowe. Oznaczając starty taką przygotowaną mentalną etykietą, zwiększam zdolność do radzenia sobie z nieoczekiwanymi reakcjami psychologicznymi. A nieoczekiwana reakcja psychologiczna to w takich dniach coś, czego należy się spodziewać.

Warsztat efektywnie działającego zespołu zawiera wiele różnych rodzajów narzędzi. Jest zaś jedno, którego zawsze brakuje zespołom ponoszącym porażki: przynależność. Wszyscy członkowie zespołu muszą w pełni zaangażować się w realizację wspólnych celów.

Wielokrotnie widziałem, jak nadmierna pewność siebie i rozbuchana duma jednostki niszczą potencjał całego zespołu. Twoje pomysły są wartościowe tylko wtedy, gdy są na tyle dobre, że zostaną zaakceptowane przez trenera i resztę ekipy. Jeżeli twoje opinie są odrzucane, przestań je forsować.

Motto, które powinno przyświecać wszystkim zespołom, brzmi: „Jeśli chcesz wygrać, musisz się dopasować". Jest to czynny wybór i może być trudny. Dopasowanie się do większości sprawia, że czujesz się zagrożony; wymaga od ciebie osłabienia własnego ego. Tracisz część kontroli. Musisz porzucić pomysły, które wdrażałeś w poprzednich zespołach, i te pochodzące od osób z zewnątrz.

Sportowiec ma być w stanie powiedzieć sobie: „Postanawiam w stu procentach podporządkować się filozofii, celom i wynikom mojej drużyny. Zobowiązuję się do przestrzegania i wypełniania mojej funkcji w tej ekipie". Oznacza to słuchanie i ufanie zarówno trenerowi, jak i pozostałym osobom tworzącym zespół. Musisz zdystansować się od opinii docierających do ciebie spoza tego kręgu. Poglądy wyrażane przez media, rodziców, przyjaciół i fotelowych krytyków czy specjalistów mogą zakłócić twoje zaangażowanie.

Jeżeli w drużynie panuje silne poczucie przynależności, twój warsztat będzie wyposażony w nowoczesne i niezwykle skuteczne narzędzia do wygrywania.

DANA HEE, USA
złota medalistka olimpijska w taekwondo

Największe dokonania

- 1988, Igrzyska Olimpijskie w Seulu – złoto (w kategorii do 70 kg kobiet)
- 1988, mistrzostwa USA – srebro
- 1987, mistrzostwa świata w Barcelonie – piąte miejsce
- 1987, mistrzostwa USA – srebro
- 1986, Uniwersjada w Berkeley – brąz

Różnica między wybitnym sportowcem a zdobywcą złotego medalu sprowadza się do sposobu myślenia. Jeżeli potrafisz w coś uwierzyć, możesz to osiągnąć. Jestem o tym przekonana. Jako złota medalistka olimpijska w taekwondo, sporcie w pełni kontaktowym, wielokrotnie przekonałam się o prawdziwości tego stwierdzenia.

Osoby, które znają moją historię, wiedzą, jaką drogę przeszłam, aby posiąść tę wiedzę. W wieku trzech zostałam porzucona przez rodziców, przez następne lata niemal każdego dnia doświadczałam przemocy, wychowywałam się w sierocińcu, a w 15. roku życia znalazłam się na ulicy. W rezultacie w dniu, w którym osiągnęłam status osoby pełnoletniej, umiałam tylko jedno: uciekać przed każdą szansą, wyzwaniem czy marzeniem. Było to spowodowane moim bardzo niskim poczuciem własnej wartości i praktycznie całkowitym brakiem pewności siebie. Tak właściwie byłam swoim własnym najgorszym wrogiem i przeszkodą na drodze do sukcesu. Jak więc udało mi się osiągnąć to, co osiągnęłam? W jaki sposób odwróciłam swoje życie o 180 stopni?

Robiąc jeden krok na raz!

Zaczęło się od chęci, marzenia. Potem pojawiła się determinacja. Następnie nauczyłam się, jak ważne jest skupienie, wytrwałość i przygotowanie. I wreszcie połączenie wszystkich tych elementów sprawiło, że uwierzyłam w siebie.

Nic i nigdy się nie zmieni, jeżeli nie podejmiesz jakiegokolwiek działania. Nawet jeśli jest to krok w złą stronę, jeden drobny czyn może doprowadzić do czegoś, co jeszcze przed chwilą wydawało się nierealne. Może dać ci zdolność rozumienia, o której wcześniej nawet byś nie pomyślał. Nigdy nie bój się zaryzykować i zrobić jeden mały krok.

Nie skupiaj się na efekcie końcowym. Koncentruj uwagę tylko na pojedynczym małym kroku, który robisz, ponieważ on prowadzi do wykonania następnego. Wyobraź sobie, że przekraczasz płytką, ale niebezpieczną rzekę. Jej prąd jest niezwykle silny, a dno usiane ostrymi kamieniami. Patrząc tylko w stronę odległego brzegu, widząc siłę wody i ryzyko, jakie musisz podjąć, możesz się przestraszyć i zawrócić. Spróbuj jednak rozejrzeć się po brzegu, na którym stoisz, i znaleźć jeden kamień. Podnieś go i połóż w wodzie, blisko brzegu. Następnie, stojąc na tym pierwszym kamieniu, umieść kawałek dalej kolejny. Po drugim trzeci, po trzecim czwarty i tak dalej. Zanim się zorientujesz, znajdziesz się na drugim brzegu. Dokonałeś tego, po prostu koncentrując się na pojedynczej małej rzeczy, którą musiałeś zrobić w konkretnej chwili i w odpowiedniej kolejności. Nie możesz pozwolić na to, aby dręczące cię obawy przeszkodziły w dążeniu do celu. Często uważamy, że cel jest niemożliwy do zrealizowania, podczas gdy w rzeczywistości dzieli nas od niego zaledwie jeden krok.

Istnieje tylko jedno prawdziwe stwierdzenie dotyczące wytrwałości: wytrwałość pojawia się wtedy, gdy wykluczy się porażkę. Nigdy się nie poddawaj, bez względu na to, jak trudne masz zadanie. A jeśli napotkasz przeszkodę, której nie jesteś w stanie pokonać, znajdź sposób na jej obejście. W trakcie przygotowań do igrzysk olimpijskich doznałam poważnej kontuzji pleców. Nie dało się jej szybko wyleczyć, przez co nie mogłam trenować. Wiedziałam doskonale, że brak treningu w tych ostatnich tygodniach pozbawi mnie szans na zwycięstwo. Co więc zrobiłam? Trenowałam, tyle że robiłam to w głowie. Wykorzystałam wizualizację do ćwiczenia ruchów, wyczucia czasu i rytmu – wszystkiego. Gdy nadszedł czas zawodów, miałam już na tyle sprawne plecy, że mogłam walczyć, a mój umysł nadrabiał to, czego brakowało mi pod względem fizycznym.

Przygotowanie można porównać do skorupki scalającej wnętrze jajka. Jego brak sprawia, że wszystko zmienia się po prostu w jeden lepki, maziowaty bałagan. Wchodząc na teren hali olimpijskiej w dniu zawodów, czułam się dobrze. Podczas rozgrzewki wiedziałam, że jestem gotowa. Mój umysł był pewny, że to mój dzień. Co z tego, skoro tuż przed wejściem na arenę wydarzyło się coś, co wstrząsnęło moją psychiką. Nagle głowę wypełniły mi dawne lęki i straciłam pewność siebie. A przecież tak wiele poświęciłam, aby znaleźć się w tym miejscu. Wiedziałam, że jestem odpowiednio szybka, silna i wytrenowana. Wiedziałam, że zrobiłam wszystko, co możliwe, aby być przygotowana właśnie na ten jeden moment. I wtedy to do mnie dotarło: „Hej, jestem gotowa. Jestem wystarczająco dobra!". Pozbyłam się wszelkich wątpliwości i zrobiłam ostatni krok oddzielający mnie od maty. Złoto olimpijskie! Jestem jednak pewna, że gdybym w tamtej chwili dopuściła do siebie myśl, iż nie jestem całkiem gotowa, strach złamałby mnie i nie pozwolił wygrać.

Przez pierwsze 25 lat mojego życia uciekałam przed każdą szansą, wyzwaniem czy marzeniem i czułam się jak ostatni nieudacznik. Teraz dzięki udziałowi w igrzyskach olimpijskich oraz po ponad 17 latach pracy jako jedna z najlepszych kaskaderek i uznana mówczyni motywacyjna, nauczyłam się, że nawet jeśli przegrywam, to i tak wygrywam. Bo nic nigdy nie odbierze mi uczucia dumy i satysfakcji płynących ze świadomości, iż miałam odwagę robić to, co chciałam, bez względu na strach, przeszkody czy niepowodzenia.

Wielkie rzeczy są możliwe – tylko trzeba do nich dążyć małymi krokami.

NICK HYSONG, USA
złoty medalista olimpijski w skoku o tyczce

Największe dokonania

- 2000, Igrzyska Olimpijskie w Sydney – złoto (pierwszy po 32 latach złoty medal olimpijski dla Stanów Zjednoczonych w skoku o tyczce)
- 2001, mistrzostwa świata w Edmonton – brąz
- 1994, akademicki mistrz NCAA (w barwach Uniwersytetu Stanu Arizona)
- 1993–1994, triumfator turnieju Pac-10 (w barwach Uniwersytetu Stanu Arizona)
- 1990, mistrz szkół średnich stanu Arizona

W trakcie swojej kariery musiałem radzić sobie z wieloma kontuzjami. Przekonałem się, że wiele z nich stanowiło dobrą okazję do wyciszenia się i skupienia. Potraktowanie rehabilitacji jako nowej dyscypliny sportu to naprawdę świetne podejście. Co więcej, uważam, że każda kontuzja to zarówno ostateczny dowód na istnienie jakiejś słabości, jak i sygnał wymuszający niejako poświęcenie jej należytej uwagi. Wiele urazów kostek i kolan wynika ze słabej stabilizacji, a leczenie powinno być początkiem procesu mającego na celu zlikwidowanie tej słabości, co w efekcie może przyczynić się do wyraźnej poprawy osiąganych wyników.

W 1998 roku przeszedłem operację stawu skokowego, po której przez osiem tygodni sezonu miałem stopę i pół nogi unieruchomione w gipsowym pancerzu. Wykorzystałem ten czas nie tylko na jak najlepszą rehabilitację, ale także na poprawę fazy wymachu w skoku o tyczce. Codziennie ćwiczyłem na zawieszonym wysoko drążku. Na pierwszych zawodach po kontuzji skoczyłem z łatwością 5,70, a w ciągu następnych ośmiu lat średnia wysokość moich skoków poprawiła się o prawie 30 centymetrów – z 5,45 do 5,69–5,74. Zdobyłem też złoty medal olimpijski i brązowy medal mistrzostw świata. Dziś po tych wszystkich latach dochodzę do wniosku, że wiele z moich kontuzji było ukrytym błogosławieństwem – ta była nim z całą pewnością.

Tłumaczę moim podopiecznym, aby myśleli o tym w ten sposób: praca, którą wykonujesz, aby poprawić swoje wyniki w sporcie lub osiągnąć cel, jest jak wspinaczka na górski szczyt. Większość gór różni się pod względem ukształtowania – mają różne nachylenia, strome ściany i rozpadliny, a ścieżka nie zawsze prowadzi prosto do szczytu. Niekiedy trzeba najpierw iść w bok lub zejść nieco, zanim ponownie podejmie się wspinaczkę. Wszystkie te obejścia czy zejścia są jak kontuzje, choroby albo inne niepowodzenia związane z treningiem. Tak długo, jak my, sportowcy, podążamy ścieżką i posuwamy się naprzód, robimy to, co konieczne, aby być jak najlepsi. Podróż ta jest o wiele łatwiejsza, gdy wszystko zbliża cię ku szczytowi, bo cały czas widzisz, że dzieli cię od niego coraz mniejsza odległość. Ale nie wolno ci zapomnieć o tym, po co to wszystko robisz, także wtedy, gdy ścieżka skręca w bok lub zaczyna gwałtownie opadać.

Chodzi o to, że samo zamartwianie się i użalanie nad sobą nie sprawi, że zbliżysz się do szczytu – nie myśl tylko o tym, że zszedłeś z kursu. Owszem, powinno cię to niepokoić, ponieważ troska to oznaka tego, że dostrzegasz różnicę pomiędzy tym, czego się spodziewałeś, a tym, jak to wygląda naprawdę. Powinieneś jednak wykorzystać takie uczucie jako inspirację i zająć się problemem poprzez przyjęcie nowego celu, jakim w takiej sytuacji jest pozostanie na ścieżce. W przypadku choroby lub kontuzji uniemożliwiającej trening masz dwa wyjścia: możesz popaść w przygnębienie i marazm, co najprawdopodobniej przedłuży okres powrotu do zdrowia, albo zrobić to, co konieczne, żeby szybciej odzyskać zdolność do trenowania – odpoczywać, pić odpowiednią ilość płynów, chodzić do lekarza i dobrze się odżywiać. Zapewnienie organizmowi jak najlepszych warunków podczas rehabilitacji sprawi, że nie tylko nie cofniesz się w tym czasie, ale też zbliżysz się do upragnionego celu.

PHIL MAHRE, USA
złoty medalista olimpijski w narciarstwie alpejskim

Największe dokonania

- 1984, Igrzyska Olimpijskie w Sarajewie – złoto (slalom)
- 1980, Igrzyska Olimpijskie w Lake Placid – srebro (slalom)
- 1980, mistrzostwa świata w Lake Placid – złoto (kombinacja)

W wieku 10 lat oglądaliśmy wraz z moim bratem bliźniakiem, Steve'em, jak Jean-Claude Killy z Francji zdobywa trzy złote medale na Zimowych Igrzyskach Olimpijskich w Grenoble. Było to w 1968 roku, a ja wciąż pamiętam, pod jak silnym wrażeniem tego wyczynu byliśmy zarówno my, jak i wszyscy dokoła. Właśnie wtedy zaczęliśmy z bratem marzyć o reprezentowaniu naszego kraju na igrzyskach olimpijskich, które miały odbyć się w Innsbrucku w Austrii w 1976 roku.

Pięć lat później, wiosną 1973 roku, zostałem powołany do narciarskiej reprezentacji Stanów Zjednoczonych i wszystko wydawało się być na dobrej drodze, aby moje marzenie mogło się spełnić. Ale nawet gdy plany są jak najlepiej ułożone, nie wszystko idzie tak gładko, jakby się chciało. W listopadzie następnego roku, kilka dni przed wyjazdem do Europy na pierwsze międzynarodowe zawody, dopadła mnie lawina i złamałem prawą nogę. Opuszczenie całego następnego sezonu utrudniło mi realizację marzeń, ani na chwilę jednak nie przestałem wierzyć w to, że w 1976 roku będę członkiem drużyny olimpijskiej.

Niestety, dobry Bóg miał wobec mnie inne plany. Być może uznał, że nie jestem jeszcze wystarczająco silny psychicznie i potrzebuję więcej czasu, po czym sprawił, że dziewięć miesięcy później ponownie złamałem tę samą nogę, co zmusiło mnie do opuszczenia większej części sezonu w 1975 roku. Miałem tylko grudzień i styczeń roku 1976, aby wziąć udział w jakichś międzynarodowych zawodach i wywalczyć kwalifikację na mające się odbyć w lutym igrzyska. Dzięki ogromnej determinacji i skupieniu miałem wyniki wystarczająco dobre, by znaleźć się w drużynie, a mój start w igrzyskach zakończył się piątym miejscem w slalomie gigancie.

Wynik ten dodał mi energii, wiary w siebie i ukierunkował na nowy cel: Lake Placid w stanie Nowy Jork za cztery lata. Z utrzymującą się przez kolejne trzy sezony determinacją i koncentracją odnosiłem kolejne sportowe sukcesy, co doprowadziło do tego, że za każdym razem, gdy rozpoczynałem zjazd, byłem uważany za zdecydowanego faworyta. Jednak po raz kolejny okazało się, że idealnie ułożony plan sobie, a rzeczywistość sobie. W marcu 1979 roku, zaledwie 11 miesięcy przed igrzyskami, doznałem złamania kości w obrębie lewego stawu skokowego. Kontuzja była na tyle poważna, że wymagała trwającej 4,5 godziny operacji, podczas której w kostce umieszczono mi siedem śrub i pięciocentymetrową stalową płytkę, aby utrzymać wszystko na swoim miejscu. Przeszedłem już tę drogę wcześniej, więc i tym razem nie poddałem się w dążeniu do startu w igrzyskach. I choć pod względem fizycznym byłem daleki od swojej najlepszej formy, dzięki silnej psychice nie tylko mogłem wziąć udział w zawodach, ale także zdobyć srebrny medal w slalomie. Po tym sukcesie pojawiły się dwa zasadnicze pytania: „Czy planuję kolejną czteroletnią podróż?" i „Czy będę na tyle zdrowy lub zdolny do podjęcia rywalizacji?". Odpowiedź na oba brzmiała: „Dlaczego nie!".

Wiedziałem, że turniej w 1984 roku w jugosłowiańskim Sarajewie będzie moją ostatnią szansą na olimpijskie złoto. W tym punkcie kariery aż za dobrze zdawałem sobie sprawę, jak olbrzymim wysiłkiem jest już sam udział w igrzyskach, a co dopiero zdobycie na nich złotego medalu. Wszystko musi być na swoim miejscu – zdrowie, siła fizyczna, a co najważniejsze: siła psychiczna i skupienie. To były pierwsze igrzyska olimpijskie, w których mojego startu nie poprzedzała żadna poważniejsza kontuzja. Dwa pewne zjazdy, jeden idealny – tyle potrzebowałem, żeby stanąć na najwyższym stopniu podium.

Spoglądając wstecz na moją karierę, miło wspominam zawody, zwycięstwa i porażki, jednak najważniejsza okazała się sama podróż. Podróż, która poprzez sport uczy nas wszystkich życia. Warto marzyć. I to o rzeczach naprawdę wielkich!

NATALIE COOK, AUSTRALIA
złota medalistka olimpijska w siatkówce plażowej

Największe dokonania

- 2000, Igrzyska Olimpijskie w Sydney – złoto
- 1996, Igrzyska Olimpijskie w Atlancie – brąz
- 2003, mistrzostwa świata w Rio de Janeiro – brąz
- pięciokrotna uczestniczka igrzysk olimpijskich (1996, 2000, 2004, 2008, 2012)

Od najmłodszych lat dziadek zachęcał mnie, abym marzyła o czymś niezwykłym. Żebym mówiła: Tego właśnie pragnę", a następnie dążyła do osiągnięcia celu. Tak właśnie zrobiłam w wieku ośmiu lat. Powiedziałam, że chcę zdobyć złoty medal olimpijski. Nie wiedziałam jeszcze ani jak to zrobię, ani w jakiej dyscyplinie sportu, ale zainspirował mnie mój znajomy, który w 1982 roku zdobył złoty medal podczas rozgrywanych w Brisbane Igrzysk Wspólnoty Narodów.

Kiedy już ustalisz swój „raczej niemożliwy do osiągnięcia" cel, nie ograniczaj się wyłącznie do zapisania go w sekretnym dzienniczku, w którym nikt inny go nie zobaczy, tylko z powodu obawy, że ktoś uzna cię za nieudacznika, jeżeli nie zdołasz go osiągnąć. Moja filozofia opiera się na przekonaniu, że pierwszą rzeczą, jaką powinno się zrobić po wybraniu celu, jest powiedzenie o tym jak największej liczbie ludzi. I to w taki sposób, aby nie mieli żadnych wątpliwości co do twojej wiary w rezultat końcowy. Już dwa lata przed igrzyskami mówiłam wszystkim, że jestem złotą medalistką olimpijską z Sydney 2000. Gdy opowiadasz ludziom takie rzeczy i robisz to z silnym przekonaniem, nie tylko musisz chodzić, mówić i zachowywać się jak złoty medalista (przez cały czas), ale zwiększasz szanse na to, że zaczną cię wspierać w najróżniejszy, czasem zupełnie nieoczekiwany sposób.

Oczywiście znajdą się również krytykanci, pesymiści czy narzekacze, którzy będą twierdzić, że nie dasz rady, a może nawet cię wyśmieją. Musisz ich po prostu ignorować, iść dalej, a może nawet zerwać z nimi jakiekolwiek kontakty. Jeżeli naprawdę zależy ci na osiągnięciu celu, powinieneś niestety odciąć się od osób, które w taki czy inny sposób będą ci w tym przeszkadzać, niezależnie od tego, czy są to przyjaciele, rodzina, czy ludzie z pracy. Jeżeli tego nie zrobisz, będzie to dodatkowy ciężar do dźwigania podczas czekającej cię podróży.

Na początku miałam opory, aby mówić ludziom, że zdobędę złoto. Niektórzy z moich kolegów sportowców nawet nie próbowali się kryć z tym, iż uważają mnie za idiotkę, pytali, dlaczego rozpowiadam takie rzeczy, i powtarzali, że to żenujące. Tymczasem ja po prostu podporządkowałam się pragnieniu, które z każdym dniem stawało się coraz silniejsze, by w końcu przeniknąć też na zewnątrz i stopniowo zabarwiać na złoty kolor całe moje życie – miałam złoty toster, złote okulary przeciwsłoneczne, złoty zegarek, złoty samochód, złotą pościel i złote szorty. Nawet mydło, którego używałam, nazywało się Palmolive Gold! Wszystko wokół mnie było złote. Zawsze, gdy widziałam coś złotego, włączał się jakiś olbrzymi magnes, który mnie do tego przyciągał. Złoty kolor wysyłał bardzo silną wiadomość do mojej podświadomości: złoto to jedyna możliwość.

Ludzie często pytają mnie, co by było, gdybym zajęła drugie miejsce, a ja odpowiadam, że pomalowałabym srebrny medal złotą farbą. Bo w tym wszystkim nie chodzi wcale o medal. Ale o to, by żyć jak ktoś, kto go zdobył. Ten jeden dzień podczas największej imprezy sportowej na świecie jest ostatecznym sprawdzianem wcześniejszego sposobu życia, a medal to krążek symbolizujący nagrodę za twoje wysiłki. A przecież ja byłam nagradzana każdego dnia, który spędziłam w drodze. Cała ta podróż była złota. Co zamierzasz zacząć robić już dziś, aby nadać swojemu życiu złotą barwę?

Wszystko to jest łatwe, gdy nie dzieje się nic złego, ale właśnie wtedy, kiedy życie staje się wyzwaniem – gdy docierasz do dna i stajesz u kresu wytrzymałości – musisz mieć strategię, która pozwoli ci wrócić na szczyt. Często jest to kwestia wsparcia i dlatego tak ważne jest, aby znaleźć przyjaznych ludzi i poprosić ich o pomoc. Wiele osób uważa proszenie o pomoc za oznakę słabości, ale jest zupełnie na odwrót. Nazywamy to integracją zespołową – kiedy tworzysz z kimś zespół, zmniejszasz oddziałującą na ciebie presję i zyskujesz kogoś, z kim możesz się nawzajem wspierać. Każdy z nas może znaleźć osobę lub osoby, z którymi nawiąże bliską, trwającą całe życie więź. Dotyczy to zarówno partnerów życiowych, współpracowników, jak i całych organizacji podejmujących współpracę z innymi organizacjami. Każdy taki związek sprawia, że świat staje się odrobinę lepszy.

GLENROY GILBERT, KANADA
złoty medalista olimpijski w sztafecie 4 × 100 metrów[*]

Największe dokonania

- 1996, Igrzyska Olimpijskie w Atlancie – złoto (sztafeta 4 × 100 metrów)
- 1997, mistrzostwa świata w Atenach – złoto (sztafeta 4 × 100 metrów)
- 1995, igrzyska panamerykańskie – złoto (100 metrów indywidualnie)
- 1995, mistrzostwa świata w Göteborgu – złoto (sztafeta 4 × 100 metrów)
- 1993, mistrzostwa świata w Stuttgarcie – brąz (sztafeta 4 × 100 metrów)
- uczestnik ośmiu igrzysk olimpijskich – pięć razy jako zawodnik (1988, 1992, 1994, 1996, 2000) i trzy razy jako trener
- 2004, honorowe członkostwo w olimpijskiej Galerii Sław
- 2008, honorowe członkostwo w kanadyjskiej Galerii Sław Sportu

Sport jest dla mnie metaforą życia. Lekcje, które otrzymałem jako sportowiec, przełożyły się na moje codzienne doświadczenia i wierzę, że dzięki nim stałem się lepszą, bardziej bezinteresowną osobą. Musiałem nauczyć się nie tylko sa-

---

[*] Ten wywiad na wyłączność z Glenroyem Gilbertem został przeprowadzony na potrzeby tej książki przez Amandę Sage, założycielkę serwisu Kickass Canadians (www.kickasscanadians.ca).

modyscypliny i wytrwałości, ale także tego, jak być świetnym kolegą z drużyny i jak doceniać poszczególne etapy zamiast skupiać się wyłącznie na celu końcowym. Lekcje te były bezcenne dla mnie nie tylko jako sportowca, ale i człowieka.

Tym, co sprawiło, że po raz pierwszy zainteresowałem się sportem, był element rywalizacji. Podobała mi się idea sprawdzenia siebie w bezpośredniej konfrontacji z drugą osobą. Kiedy jednak zacząłem na poważnie traktować uprawianie lekkiej atletyki, bardzo szybko zdałem sobie sprawę, że zawsze będzie ktoś, kto okaże się bardziej utalentowany ode mnie, i każda próba rywalizacji z tym kimś może przynieść rozczarowanie. Zamiast więc skupiać się na tym, kogo chciałbym pokonać, zacząłem wyznaczać sobie cele, które mogłem osiągnąć lub do których mogłem przynajmniej dążyć. To było niemal jak ewolucja w myśleniu – od nastawienia na rywalizację z innymi do świadomości, że muszę zacząć dostrzegać granice własnych możliwości w oparciu o własne talenty.

Nie chcę przez to powiedzieć, że najważniejszy jest talent. Jeśli miałbym użyć procentów do określenia tego, co pozwoliło mi osiągnąć sukces, powiedziałbym, że prawdopodobnie w jakichś 70 procentach była to ciężka praca, podczas gdy talent to pozostałe 30 procent. Nigdy nie uważałem się za kogoś obdarzonego ponadprzeciętnymi uzdolnieniami – byłem po prostu kimś, kto nie wie, kiedy przestać, i kto za każdym razem daje z siebie dosłownie wszystko. Tak, w moim przypadku zdecydowanie większe znaczenie miała ciężka praca niż talent.

Nie sądzę też, aby istniał jakiś konkretny przepis na sukces. To zbyt skomplikowana, a przede wszystkim indywidualna sprawa, aby dało się coś takiego stworzyć. Sukces to wypadkowa wszystkich rzeczy, które przychodzą większości ludzi do głowy, gdy zastanawiają się, co decyduje o tym, że sportowiec staje na podium: ciężkiej pracy, poświęcenia i wytrwałości. Tylko i aż tyle. Uważam jednak, że czynnikiem numer jeden jest szczęście.

W ciągu całej mojej kariery wiele razy robiłem coś, co wiązało się z ryzykiem. Kiedy podczas Zimowych Igrzysk Olimpijskich w Lillehammer w 1994 roku zjeżdżałem w dół lodowego toru wciśnięty w małe sanie bobslejowe, wszystko mogło się zdarzyć. Mieliśmy wiele wypadków. Zawsze poważnie podchodziłem do trenowania lekkoatletyki, ciągnęło mnie jednak czasem do podjęcia ryzyka gdzie indziej i miałem szczęście, że uchodziło mi to na sucho.

Głównym powodem zainteresowania się bobslejami było zmęczenie psychiczną stroną biegania. Na myśl o bieżni coraz częściej czułem frustrację, co przekładało się na brak postępów, choć zdawałem sobie sprawę, że są one w moim zasięgu. Wybrałem bobsleje, pomyślałem bowiem, iż spędzenie zimy na pchaniu sanek wzmocni mnie i sprawi, że poprawię się w pierwszej fazie (na jakichś 40–50 metrach) przyśpieszania podczas sprintu na dystansie 100 metrów. I tak się stało. Następnego lata osiągnąłem swój najlepszy czas w biegu na 100 metrów. Podjąłem ryzyko, choć wiele osób uważało, że po sezonie spędzonym na bobslejach nie będę w stanie powrócić do formy na bieżni. A jednak zerwanie z monotonią zawodów lekkoatletycznych okazało się zbawienne – zarówno pod względem fizycznym, jak i psychicznym. Kiedy ponownie zacząłem się ścigać na bieżni, czułem przypływ nowej energii i koncentracji. Jestem przekonany, że właśnie to w dużej mierze pozwoliło mi tak długo uprawiać czynnie sport.

Od tamtej pory próbowałem co jakiś czas różnych nowych rzeczy, dzięki czemu zawsze powracałem do biegania z odpowiednim nastawieniem. Wiosną 1996 roku przyjąłem na przykład zaproszenie od zespołu futbolu amerykańskiego San Francisco 49ers, ten rozdział jednak szybko się skończył, gdy mocno rozciąłem sobie dłoń przy próbie złapania rzuconej do mnie piłki.

Niezależnie od rezultatów poszukiwanie sposobów na utrzymanie motywacji i skupienia na sportowych celach było niezwykle pozytywne dla rozwoju mojej kariery. Dziś korzystam z tego doświadczenia jako trener: wyjaśniam moim zawodnikom znaczenie odpowiedniej regeneracji – nie tylko tej skupionej na ciele, ale także na psychice. Czasem jest to trudne, szczególnie gdy ma się do czynienia z młodymi, niecierpliwymi i żądnymi działania sportowcami. To ważne, aby zastanawiając się nad swoimi celami sportowymi, patrzyli na wszystko z szerszej perspektywy. Nawet ktoś, kto chce specjalizować się w dystansie 100 metrów, musi mieć świadomość, że cała jego kariera będzie maratonem, nie sprintem. To proces, który nie tylko trzeba zrozumieć, ale i umieć się nim cieszyć.

Skłamałbym, twierdząc, że zdobycie złota na Letnich Igrzyskach Olimpijskich w Atlancie w 1996 roku nie było najważniejszym wydarzeniem w mojej karierze. Postrzegam ten bieg jako przełomowy moment, coś w rodzaju inicjacji, zakończenia procesu dojrzewania i wejścia w dorosłość – dla mnie jako jednostki i dla całej naszej sztafety. Zdobycie złotego medalu olimpijskiego było punktem kulminacyjnym podróży, którą rozpoczęliśmy wspólnie w 1992 roku i która stała się procesem długotrwałej transformacji. Przeżyliśmy w tym czasie wiele wspaniałych chwil i równie dużo rozczarowań. Udało nam się jednak przetrwać i to właśnie doprowadziło nas do zwycięstwa.

Tak, zdobyliśmy złoto na igrzyskach olimpijskich i tak, dla wielu sportowców jest to największe z możliwych marzeń. Nigdy nie byłoby jednak możliwe, gdybyśmy nie przeszli przez wszystko, co czekało nas wcześniej. To jedna z najlepszych lekcji, jakie wyniosłem z mojej kariery: nie chodzi tylko o jeden moment, ale o długą serię wydarzeń tworzących coś znacznie większego niż pojedyncze zwycięstwo.

Tak wygląda mentalne podejście kilku wyjątkowych sportowców do kwestii dążenia ku doskonałości. Mistrzowie ci dysponują ogromną wiedzą, której przyswojenie znacznie ułatwia zrozumienie, na czym polega „bycie mistrzem" i co jest potrzebne do tego, aby zdobywać najwyższe laury zarówno w sporcie, jak i w innych dziedzinach życia. A także jak podchodzić do tego procesu z podobnym zaangażowaniem, jakim charakteryzują się olimpijczycy. Zastanów się teraz nad każdą z przedstawionych wcześniej złotych refleksji. Czy widzisz jakieś podobieństwo pomiędzy tym, przez co przeszli ci mistrzowie, a tym czego sam teraz doświadczasz? Czego możesz nauczyć się, analizując podjęte przez nich decyzje?

W jakim miejscu swojej drogi do złotego medalu jesteś? Czy zamierzasz naśladować Duncana Armstronga i koncentrować się na nagrodzie? Czy będziesz jak Nick Hysong i Phil Mahre, którzy pomimo kontuzji zachowali pozytywne nastawienie i nie przestali walczyć o powrót do gry? Co robisz, gdy zdarzają się trudne chwile: poddajesz się czy też nic nie jest w stanie złamać twojej psychiki, jak w przypadku Dany Hee? Każdy z nas może nauczyć się myśleć, odczuwać i działać jak mistrz, dlatego pamiętaj, aby czerpać z tych kilku lekcji złotych medalistów olimpijskich podczas swojej własnej podróży.

ROZDZIAŁ DZIEWIĄTY

TWÓJ MISTRZOWSKI
PLAN

Popełniając błędy podczas przygotowań,
przygotowujesz się do poniesienia porażki.

— BENJAMIN FRANKLIN

Czy istnieje jakiś sposób umożliwiający zebranie wszystkich informacji potrzebnych do ułożenia jednego, łatwego do wykonania planu? Tak, wymaga to jednak stworzenia mentalnej strategii ataku, która pozwoli ci ruszyć do przodu, a tym samym naprowadzi na drogę wiodącą prosto do wyznaczonego celu. Zacznij od oceny swojego stanu mentalnego w odniesieniu do twojej pasji – wykorzystaj do tego mentalną kartę punktacyjną, przedstawioną na następnych stronach. Przeprowadzenie tej krótkiej analizy pomoże ci opracować zwycięski plan treningowy i startowy oparty w całości o twoje indywidualne predyspozycje mentalne. Następny krok polega na stworzeniu własnej przedstartowej procedury wprowadzająco-przygotowawczej, dzięki której w momencie wystrzału pistoletu lub dotknięcia lodu przez krążek staniesz się w pełni gotowy. Powinieneś także przygotować działającą mowę wewnętrzną, po którą będziesz sięgał tuż przed ważnymi momentami, oraz pamiętać o wyłapywaniu błędów mentalnych, które zdarzają się sportowcom podczas ważnych zawodów. Równie istotnym elementem – szczególnie w dzisiejszych, pełnych zgiełku, wieloznaczności, niepewności i stresu czasach – jest umiejętność odnalezienia i utrzymywania równowagi emocjonalnej.

MENTALNA KARTA PUNKTACYJNA

W jakich obszarach mentalnego podejścia do pasji radzisz sobie najlepiej? A co sprawia ci trudności? Po pierwsze, oceń aktualny stan swojej psychiki – określisz w ten sposób jej mocne strony i obszary, które warto poprawić. Po drugie, zastanów się, co musisz zrobić, aby maksymalnie rozwinąć zdolności i strategie mentalne. Po trzecie, sprecyzuj, w jaki sposób wykorzystasz te zdolności i strategie zarówno na treningach, jak i podczas zawodów. Po czwarte, stwórz indywidualny mentalny plan gry i utrwal wyznaczane przez niego podejście w umyśle, dzięki czemu zawsze będziesz mógł wykorzystać je w odpowiednim momencie.

Oto gotowy wzór mentalnej karty punktacyjnej, którą możesz wykorzystać do szybkiej oceny stanu swojej kondycji psychicznej. Poświęć teraz kilka minut na sprawdzenie osiąganych wyników podczas treningów i zawodów na przestrzeni ostatnich trzech miesięcy. Bądź szczery i dokładnie oceń aktualny poziom swoich zdolności umysłowych (w skali od 1 do 10, przy czym 1 = niewielkie, a 10 = duże):

____ **wyznaczanie celów:** mam jasno sprecyzowane cele, które chcę osiągnąć każdego dnia, i wiem dokładnie, do czego dążę w dłuższej perspektywie

____ **obrazowanie mentalne:** potrafię dokładnie wyobrazić sobie swój idealny występ i towarzyszące temu emocje

____ **mowa wewnętrzna:** myślę pozytywnie i unikam nadmiernego chaosu

____ **pewność siebie:** moje nastawienie pozwala mi działać efektywnie w tych chwilach, w których najbardziej tego potrzebuję

____ **koncentracja:** pamiętam o celu i jestem tu i teraz

____ **kontrola oddechu:** nawet w chwilach silnego stresu oddycham swobodnie i głęboko

____ **odporność psychiczna:** nie unikam trudnych wyzwań i zachowuję pozytywne nastawienie w obliczu przeciwności losu

____ **panowanie nad lękiem:** mam uporządkowane myśli

____ **przyjemność:** staram się, aby moje działania cechowały radość, zabawa i humor, a nie powaga, nuda i nerwowość

____ **język ciała:** zachowuję się jak mistrz

____ **intensywność:** poziom energii mam dostosowany do sytuacji (nie za wysoki, nie za niski)

____ **osobiste afirmacje:** często i z głębokim przekonaniem powtarzam swoje frazy mocy

wynik: _____

Jaki wynik uzyskałeś? Łączna liczba punktów może wynosić 12–120, przy czym średni wynik to około 60. Celem jest poprawienie umiejętności mentalnych tak, aby wynik wynosił co najmniej 84 – oznacza to, że w każdym z poszczególnych obszarów powinieneś przyznać sobie minimum 7 punktów. Pamiętaj jednak, że dojście do takiego poziomu nie oznacza końca pracy, musisz nadal rozwijać każdą z wymienionych zdolności. Są one wzajemnie powiązane, dzięki czemu praca nad jednym obszarem psychiki przyniesie pozytywne efekty również w pozostałych.

Plan podejścia mentalnego na okres przygotowań. Oto przykład, jak może wyglądać plan doskonalenia umiejętności mentalnych: wyobraź sobie, że najniższy wynik uzyskałeś w obszarze „pewność siebie". Postanawiasz więc, że poprawisz tę umiejętność i chcesz osiągnąć ów cel w 21 dni. Przeczytaj ponownie podrozdział *Przeświadczenie: potęga pewności siebie* (patrz str. 55) i przypomnij sobie siedem pytań, które pozwolą ci poprawić się w tym obszarze. Podejmij zobowiązanie, że będziesz wzmacniał pewność siebie poprzez wyrażanie jej mową ciała i wyrazem twarzy podczas treningów. Przypomnij sobie swoje największe dokonanie z przeszłości i przeżyj je ponownie w umyśle.

Zrozum, że proces doskonalenia umiejętności mentalnych nigdy nie ma końca i musi stanowić jeden z głównych elementów działań. Przyjęcie tego podejścia pozwoli ci na rozwijanie jednego lub dwóch obszarów psychiki w ciągu dnia przez określony czas. Równie dobrze może to być 7, jak i 21 dni – najważniejsze, abyś bez względu na wyznaczony cel, konsekwentnie przestrzegał wszystkich ustalonych zasad. Co istotne, ćwiczenia te nie muszą być czasochłonne. Możesz na przykład popracować nad kontrolą oddechu (15-sekundowe oddechy) podczas postoju na czerwonym świetle, oczekiwania w kolejce lub w dowolnej wolnej chwili w ciągu dnia. Karteczka samoprzylepna z napisem „Sięgnij po złoto!" lub złota kropka mogą stanowić cenne wsparcie.

Plan podejścia mentalnego na czas zawodów. Potraktuj dzień zawodów jako pokaz swoich umiejętności, a nie trening. Sam Snead, prawdziwy dżentelmen i jeden z największych mistrzów golfa, lubił mawiać: „Tańcz z tą osobą, którą przyprowadziłeś". W sporcie podczas rywalizacji oznacza to, że musisz działać z tym, czym dysponujesz, ponieważ nie jest to czas na wprowadzanie zmian. Dokonuj wyłącznie koniecznych korekt, nie próbuj jednak ulepszać gry w jej trakcie. Nie pozwól, aby to, czego nie masz, przeszkadzało ci w skutecznym użyciu tego, co masz. Odkryj, co w danej chwili możesz uznać za swój największy atut, a następnie maksymalnie go wykorzystaj. Koncentrując się wyłącznie na tym, co działa w danej chwili, pozostajesz obecny i zapewniasz sobie najlepsze z możliwych warunków do odniesienia zwycięstwa.

Jeśli chodzi o gotowość mentalną w momencie rozpoczęcia zawodów, idealnie sprawdza się wcześniejsze ustalenie dwóch lub trzech głównych celów. Określ konkretne wskazówki, które pozwolą ci utrzymać zwycięskie nastawienie przez cały czas trwania rywalizacji. Zapisz je na małej kartce i zabierz ją na zawody. Zwroty te powinny być sformułowane w sposób pozytywny i w czasie teraźniejszym, aby korzystanie z nich automatycznie nakierowywało cię na to, co chcesz, aby się wydarzyło, a nie na to, czego chcesz uniknąć (na przykład: „Pamiętaj o celu" zamiast „Nie rozpraszaj się").

Wybierając cele mentalne na zawody, określ konkretnie te obszary swojej psychiki, które w tym szczególnym momencie wymagają specjalnego zaangażowania i uwagi. Czy musisz głęboko oddychać, aby utrzymać napięcie fizyczne na minimalnym poziomie? Czy podtrzymujesz pozytywną mowę ciała bez względu na przebieg zawodów? Czy potrafisz szybko odzyskać koncentrację, gdy coś cię rozproszy lub popełnisz błąd?

Zwieńczeniem tego procesu, a zarazem ostatecznym doświadczeniem jest pojawienie się na linii startu, boisku czy ringu i walka na najwyższym poziomie – urzeczywistnienie określonych wcześniej celów mentalnych pozwala osiągnąć to, co w danym momencie jest w nas najlepsze. Zmieniaj cele przed każdymi zawodami i decyduj, na który z obszarów psychiki powinieneś położyć największy nacisk w danym czasie i miejscu.

Oto przykładowy plan nastawienia psychicznego, który możesz wykorzystać podczas zawodów:

Moim celem na dziś jest pokazanie się z jak najlepszej strony. Osiągnę to przestrzegając własnych zasad:

A. Działam z celem i pasją.
B. Mam do wykonania misję „jeden dobry mecz z rzędu".
C. Przez cały czas trwania misji myślę, czuję i działam z silnym przekonaniem o własnych możliwościach.

MENTALNE PRZYGOTOWANIA PRZEDSTARTOWE

Jak powiedział niegdyś Hank Aaron, legenda baseballu: „Najważniejszą rzeczą jest to, jak ktoś przygotowuje się do walki". Rutyna przedstartowa to ustalony, szczegółowy tok postępowania, którego musisz przestrzegać przed każdym startem, ponieważ zależy od tego psychiczna i fizyczna zdolność do natychmiastowego wejścia na najwyższe obroty dokładnie w momencie rozpoczęcia rywalizacji (zamiast osiągnięcia szczytu gotowości zbyt wcześnie lub zbyt późno). Wypracowanie prostej, sprawdzonej rutyny już na wstępie daje ci przewagę nad rywalami, przyczyniając się do powstania poczucia panowania nad sytuacją i zapewniając przewidywalność, które mogą pomóc w złagodzeniu tzw. syndromu lęku przedstartowego – dodatkowego napięcia, podekscytowania i podenerwowania, których większość sportowców doświadcza przed występem. Naprawdę dobra rutyna zapewnia osiągnięcie połączenia umysłu i ciała, co sprawia, że podczas zawodów funkcjonują one jako całość. Ów specyficzny akt zapewnia również osłonę przed wszelkiego rodzaju zakłóceniami, jak niechciane porady udzielane przez innych lub wszelkiego rodzaju gierki psychologiczne (dogadywanie, prowokowanie itp.) ze strony przeciwnika starającego się wyprowadzić cię z równowagi. Przygotowując się do występu, po prostu zignoruj tego rodzaju nieistotne kwestie. Niektórzy sportowcy na przykład izolują się od otoczenia, zakładając słuchawki i słuchając ulubionej muzyki, podczas gdy inni zamykają oczy i wyobrażają sobie, że realizują założony wcześniej plan.

Jak się przygotować do występu? Oto kilka mentalnych zadań domowych, które mogą pomóc ci dopracować własną przedstartową strategię. Przypomnij sobie, o czym myślałeś, jak się czułeś i co robiłeś przed swoimi najlepszymi i najgorszymi występami. Co łączyło, a co różniło twoje podejście w tamtych dniach? Te jakże odmienne rezultaty nie są przypadkowe lub losowe – to skutki tego, co zrobiłeś przed zawodami. Możesz również poprosić kolegów z drużyny i trenerów o ich opinie na ten temat.

Co robisz przed rozpoczęciem zawodów, aby wprowadzić się w odpowiedni nastrój? Czynnikiem umożliwiającym dokonanie zmiany jest w tym przypadku samoświadomość.

- Czy słuchasz swojej ulubionej piosenki (piosenek)?
- Czy poświęcasz kilka minut na wizualizację optymalnego przebiegu zawodów?
- Czy praktykujesz powolne, głębokie oddychanie, aby wyciszyć umysł i uspokoić ciało?
- Czy lubisz przebywać w towarzystwie kolegów z drużyny, czy raczej pozostajesz w swoim własnym świecie?
- Czy unikasz interakcji z negatywnie nastawionymi ludźmi, aby zachować dobry nastrój?

Przyjrzyj się swoim psychicznym i fizycznym przedstartowym zachowaniom i poszukaj istniejących w nich wzorców, a następnie przekształć te niewłaściwe w mistrzowskie. Co sprzyja temu, że osiągasz doskonałe wyniki? Co powoduje, iż popełniasz błędy? Co sprawia, że łatwiej unikasz rozproszenia uwagi? Czy pozwalasz, aby ranga wydarzenia wpłynęła na sposób przygotowań? Zwróć również uwagę na wzorce pojawiające się w środku i w końcówce zawodów (np. czy w połowie meczu wciąż grasz na początkowym poziomie, czy też przeżywasz załamanie? Czy jesteś w stanie utrzymać uzyskaną przewagę aż do końcowego gwizdka?).

Po rozpoznaniu swoich skłonności opracuj plan ataku opierający się na tym, co musisz zrobić pod względem mentalnym, aby podczas zawodów osiągnąć maksymalną skuteczność. Optymalna rutyna pomoże ci stanąć na linii startu z odpowiednio przygotowanym umysłem i doskonałym nastrojem. A przestrzeganie jej przed każdymi występami sprawi, że przez cały sezon będziesz rywalizował stabilnie i popełniał mniej błędów.

Tworząc własną rutynę przedstartową, szczególnie tę, której będziesz używał w ostatniej godzinie przed zawodami, musisz znać skuteczne sposoby aktywowania tylko tych myśli i emocji, które pozwalają w pełni wykorzystywać fizyczne umiejętności. Pamiętaj również o tym, aby dzień wcześniej przejrzeć swoją listę celów mentalnych, poświęć jej także kilka minut w trakcie bezpośrednich przygotowań przed występem. Równie dobre efekty może także przynieść taka sama rozgrzewka, jaką zazwyczaj robisz przed treningiem – wykonywanie znanych ruchów pozwala na oderwanie umysłu od niepokojących myśli i uniknięcie pokusy przeprowadzania drobiazgowych analiz umiejętności technicznych. To moment, w którym musisz skupić się na tym, co idzie dobrze, a nie zastanawiać się, czy możesz coś jeszcze poprawić.

Rób to, co w największym stopniu przyczyni się do zaprezentowania pełni własnych możliwości. Jedna z młodych, wciąż studiujących gimnastyczek podzieliła się ze mną odkryciem, że odkąd w wolnym czasie spotyka się z koleżankami z drużyny, zaczęła osiągać dużo lepsze wyniki niż wcześniej, gdy próbowała wyciszać się i spędzać czas w samotności. Fiodor Jemeljanienko, rosyjski były zawodnik mieszanych sztuk walki i mistrz wagi ciężkiej, który w czasach swojej świetności był niepokonany przez prawie dekadę, lubił relaksować się przed walką, rozgrywając w szatni kilka partii kart ze swoim zespołem treningowym.

Niestety niektórym sportowcom zdarza się rezygnować ze swojej rutyny wtedy, gdy jest ona najbardziej potrzebna. Wypracuj nawyk trzymania się swoich zwyczajów przed każdymi zawodami, niezależnie od rangi meczu czy rywala. Bądź jednak przygotowany na konieczność odpowiedniego dostosowania się do wymogów sytuacji, na przykład opóźnienia czasu startu lub dotarcia na miejsce zawodów później, niż zamierzałeś. Wprowadzaj zmiany, gdy jeden z elementów rutyny okaże się nieaktualny lub gdy znajdziesz coś, co lepiej odpowiada twoim potrzebom. Pamiętaj tylko, aby ocenić skuteczność wprowadzanych zmian odpowiednio wcześnie, wdrażając nową rutynę przed jednym z treningów, a nie dopiero przed zawodami.

Kanadyjczyk Duff Gibson, złoty medalista w skeletonie na Zimowych Igrzyskach Olimpijskich w Turynie w 2006 roku, zdradził mi swoje podejście do zagadnienia gotowości mentalnej:

> W czasach, gdy regularnie uczestniczyłem w zawodach, moja przedstartowa rutyna była czymś, co dopracowywałem przez wiele lat, zawsze jednak byłem gotów ją zmodyfikować, żeby jak najlepiej pasowała zarówno do mojego stanu fizycznego i psychicznego, jak i do warunków otoczenia. Najważniejsze było to, abym nie stawiał przed sobą zbyt wygórowanych wymagań, nie chciałem bowiem, żeby zmiana harmonogramu zawodów lub jakaś inna nieprzewidziana okoliczność wytrąciła mnie z równowagi. Zazwyczaj nie słuchałem też żadnej muzyki. Wolałem ciszę, ponieważ czułem, iż pozwala mi ona zachować większą samoświadomość w odniesieniu do postępów przeprowadzanej rozgrzewki. Osiągnięcie stanu równowagi, w którym moje mięśnie i system nerwowy były dostatecznie przygotowane do wysiłku, ale nieprzeciążone, wymagało ode mnie dokładnego dostrojenia się do poziomu energii. Musiałem być również świadomy wszelkich problemów związanych z napięciem mięśniowym lub innych zaburzeń fizycznych, którymi musiałem zająć się sam lub poprosić o pomoc fizjoterapeutę.

Co zazwyczaj robisz po zawodach? Do ważnych rzeczy, które trzeba zrobić po zakończeniu rywalizacji, należą: rozciąganie, zjedzenie posiłku regeneracyjnego, picie odpowiedniej ilości płynów oraz docenienie przeżytego właśnie wydarzenia i rozmowa z innymi o tym, co zadziałało. Myśl o pozytywnych rzeczach. Poczekaj do późnego wieczora, a nawet następnego dnia, aby dokończyć analizę swojego występu w dzienniku mistrza lub zastanowić się nad tym, co mogłeś zrobić lepiej.

Nie ulegaj przesądom. Większość sportowców ma swoje przesądy lub przedmioty przynoszące szczęście, jak monety, bransoletki czy elementy ubioru. Wiara w działanie tych osobistych rzeczy może pomóc w osiągnięciu odpowiedniej równowagi, a tym samym odwrócić uwagę od niepokoju związanego z występem. W połączeniu ze skuteczną rutyną, przedmioty te działają jak pozytywne bodźce i mogą sprawić, że twój wewnętrzny dobry wilk pozostanie zwycięzcą.

Amerykański gimnastyk Danell Leyva został mistrzem USA w wieloboju indywidualnym w 2011 roku, a rok później w tej samej konkurencji zdobył brązowy medal podczas igrzysk olimpijskich w Londynie. Jego znakiem rozpoznawczym był „szczęśliwy" ręcznik, który stanowił część jego rutyny podczas zawodów. Podobnie jak robią to czasem tenisiści pomiędzy setami, Leyva także zakładał na głowę ręcznik, izolując się w ten sposób od otoczenia i unikając rozpraszania uwagi. Na szczęście dla innych zawodników, ręcznik był czysty. Leyva żartował zawsze: „Piorę go. Nie jest przepocony i paskudny".

Równocześnie jednak należy unikać tak silnego przejmowania się rekwizytami oraz rytuałami, że zamiast pomagać, same stają się czynnikami zakłócającymi przedstartowe przygotowania. Taki obrót spraw może być spowodowany nadmiernym niepokojem, co wymaga bezpośredniego działania i rozwiązania ukrytych przyczyn takiego stanu. Przesądy i tym podobne rzeczy nie są oczywiście warunkiem osiągnięcia wspaniałych rezultatów. Babe Ruth, legendarny gwiazdor drużyny New York Yankee, którego nazywano „sułtanem uderzenia" ze względu na jego skuteczność jako pałkarza, wypowiedział się kiedyś na temat przesądów wśród sportowców: „Mam tylko jeden przesąd. Muszę dotknąć wszystkich baz za każdym razem, gdy wybijam piłkę poza płytę boiska".

OSOBISTA MOWA WEWNĘTRZNA

Krótka przemowa do samego siebie często może sprawić, że umysł stanie się gotowy na wszystkie wyzwania związane z występem w dniu zawodów – zwłaszcza gdy wielki zły wilk zaczyna szczerzyć kły i wyć coraz głośniej. Treść mowy motywacyjnej powinna być dostosowana do indywidualnych potrzeb i okoliczności. Oto pięć najważniejszych elementów skutecznej przedstartowej mowy wewnętrznej.

1. Prostota, przejrzystość oraz s i l n y w p ł y w na psychikę.
2. Poprawiające p e w n o ś ć s i e b i e przywołanie odniesionego wcześniej sukcesu.
3. Wyliczenie wszystkiego, na czym trzeba się s k u p i ć w celu osiągnięcia jak najlepszego wyniku.
4. Przypomnienie o tym, że nie ma nic do stracenia, ale wszystko jest do w y g r a n i a.
5. Obietnica czerpania p r z y j e m n o ś c i z każdej chwili.

Poniżej zamieszczam treści dwóch zwycięskich przemówień przedmeczowych, które wygłosili trenerzy uniwersyteckich drużyn koszykówki podczas turnieju NCAA March Madness. Zwróć uwagę na to, w jaki sposób uwzględniono w nich powyższe elementy. Znajomość tego, co sprawia, że zespół odnosi sukcesy, jest dla trenera niezwykle cenna. Brak tej wiedzy maksymalizuje ryzyko nieumyślnego osłabienia mentalnego zespołu, zamiast zwiększać jego wolę walki. Pierwsze przemówienie wygłosił w 2006 roku trener drużyny Uniwersytetu Florydy, Billy Donovan, przed meczem przeciwko UCLA Bruins, w którym stawką było mistrzostwo NCAA. Mecz zakończył się zwycięstwem Aligatorów, co było pierwszym z dwóch zdobytych jeden po drugim tytułów mistrzowskich. Oto co powiedział trener Donovan:

> Chłopaki, dziś nie liczy się ani przeszłość, ani przyszłość. Liczy się tylko ta chwila. Musicie chcieć, żeby ten wieczór trwał wiecznie. Musicie chcieć biegać, grać i bronić przez cały wieczór. Musicie żyć tą chwilą

i rozumieć, że pojawią się trudności i pojawią się też wyzwania. Ale właśnie to – te trudności i wyzwania – zbliżyło nas do siebie jako zespół. Żyjcie tą chwilą, doceniajcie każdy moment, idźcie tam i grajcie jako jedna drużyna.

Drugie przemówienie jest autorstwa trenera drużyny z Uniwersytetu Stanowego w Kansas, Billa Selfa. Wygłosił je przed meczem o mistrzostwo NCAA w 2008 roku, w którym jego Jayhawks pokonali faworyzowany zespół Memphis Tigers. Oto co powiedział trener Self:

> To był niewiarygodny rok. Odnieśliście najwięcej zwycięstw w historii kansaskiej koszykówki. Pomyślcie o tym. Jesteście zespołem z największą liczbą zwycięstw w historii tego stanu. To coś, czego już nikt nigdy wam nie odbierze. Nikt. A skoro nie mogą wam tego odebrać, właściwie nie mamy dziś nic do stracenia. Nic. Możemy za to bardzo wiele zyskać. Jestem przekonany o naszej wygranej, dlatego, że nie musimy niczego zmieniać w tym, jacy jesteśmy. Podczas trzydziestu dziewięciu spotkań pokazaliście, jak bardzo zamierzacie się starać podczas gry, jak zamierzacie bronić, jak chcecie zbierać piłki i jak zamierzacie wykradać dodatkowe minuty czasu posiadania piłki. Musimy jedynie być tym właśnie zespołem. Czas się zabawić.

A teraz wyobraź sobie przez chwilę, że jesteś wyczynowym pływakiem – siedzisz w tzw. *ready room* (pomieszczeniu, w którym najlepsi pływacy spędzają ostatnie minuty przed wyjściem na basen) i czekasz na rozpoczęcie swojego wyścigu podczas zawodów drużynowych. Wiesz, że za chwilę zmierzysz się z głównymi rywalami. Gdy zauważasz, że inni czołowi pływacy także są już w pomieszczeniu, w umyśle rozlega ci się przeciągły skowyt wielkiego złego wilka zwątpienia. Jak możesz się mu przeciwstawić? Oto przykładowa mowa motywacyjna, którą możesz sam sobie wygłosić, używając myśli dotyczących procesu lub zadania:

Okej, wezmę teraz kilka głębokich oddechów, co pomoże mi oczyścić umysł i skoncentrować się na wyścigu. Jestem dobrze przygotowany i gotowy. To tamci muszą mnie pokonać, nie ja ich. Wielokrotnie wyobrażałem sobie moment, w którym jako pierwszy dłonią dotykam ściany basenu. Teraz skupię się na tym, co zrobię, żeby płynąć szybko i osiągnąć jak najlepszy wynik. Zamierzam zaufać wypracowanej mechanice ruchów, idealnie wykonać każdy z nawrotów i zaatakować na finiszu. Nie mam nic do stracenia, ale wszystko do zyskania. Będę cieszyć się każdą chwilą wyścigu. Zamierzam dać z siebie wszystko, czas to uwolnić, dobrze się bawić i wzburzyć wodę w całym basenie!

BŁĘDY MENTALNE PODCZAS WAŻNYCH WYDARZEŃ

> *Nie przegraj meczu jeszcze przed jego rozpoczęciem*
> — DARRELL ROYAL, BYŁY GŁÓWNY TRENER
> FUTBOLU AMERYKAŃSKIEGO
> NA UNIWERSYTECIE TEKSASU

Chciałbym teraz zwrócić uwagę na trzy poważne błędy mentalne, które sportowcy często popełniają podczas dużych wydarzeń lub w dniu ważnego meczu, np. *play offów* lub finałów. Są to: 1) wyolbrzymianie znaczenia wyniku; 2) nadmierne usiłowania; 3) skupianie się na negatywnych aspektach. Popełnianie tych błędów skutkuje często wpadkami, które w innej sytuacji byłyby bardzo łatwe do uniknięcia lub w ogóle by się nie zdarzyły. Aby osiągać wyniki na poziomie mistrzowskim, musisz najpierw wygrać grę toczącą się w twoim umyśle, a to z kolei wymaga wyeliminowania każdego z wymienionych powyżej błędów. Na szczęście istnieją odpowiednie techniki mentalne, których użycie w tych ważnych dniach niemal całkowicie minimalizuje ryzyko popełnienia któregokolwiek z tych błędów. Bez względu na to, na jakim etapie jest sezon, jaki poziom reprezentuje dany przeciwnik czy też jakie znaczenie mają zawody, najważniejszy cel zawsze jest taki sam – od początku do końca rywalizować najlepiej, jak potrafisz. Takie podejście sprawi, że w tym właśnie, tak ważnym dniu osiągniesz najlepszy wynik.

Oto pytania, które Nick Saban, główny trener futbolu amerykańskiego na Uniwersytecie Alabamy, zadał swojemu zespołowi przed meczem o tytuł akademickiego mistrza kraju w 2012 roku: „Jak bardzo chcecie dziś wygrać? Ile zamierzacie z siebie dać? Z jakim entuzjazmem i podekscytowaniem będziecie grać i jak twardym przeciwnikiem będziecie? I czy będziecie grać jedną kwartę po drugiej tak, jakby każda z nich była oddzielnym meczem?". Podopieczni Sabana całkowicie zdominowali Tygrysy z Luizjany, wygrywając 21 : 0. Od samego początku skupili się na poszczególnych akcjach, zamiast ciągle sprawdzać, co dzieje się na tablicy wyników. Robili dokładnie to, czego nauczono ich podczas treningów, zamiast podejmować próby wyjścia poza wytrenowane schematy. Utrzymywali pozytywne nastawienie, zamiast dać się ponieść negatywnym emocjom. Warto zwrócić uwagę na to, czym Saban podzielił się z dziennikarzami po tamtym meczu:

> Oczywiście nie zagraliśmy idealnego meczu. Zablokowało nas. Przez długi czas nie mogliśmy zdobyć przyłożenia. Ale chłopaki po prostu grały dalej i ani razu żaden z nich nie wykazał zniechęcenia z powodu czegokolwiek, co wydarzyło się podczas meczu. I chyba właśnie to wspólne nastawienie całego zespołu przechyliło szalę na naszą korzyść. Planowaliśmy po prostu skupiać się na jednej akcji na raz, każdą z nich doprowadzając do końca. I niezależnie od tego, jak potoczyła się poprzednia akcja, cały czas podchodziliśmy do następnej z nastawieniem w stylu: „nie zamierzamy się poddać". Wydaje mi się, że było to widać doskonale w tym, jak graliśmy przez całe spotkanie.

Pierwszy błąd mentalny: wyolbrzymianie znaczenia wyniku. Osiągnięcie szczytowej wydolności jest możliwe tylko w danej chwili podczas występu, więc świadome skupianie się na wyniku końcowym stanowi kosztowny i tak często popełniany przez sportowców błąd. Dlaczego? Zarówno z powodu wszystkich dotychczasowych przygotowań włożonych w występ, jak i dużych nadziei na wygraną (lub uzyskanie najlepszego czasu) czy też strachu przed porażką (albo niepowodzeniem w uzyskaniu najlepszego czasu). Błąd ten – polegający na wybieganiu myślami o potencjalnych konsekwencjach zwycięstwa lub porażki zbyt daleko w przyszłość – często skutkuje rozproszeniem koncentracji i graniem poniżej własnych możliwości. Zminimalizuj znaczenie dużego wydarzenia przed jego rozpoczęciem. Nie myśl o podnoszeniu trofeum, myśl o grze.

Jeżeli jesteś jednym z tych sportowców, którzy pod wpływem świateł reflektorów zaczynają nadmiernie skupiać się na wyniku, to najlepszą techniką zaradczą, jakiej musisz użyć, jest zaprzestanie stresowania się tym, czy wygrasz, czy przegrasz. Skup się na procesie, całkowicie ignorując wynik. Realizuj swój plan gry lub wyścigu krok po kroku, myśląc tylko o tym, co masz do zrobienia w następnej kolejności. Gdy tylko zauważysz, że odpłynąłeś myślami od wykonywanego zadania lub zaczynasz martwisz się o końcowy wynik, dokonaj niezbędnej zmiany. Natychmiast skieruj uwagę z powrotem na misję polegającą na obecności tu i teraz, dbając jednocześnie o to, żeby znowu być skoncentrowanym na tym, co masz do zrobienia. Kontynuuj proces i trzymaj się zasady jednego dobrego zagrania (lub strzału, uderzenia czy okrążenia) na raz aż do końcowego gwizdka lub przekroczenia linii mety. Wynik może poczekać.

Nie pozwól, aby umysł lub energia fizyczna zostały pochłonięte przez czynniki zewnętrzne, nad którymi nie masz bezpośredniej kontroli. Dotyczy to również wszelkich nieistotnych kwestii związanych z zawodami lub atmosferą zgiełku panującą podczas wydarzenia. Od początku do końca skupiaj się na celu, zwracając uwagę na te szczegóły lub czynniki wpływające na skuteczność, które zawsze masz pod kontrolą. Tak silne ukierunkowanie na proces jest szczególnie ważne, gdy jesteś zmęczony lub kiedy czas trwania zawodów dobiega końca. Nie uganiaj się za wygraną, pozwól, aby to ona dogoniła ciebie.

Drugi błąd mentalny: nadmierne usiłowania. To również częsty błąd popełniany przez sportowców podczas wydarzeń najwyższej rangi, gdy występują na poziomie narodowym lub rywalizują z wyżej notowanym rywalem. Jest to spowodowane zbyt silną ekscytacją oraz pragnieniem jak najszybszego rozpoczęcia starcia wynikającymi z całej naturalnej otoczki wyczekiwania i oczekiwań, która zawsze towarzyszy takim wydarzeniom. Dodatkowo sportowcy ci błędnie uważają, że tym razem muszą wypaść dużo lepiej niż poprzednio. Zamiast wkładać zbyt wiele energii w kolejne próby, doprowadzając tym samym do stanu fizycznego napięcia i psychicznej lekkomyślności, po prostu graj konsekwentnie od początku do końca. Istnieje fałszywe przekonanie, że z powodu rangi wydarzenia konieczne jest podjęcie herkulesowego wręcz wysiłku lub wspięcie się ponad ludzką wytrzymałość. Tymczasem takie podejście najprawdopodobniej sprawi, że nie tylko przedwcześnie wyczerpiesz całą energię, ale przede wszystkim oddalisz się od tego, co sprawiło, że odniosłeś sukces.

Zmiana mentalna, której musisz dokonać, polega na trzymaniu się tego, co do tej pory sprawiało, że odnosiłeś sukcesy – dotyczy to również zachowania stałej rutyny w dniu zawodów. Zasługujesz na to, aby być częścią tego wydarzenia. Jeżeli jesteś dobrze przygotowany, nie musisz wprowadzać niczego (ani przed zawodami, ani w ich trakcie), czego nie sprawdziłeś wcześniej na treningach. Działaj ze swoją normalną, doskonałą skutecznością i walcz najlepiej, jak potrafisz – to wszystko, czego potrzebujesz. Zaufaj formie, którą wypracowałeś wcześniej, kieruj się instynktem przy podejmowaniu decyzji i pozwól, by umiejętności fizyczne przejawiały się automatycznie.

Trzeci błąd mentalny: skupianie się na negatywnych aspektach. Oczekiwanie od samego siebie perfekcji (lub oczekiwanie, że podczas rywalizacji będą panowały idealne warunki) przy każdym występie to kolejny częsty błąd popełniany przez najlepszych sportowców świata. Szczególnie wyraźnie objawia się on podczas dużych międzynarodowych imprez, jak igrzyska olimpijskie, Wimbledon czy mistrzostwa świata w piłce nożnej. Wielu zawodników nie potrafi zatrzymać się na chwilę i zrozumieć, że zawsze istnieje pewien margines błędu. Panuje powszechne, ale mylne przekonanie, że zwycięstwo zależy od tego, czy każde zagranie, strzał lub przechwycenie piłki będą perfekcyjne (w przeciwnym razie zaburzeniu ulega poczucie własnej wartości). W rzeczywistości jest zupełnie na odwrót, ponieważ jedynym „osiągnięciem" przy takim podejściu będzie utrata przyjemności, energii oraz entuzjazmu.

Zmiana mentalna, której potrzebujesz, to **podtrzymywanie pozytywnego nastawienia** zamiast pozwalanie na to, aby zaczęły kierować tobą negatywne myśli. Gdy tylko wydarzy się coś niespodziewanego lub niechcianego, musisz natychmiast powstrzymać wywołane tym destrukcyjne emocje lub unoszącego łeb wielkiego złego wilka. Zdarzeniem takim może być utrata przewagi przez zespół albo błąd sędziów. Nie pozwól, by zawładnęła tobą frustracja, panika lub przygnębienie. Natychmiast zostaw to przykre wydarzenie za sobą (np. stosując metodę „spłukiwania" porażek – patrz rozdz. 2, str. 71), gdyż w przeciwnym razie będzie się za tobą ciągnąć do następnej akcji, kwarty lub posiadania piłki.

Przed każdym występem podejmij zobowiązanie, że dołożysz wszelkich starań, aby zachować spokój bez względu na to, co się wydarzy. Oddziel się emocjonalnie od negatywnych sytuacji i pomyłek z dnia zawodów. To mistrzowskie nastawienie pomoże ci zachować zimną krew i pewność siebie przez całe wydarzenie i pozwoli talentowi ponieść cię do przodu.

OSTATNIE UDERZENIE I RÓWNOLEGŁE RZECZYWISTOŚCI

> Spraw, aby w obliczu miliona wszechświatów twoja dusza pozostała spokojna i opanowana.
> — WALT WHITMAN

Bob Rotella, psycholog sportowy, jest autorem bestsellerowej książki *Golf is not the game of perfect*. Trudno o lepsze podsumowanie tej dyscypliny, ponieważ pole golfowe to miejsce, na którym zdarzają się najróżniejsze rzeczy – jak na przykład piłka znikająca w koronie drzewa. Dołek ma 108 milimetrów średnicy, standardowa amerykańska piłka golfowa 43 milimetry średnicy, więc za każdym razem, gdy znajdzie się nad dołkiem, wpada do środka – o ile oczywiście grawitacja chwilowo się nie zepsuje, do czego jednak jeszcze nigdy nie doszło.

Dlaczego więc większość golfistów tak bardzo obawia się tych krótkich uderzeń, gdy odległość pomiędzy piłką a dołkiem wynosi zaledwie 120 centymetrów? Z powodu ich nastawienia – szczególnie wtedy, gdy ich umysły są pełne wątpliwości. To właśnie jeden z tych aspektów, który odróżnia wybitnych golfistów od całej reszty: oni widzą piłkę wpadającą do dołka, zanim jeszcze zaczną szykować się do uderzenia. Jasne, że oni również popełniają błędy, ale w porównaniu z innymi zdarza im się to o wiele rzadziej. Rzecz w tym, abyś naprawdę widział to, co sobie wyobrażasz, ponieważ znacznie zwiększa to szanse na realizację swojej wizji.

Wyobraź sobie następującą sytuację, do której dochodzi w niedzielę podczas najbliższego turnieju U.S. Open. Nasz bohater, Jack, gra w golfa dokładnie w tym samym czasie w trzech równoległych światach. W każdym z tych miejsc jest już na ostatnim, 18. dołku i ma do wykonania tylko jedno uderzenie. Jego piłka leży w odległości 120 centymetrów od dołka. Jeżeli trafi, wygrywa swój pierwszy wielki turniej.

- W brązowej rzeczywistości jest zbyt podekscytowany.
- W srebrnej rzeczywistości jest zbyt zmartwiony.
- W złotej rzeczywistości jest spokojny i skoncentrowany.

W brązowym wszechświecie Jack wierzy, że uderzenie, które zaraz wykona, odmieni jego życie. Umysł wypełniają mu obrazy korzyści, jakie przyniesie zwycięstwo. Jest nadmiernie rozentuzjazmowany, ponieważ zamiast pozostać w chwili obecnej, nie może się już doczekać otrzymania pucharu. Jack pośpiesznie wykonuje swoją rutynę. Zaciska chwyt, uderza piłkę i kieruje ją metr obok dołka – przytłaczająca porażka.

W srebrnej rzeczywistości Jack jest przekonany, że jeżeli nie trafi piłką do dołka, jego całe życie legnie w gruzach. Głowę wypełniają mu myśli o hańbie i ośmieszeniu. Jack skupia się wyłącznie na tym, by nie popełnić błędu, zamiast być obecnym i uważnym, co zwiększyłoby tym samym szanse na wygraną. Przeciąga swoją rutynę przed uderzeniem i nerwowo rozgląda się dookoła, zaciska dłonie na kiju i uderza zbyt słabo. Piłka zatrzymuje się 40 centymetrów przed dołkiem – kompletna kompromitacja.

W złotej rzeczywistości Jack myśli: „Zrozum, uderz, traf". Spogląda na złotą kropkę na rękawicy golfowej i bierze głęboki oddech. Nie martwi się tym, że musi wykonać uderzenie, tylko tym, jak to zrobi. Jego myśli dotyczą wyłącznie optymalnego toru ruchu i prędkości, w jaką musi wprawić piłkę. W tej chwili wyjątkowego skupienia, jedyną rzeczą, która zaprząta umysł Jacka, jest w y k o n a n i e. Oznacza to, że koncentruje się na tym, co może zrobić fizycznie, a nie na tym, jakie znaczenie ma to, czy trafi, czy nie. Rozluźnia chwyt, wykonuje płynny zamach, uderza i słyszy, jak piłka wpada do dołka – prawdziwa ekscytacja.

Pamiętaj, że myśli warunkują uczucia, a uczucia mają wpływ na wyniki. Umiejętności fizyczne Jacka były jedyną stałą we wszystkich trzech światach. Uderzenie wykonane w złotej rzeczywistości odzwierciedla odpowiedni stan umysłu Jacka, bez mentalnych rozterek dotyczących wagi chwili, które zaburzyły zarówno brązową, jak i srebrną rzeczywistość. Jego umysł był czysty (pozbawiony wszelkich zakłóceń), a ciało odprężone, całkowicie skupione na zadaniu.

Jack zaakceptował fakt, że wykonanie tego uderzenia doda coś do jego życia, zamiast je determinować – ani jego samoocena, ani przyszłe zadowolenie nie były zagrożone. Nie martwił się o to, co inni pomyślą o jego udanym lub nieudanym uderzeniu. Dzięki takiemu nastawieniu mistrza spokojnie wykonał swoją normalną rutynę, a następnie zagrał z pełnym zaufaniem i swobodą.

Zawsze skupiaj się na procesie i wykonaniu, zamiast martwić się o rezultat, którego pożądasz lub – co jest o wiele gorsze – który wprawia cię w przerażenie. I to zarówno wtedy, gdy masz przed sobą osiemnasty, decydujący o zwycięstwie dołek, jak i wtedy, gdy celem jest zejście poniżej 80 uderzeń po raz pierwszy w życiu. Jeżeli chcesz być jak Złoty Jack, zastosuj to, czego właśnie się nauczyłeś – w przeciwnym razie nie odpowiesz na żadne z 10 pytań!

ZEGNIJ SIĘ, NIE PĘKAJ

Bądź jak bambus – zginaj się, ale nie pękaj.

– ANONIM

Pamiętaj o tym, jak duże znaczenie ma zachowanie równowagi pomiędzy sportem a życiem – to musi być jednym z twoich największych (jeżeli nie największym) priorytetów. Uważaj jednak na te wszystkie dyskusje w mediach dotyczące osiągania całkowitej równowagi życiowej, ponieważ mogą wprowadzać w błąd. Przecież wszystko wokół jest w ciągłym ruchu i podlega nieustannym zmianom. Oczekiwanie, że równowaga lub doskonałość (albo podlegające kontroli psychiczne i fizyczne obciążenie organizmu) są możliwe we wszystkich dziedzinach życia, to błąd, który może wyrządzić wiele złego.

Gdy w jednym z obszarów życia wszystko układa się niemalże idealnie, w innym możesz znajdować się na równi pochyłej i staczać prosto w sam środek chaosu. Możliwe, że osiągasz dobre wyniki w sporcie, ale w ogóle nie spotykasz się z przyjaciółmi. Czasami czujesz się wspaniale, by na drugi dzień uginać się pod ciężarem ponurych myśli. Niekiedy grasz naprawdę dobrze, a twoja drużyna i tak daje sobie odebrać zwycięstwo dosłownie w ostatnich sekundach spotkania.

Bywają też okresy, w których okoliczności zmuszają cię do poświęcenia się jednej tylko części twojego życia, np. podczas obozu treningowego, nauki do egzaminów końcowych czy decydującej o awansie rundy rozgrywek sportowych. Wymaganie od siebie osiągnięcia całkowitej równowagi pomiędzy sportem a życiem prywatnym w takich chwilach ociera się o idealizm.

Zamiast tego spróbuj pozostać w centrum tego otaczającego nas i wypełnionego kłębiącymi się niejednoznacznościami i wątpliwościami świata, poprzez dążenie do odnalezienia emocjonalnej lub wewnętrznej równowagi. Podążaj za zmianami i kontroluj to, co kontrolować potrafisz. Michel de Montaigne, żyjący w XVI wieku, znany francuski eseista, stwierdził: „Jeśli nie mogę panować nad wydarzeniami, panuję nad sobą". Bywa tak, że życie podsuwa ci same złe karty. Aby osiągnąć poziom mistrzowski, wykorzystuj każde rozdanie najlepiej, jak potrafisz – to wszystko, co możesz zrobić.

Mistrzowskie nastawienie to twój as w rękawie. Zdobądź i wykorzystaj. Zadaj sobie dwa następujące pytania:

1. Co muszę zrobić, aby poradzić sobie z moją obecną sytuacją tak, jak zrobiłby to prawdziwy mistrz?
2. Co zrobię teraz, aby dotrzeć do miejsca, w którym chcę się znaleźć w przyszłości?

Jak wspomniałem wcześniej, przestań przejmować się rzeczami, nad którymi nie masz kontroli. Zamiast tego panuj nad sobą i kontroluj to, co da się kontrolować, przestrzegając poniższych wskazówek:

- W chwilach przygnębienia, wątpliwości czy stresu, uświadom sobie, że cokolwiek jest tego przyczyną, w końcu również minie.
- Skup swoją energię na rozwiązywaniu problemów w chwili obecnej, zamiast nadmiernie martwić się o przyszłość.
- Podejmuj pozytywne działania, zamiast poddawać się apatii i bierności.
- Bądź asertywny, poprzez dbanie o swoje prawa i potrzeby, takie jak poświęcenie niezbędnego czasu na trening i regenerację. Niekiedy wymaga to stawiania własnych korzyści ponad korzyściami innych. Innymi słowy: naucz się, kiedy jedyną rzeczą, jaką możesz powiedzieć innym, jest „nie", a następnie trzymaj się tego – taka postawa pomoże ci zmniejszyć poziom stresu lub sprawi, że nie porzucisz swoich priorytetów.
- Poszukaj pomocy i wsparcia u przyjaciół, rodziny lub specjalisty, zamiast oddalać się od wszystkich coraz bardziej lub pozostawać w samotności.
- Nieustannie zdobywaj wiedzę na temat zasad dbania o własne zdrowie i poznawaj oraz udoskonalaj techniki relaksacyjne pozwalające rozładować napięcie.
- Utrzymuj bezgraniczne poczucie humoru – w każdej sytuacji próbuj odnaleźć coś pozytywnego lub zabawnego.

- Przede wszystkim jednak przez cały czas trwania procesu dążenia do upragnionego celu musisz kierować się postawą zakładającą ochronę podstawowych wartości związanych z twoim długotrwałym zdrowiem, szczęściem i relacjami z innymi osobami z twojego otoczenia. Jak wyraził to jeden z moich osiągających znakomite wyniki i cieszących się udanym życiem klientów: „Zawsze stawiaj zdrowy rozsądek ponad sukcesem".

Nadszedł właśnie moment, w którym powinieneś podjąć decyzję o rozpoczęciu zdyscyplinowanych działań, których rezultatem będą trwałe zmiany w twoim sposobie myślenia. Otrzymałeś całą potrzebną wiedzę, aby opracować i wdrożyć mentalny plan ataku, dzięki któremu ruszysz w kierunku swoich wymarzonych celów. Co więc zamierzasz? Czy rozumiesz już, że musisz nieustannie doskonalić każdą ze swoich mentalnych zdolności? Czy zamierzasz dokonywać odpowiednich zmian w nastawieniu wtedy, gdy ma to największe znaczenie? Cokolwiek postanowisz, pamiętaj, że jeśli chodzi o ciężką i przemyślaną pracę nad tym, co dzieje się w twojej głowie, nie wystarczy o tym mówić – trzeba to robić!

ROZDZIAŁ DZIESIĄTY

DŁUGOWIECZNOŚĆ W SPORCIE A SPRAWNOŚĆ UMYSŁU

Najtrudniejsze w sukcesie jest to, że musisz nieustannie go odnosić.
— IRVING BERLIN

Zdobycie, a następnie utrzymanie przez wiele lat wysokiej pozycji w sporcie zawsze sprowadza się do jednego: wymaga niezwykłej siły psychicznej. Duże zaangażowanie w osiągnięcie doskonałości w takich kwestiach, jak intensywność treningu i czas jego trwania oraz utrzymanie takiego poziomu na długo to warunki rozwoju jako sportowca i osiągnięcia najlepszych możliwych wyników. Jeżeli chcesz odnieść sukces i wyjść zwycięsko nawet z najtrudniejszych momentów, musisz nieustannie dążyć do zdobycia przewagi w swojej dyscyplinie sportu poprzez codzienną praktykę doskonalenia ciała i umysłu mistrza.

Doskonałość nie jest dziełem przypadku. To także znacznie więcej niż krótkotrwała ambicja, zdarzenie czy jednorazowe powodzenie. Doskonałość to wynik przemyślanego procesu, a do jej osiągnięcia konieczne jest zarówno wyznaczanie, jak i wytrwałe dążenie do wysoko postawionych celów sportowych. Wszyscy najwięksi mistrzowie w historii sportu zaczynali z dalekosiężną wizją tego, co chcą osiągnąć, oraz planem, jak zamierzają to zrobić. I każdego dnia poświęcali się swojej pasji. Jednym ze sposobów na zwiększenie własnego przekonania co do prawidłowości i produktywności wykonywanej pracy jest wyznaczanie sobie codziennych lub cotygodniowych celów.

Jesteś kurą czy świnią? Oto krótka przypowieść o kurze i świni, która stanowi doskonałą ilustrację różnicy pomiędzy zaangażowaniem a poświęceniem. Pewnego dnia kurczak postanawia otworzyć knajpę serwującą śniadania, po czym próbuje namówić świnię, aby została jego partnerką. „Naszą największą specjalnością będzie jajecznica z szynką!" – mówi. Świnia zastanawia się nad ryzykiem, jakie się z tym wiąże, po czym odpowiada: „Dzięki, ale nie skorzystam. Ja muszę się poświęcić, a ty będziesz tylko zaangażowany".

W osiąganiu wyników na poziomie mistrzowskim pomoże ci pamiętanie o tym, że przytoczona powyżej sytuacja to metafora twojej kariery sportowej. Świnia dostrzega, że całkowite poświęcenie się procesowi (duże zaangażowanie) zwiększa szansę na sukces. Innymi słowy: nie oszczędzaj się w pracy, która jest niezbędna do tego, aby stać się najlepszym możliwym sportowcem. Nie bądź kurczakiem, który chce tylko połowicznie uczestniczyć w procesie (małe zaangażowanie). Jeżeli nie będziesz inwestował we własną karierę sportową wszystkich posiadanych środków, to nigdy nie uda ci się osiągnąć wymarzonych celów.

Pat Riley to były trener i zawodnik NBA, który obecnie piastuje funkcję prezesa zespołu Miami Heat. Riley zdobył dziewięć pierścieni mistrzowskich NBA – sześć w barwach Los Angeles Lakers (cztery jako trener i po jednym jako asystent trenera oraz gracz) oraz dwa z Miami Heat (po jednym jako prezes i trener). Według Rileya: „jeżeli chodzi o zaangażowanie, to istnieją tylko dwie możliwości. Jesteś czemuś oddany w całości albo wcale, nie ma czegoś takiego jak życie pomiędzy".

Nieustanna obsesja. Brad Alan Lewis i jego partner z drużyny wioślarskiej Paul Enquist zdobyli złoty medal w czwórce podwójnej na Igrzyskach Olimpijskich w Los Angeles w 1984 roku. Było to pierwsze od 20 lat olimpijskie złoto w wioślarstwie dla Stanów Zjednoczonych i pierwsze zwycięstwo amerykańskiej dwójki od 1932 roku. Dla Lewisa duże zaangażowanie oznacza ciągłą obsesję. W książce zatytułowanej *Wanted: rowing coach* wyjaśnia, jak przeszedł od bycia dobrym do mistrza olimpijskiego: „Jeżeli którakolwiek z osób czytających te słowa marzy skrycie o występie na igrzyskach olimpijskich, mogę wytłumaczyć dokładnie, co jest do tego potrzebne. I to w dwóch słowach: nieustanna obsesja. Samo pragnienie osiągnięcia czegoś za wszelką cenę nie jest niczym trudnym do rozwinięcia. Ale utrzymanie się w tym stanie przez długi okres to już naprawdę poważne wyzwanie".

Podejście Brada do doskonałości wydało mi się niezwykle intrygujące, poprosiłem go więc o więcej szczegółów na temat jego sposobu myślenia i tego, co napędza go do działania. Oto co powiedział:

> Jeśli chodzi o podtrzymywanie w sobie obsesji, bardzo pomaga zachowywanie się właśnie w obsesyjny sposób. W każdym razie tak jest w moim przypadku. Zawsze miałem naturę, którą można określić jako obsesyjną. Ani mój brat, ani moja siostra nie są dotknięci podobną klątwą. Z tego samego powodu nie potrafię także pracować w trybie wielozadaniowym – z łatwością mogę poświęcić 100 procent energii na zdobycie złotego medalu, ale gdybym miał skupić się na tym tylko w 83 procentach, zacząłbym mieć poważne trudności. Nie potrafię tak działać. Dlatego też zaniedbuje się wszystkie inne rzeczy w życiu, i to przez wiele lat, ale tak właśnie musi to wyglądać. W podtrzymywaniu obsesji pomagało mi dzielenie życia treningowego na jednodniowe segmenty. Praktycznie każdego dnia rywalizowałem z moimi przeciwnikami treningowymi, których tutaj, w Newport Harbor (Kalifornia), nie brakowało. To im w największym stopniu zawdzięczam zdobycie medalu, ponieważ bez ich pomocy nie byłbym w stanie zmusić się do osiągnięcia odpowiednich poziomów bólu.

Wyznaczanie złotych priorytetów. Jak ważne jest pokonywanie własnych rekordów lub osiąganie wymarzonych celów sportowych lub wydolnościowych? To pytanie powinien zadać sobie każdy, niezależnie od tego, czy chodzi o przebiegnięcie maratonu w czasie dającym możliwość zapisania się na maraton w Bostonie, połączenie uprawiania sportu ze studiowaniem czy wzięcie udziału w igrzyskach olimpijskich. Im ambitniejsze cele, tym większy nacisk trzeba położyć na sposób myślenia i działania, aby je osiągnąć. Nieustanna poprawa we wszystkich istotnych obszarach sprawności, obejmująca wszystkie aspekty nastawienia, odżywiania, ćwiczeń, relacji rodzinno-społecznych i regeneracji, wymaga autentycznej determinacji.

„Cały czas rozmawiamy tylko o treningu. Jak dla mnie to kompletna głupota!" – oto niezbyt przemyślane słowa, które wypowiedział Allen Iverson podczas jednej z najsłynniejszych konferencji prasowych w historii zawodowej koszykówki. Cóż, legendy sportu i fanatycy treningu, od Waltera Paytona przez Larry'ego Birda po Tigera Woodsa, zawsze na pierwszym miejscu stawiali trening o dobrej jakości i ciągłe doskonalenie. Jeden ze sportowców powiedział mi kiedyś, że opowieści o Michaelu Jordanie, który zawsze wychodził na boisko wcześniej, by przez godzinę wykonywać rzuty wolne, są dla niego inspiracją do niezbędnej ciężkiej pracy w jego własnym sporcie. A tak o tym, jak ważne – szczególnie w odniesieniu do treningu – jest ustalenie priorytetów, mówi Dan Gable, jeden z najlepszych zapaśników/trenerów wszech czasów:

> Po podjęciu ostatecznej decyzji o tym, jak duży sukces naprawdę chcesz osiągnąć, kolejnym krokiem jest ustalenie hierarchii priorytetów. Następnie, dzień po dniu, bez wyjątków, musisz troszczyć się o te najważniejsze. Te mniej ważne mogą poczekać, ale nie możesz o nich całkowicie zapomnieć, bo w przeciwnym razie może nazbierać się ich tyle, że zaczną ci szkodzić. Po prostu najpierw zajmij się tymi z początku listy. Przez 25 lat pracy jako główny trener i asystent mogłem opuścić nie więcej niż jeden trening. Dlaczego? Ponieważ trening zawsze był moim największym priorytetem. Nie ma dnia, żebym nie osiągnął czegoś w życiu rodzinnym lub zawodowym, gdyż te dwie rzeczy są moimi największymi priorytetami.

Co ważne, priorytety zmieniają się wraz z zakończeniem sezonu startowego i konieczne jest wtedy dopasowanie ich do wynikających z tej zmiany potrzeb. Priorytety mogą również ulegać przewartościowaniu w trakcie kariery zawodniczej. Dobrym przykładem jest Kobe Bryant, który 15 razy wybierany był do meczu gwiazd ligi NBA. Przed swoją tragiczną śmiercią Kobe wielokrotnie opowiadał w wywiadach o tym, że przykłada coraz większą wagę do odżywiania, ponieważ pozwala mu to utrzymywać się na samym szczycie. Podkreślał przede wszystkim znaczenie chudego mięsa i warzyw przy jednoczesnym ograniczeniu części swoich ulubionych produktów o niskiej wartości odżywczej, które jadał na początku swojej kariery. „To strasznie męczące, ale efekty są tego warte" – powiedział Bryant, gdy zapytano go o przestrzeganie diety.

Rób to, czego inni nie zrobią. W 2011 roku Lionel Messi, gwiazda piłki nożnej, wieloletni napastnik hiszpańskiego klubu FC Barcelona i kapitan reprezentacji Argentyny, został uznany za Piłkarza Roku FIFA, stając się tym samym pierwszym graczem, który zdobył tę nagrodę trzy razy z rzędu. Rok później Messi ponownie otrzymał Złotą Piłkę, do czego w znacznym stopniu przyczyniło się pobicie liczącego 40 lat i należącego do Gerda Müllera rekordu w liczbie zdobytych goli w roku kalendarzowym – w 1972 roku Niemiec trafiał do bramki przeciwnika 85 razy, podczas gdy Messi zakończył rok 2012 z wynikiem aż 91 trafień. To był jego czwarty tytuł najlepszego piłkarza na świecie.

Messi to sportowiec, którego cechuje maksymalne zaangażowanie na rzecz indywidualnej i zespołowej świetności. Jak sam wyjaśnia: „Decyzja o opuszczeniu Argentyny i rozłące z rodziną oznaczała wiele poświęceń, było to jednak konieczne, abym mógł rozpocząć nowe życie. [...] Wszystko, co zrobiłem, zrobiłem dla piłki nożnej, dla swojego marzenia. Właśnie dlatego nie chodziłem na imprezy i nie poświęcałem się wielu innym rzeczom". Ten jeden z najwybitniejszych napastników w historii piłki nożnej zawsze gotów był do poniesienia wszelkich wyrzeczeń, które były konieczne do wykorzystania w całości posiadanego potencjału jako zawodnika i kolegi z drużyny.

Jerry Rice był znany jako jeden z najbardziej zmotywowanych i najcięższej pracujących zawodników futbolu amerykańskiego. Dzięki intensywnej i rygorystycznej pracy na treningach w okresie pozastartowym każdego roku pojawiał się na przedsezonowym obozie w doskonałej formie, co następnie pozwalało mu dominować nad rywalami i unikać kontuzji. Jedną ze stosowanych przez niego jednostek treningowych były szybkie podbiegi na dystansie czterech kilometrów wykonywane na stromych wzniesieniach. Podczas długiej kariery Rice'a pojawiało się wielu zawodników NFL, którzy chcieli z nim trenować, jednak większość z nich nie wytrzymywała takich obciążeń i rezygnowała już po kilku spotkaniach.

Oto jedna z deklaracji tego wybitnego sportowca, którą warto przytoczyć: „Dziś zrobię to, czego inni nie zrobią, aby jutro osiągnąć to, czego inni nie zdołają". Ciężka i przemyślana praca w połączeniu z robieniem wszystkiego, co było konieczne, pozwoliła mu przez długi czas utrzymywać się na najwyższym poziomie. Jerry Rice poświęcił życie dążeniu do wspaniałości, pozostając jednocześnie zakochany w swojej pasji. Nie bał się również otaczać na treningach innymi znakomitymi zawodnikami, dzięki czemu był w stanie lepiej rozwijać swoje umiejętności.

Wytrwałość i wdzięczność. Pochodzący z Concord w stanie New Hampshire Bob Tewksbury to były miotacz, grający w Major League, zawodowej lidze baseballu. W 1981 roku był nikomu nieznanym graczem drużyny Uniwersytetu Świętego Leona, a New York Yankees wybrali go dopiero w 19. rundzie draftu. Pomimo że w ciągu całej kariery miał problemy z barkiem i ramieniem, przez ponad dekadę grał na wysokim poziomie w kilku spośród największych zespołów w obu głównych ligach. Swój najlepszy sezon rozegrał w 1992 roku w barwach St. Louis Cardinals, osiągając rekordowy bilans 16-5, przy wskaźniku ERA (stosunek liczby runów, które drużyna atakująca zdobyła przeciwko miotaczowi, do liczby zmian, które miotacz rozegrał do momentu zejścia z boiska, pomnożony przez 9 – im niższy współczynnik, tym lepszy występ miotacza) wynoszącym 2,16. W tym samym roku został również wybrany do meczu gwiazd i zajął trzecie miejsce w głosowaniu na najlepszego miotacza sezonu (nagroda im. Cy Younga).

Jako były zawodnik, a obecnie trener mentalny w klubie Boston Red Sox, Tewksbury ma wszelkie prawo do mówienia o rozwijaniu oraz utrzymywaniu wzorca sukcesu w sporcie. Przed rozpoczęciem wiosennych treningów MLB w 2013 roku, opowiedział mi trochę o swoich doświadczeniach i spostrzeżeniach dotyczących tego tematu. Z naszej dyskusji o tym, co osiągnął w baseballu, wyłoniły się dwa podstawowe wątki: wytrwałość i wdzięczność. Oto co powiedział:

Przeszedłem dwie operacje ramienia, a po drugiej z nich lekarz przeprowadzający zabieg uważał, że nie będę mógł już nigdy grać w baseball. Byłem oddawany do innego klubu, zwalniany i sześć razy degradowany z ligi głównej do niższej. Zarówno kontuzje, jak i te degradacje sprawiły, że zacząłem doceniać swój sport i być wdzięczny za to, że mogę go uprawiać – coś, czego niektórzy spośród graczy w ogóle nie odczuwają. Zrozumiałem, że już jeden dzień bycia graczem głównej ligi to wspaniały dar, o jedenastu latach w ogóle nie wspominając.

Jakie są więc zdaniem Tewksbury'ego główne powody tego, że niektórzy obdarzeni odpowiednimi warunkami fizycznymi baseballiści nie są w stanie odnieść sukcesu? Przyznając, iż to trudne pytanie, i podkreślając, że istnieje kilka prawdopodobnych wyjaśnień, Tewksbury od razu wymienił jednak dwa, które według niego występują najczęściej. Po pierwsze, utrata motywacji, której głównym źródłem są wcześniej odnoszone sukcesy i zarabiane pieniądze. Po drugie, wykazywana przez niektórych zawodników niechęć lub niezdolność do wprowadzania wymuszonych wiekiem zmian, umożliwiających kontynuowanie występów na poziomie głównej ligi.

Tewksbury podał także dwa przykłady takich adaptacji: miotacz zmieniający swój styl rzucania z typowo siłowego na bardziej finezyjno-kontrolowany; pałkarz zmieniający koncepcję gry z potężnych zamachów wykonywanych z myślą o posłaniu piłki w trybuny na całkiem odmienne, opierające się na dążeniu do skierowania piłki na środek boiska.

Odpoczynek i odzyskiwanie energii. Oprócz pełnego zaangażowania równie ważne jest unikanie nadmiernego obciążenia organizmu. Oznacza to, że musisz dokonywać właściwych, zgodnych z przyjętą wcześniej strategią treningową, wyborów i być asertywny w kwestii regeneracji. Podejście to w znacznym stopniu zapobiega wypaleniu. Roger Federer, szwajcarska gwiazda tenisa, wygrał rekordową liczbę 17 turniejów wielkoszlemowych i zdobył tzw. Wielkiego Szlema (przynajmniej jednokrotne zwycięstwo w każdym z czterech turniejów wielkoszlemowych). W 2012 roku w wieku 30 lat Federer powrócił na pozycję numer jeden światowego rankingu.

W wywiadach przypisywał swój sukces oraz tak długi czas spędzony na wyczynowym uprawianiu sportu decyzji podjętej na początku kariery, aby nie przesadzać z przyjmowaniem zaproszeń, czy to do gry w turnieju, czy do współpracy sponsorskiej. Federer dba o to, by nie poświęcać całego czasu tenisowi, dzięki czemu zachowuje równowagę psychiczną i fizyczną, co z kolei pozwala mu nieustannie cieszyć się tym, co robi.

Chip Beck to zawodowy golfista, który ma za sobą długą i obfitującą w sukcesy karierę. W wieku 56 lat wciąż dobrze radził sobie w Champions Tour, a już w trakcie studiów na Uniwersytecie Georgii trzykrotnie określano go jako najlepszego amerykańskiego golfistę amatora roku. Z kolei jako zawodowiec czterokrotnie zwyciężał w PGA Tour, zdobył Vardon Trophy, przyznawane przez organizację PGA of America za najniższą średnią punktową w PGA Tour i trzy razy brał udział w Ryder Cup, organizowanym co dwa lata turnieju gwiazd pomiędzy USA a Europą. Ponadto w 1991 roku w trzeciej rundzie turnieju Las Vegas Invitational uzyskał wynik 59 i jest obecnie (w 1991 roku zrobił to jako drugi zawodnik w historii) jednym z zaledwie sześciu graczy w historii PGA Tour, którzy osiągnęli ten fenomenalny wynik na 18-dołkowym polu golfowym.

Ten niezwykle uprzejmy człowiek zgodził się na rozmowę ze mną, podczas której podzielił się swoimi przemyśleniami na temat długotrwałej i udanej kariery. Stwierdził, że tym, co wyróżnia golf spośród sportów zawodowych, jest właśnie ta wieloletnia możliwość osiągania sukcesów, po czym przedstawił następujące porównanie: „Michael Jordan grał w NBA przez trzynaście lat, co jest niczym w porównaniu z wieloma golfistami, którzy utrzymują bardzo wysoki poziom nawet przez trzydzieści lat". Dobrym przykładem jest chociażby Tom Watson, pięciokrotny triumfator turnieju British Open. W 2009 roku w wieku prawie 60 lat Watson dosłownie otarł się o zwycięstwo w tym najstarszym ze wszystkich czterech golfowych turniejów wielkoszlemowych – w głównej rundzie zremisował ze Stuartem Cinkiem i przegrał dopiero w czterodołkowej rundzie dodatkowej.

W trakcie naszej rozmowy uderzyła mnie bijąca wręcz od Becka, i to pomimo całego życia poświęconego golfowi, pasja do współzawodnictwa. Beck opowiedział o kilku istotnych czynnikach odpowiadających za osiągnięty wynik, jak aspekty psychologiczne, fizyczne i techniczne, z których każdy jest niezbędny do wieloletniego utrzymywania się w czołówce:

> Najważniejszym czynnikiem jest strona mentalna. Jakakolwiek negatywna reakcja wynikająca z czegoś, co można by nazwać golfofobią, wykopie cię z tego sportu szybciej niż cokolwiek innego. Dzieje się tak na przykład wtedy, gdy podchodzisz do pierwszego uderzenia i myślisz, że to jest naprawdę trudne, albo że popełnisz błąd. Ważne jest, aby mieć jedną myśl, która spaja twój zamach w jedność, od początku do końca, bez żadnych przerw czy zaburzeń w myśleniu. To dlatego myśli o tempie i wizualizacje naprawdę działają. Wielcy gracze, jak Jack Nicklaus i Hale Irwin trzymali się również jednego trenera. Nigdy nie próbowali więcej niż jednej rzeczy jednocześnie i utrzymywali bardzo prostą mechanikę zamachu, nie śpiesząc się z wprowadzaniem do niej zbyt wielu zmian. Ponieważ nie mam takich predyspozycji fizycznych jak niektórzy gracze, czynnikiem, który przyczynił się do wydłużenia mojej kariery, była dyscyplina, z której uczyniłem część swojego życia i dzięki której udawało mi się regularnie ćwiczyć oraz utrzymywać dobrą formę fizyczną. To niezwykle ważne, jeżeli chcesz grać przez naprawdę długi czas.

Jak większość światowej klasy sportowców, Beck przeżył w swojej karierze wiele wzlotów i upadków. Szczególnie trudny okres miał pod koniec swojej kariery w PGA Tour, kiedy to w latach 1997–1998 zbliżył się do niechlubnego rekordu, aż 46 razy z rzędu nie przechodząc do trzeciej rundy w turniejach PGA Tour. Jak sam przyznał, czuł się wypalony intensywnością gry turniejowej i powinien był wtedy zrobić sobie od trzech do sześciu miesięcy przerwy. Dodał również, że osiągnięcie szczytowej formy jest praktycznie niemożliwe bez odpowiedniego wypoczynku: „Nie możesz przez cały czas zmuszać się do wytężonego wysiłku. Musisz być wypoczęty i gotowy. To coś jak chwila ciszy w utworze muzycznym, która niekiedy jest ważniejsza niż sama melodia".

Olimpijscy wyjadacze. Udział w igrzyskach olimpijskich to coś, czym może pochwalić się naprawdę niewielu sportowców. Jeszcze mniejszej liczbie udaje się ten wyczyn powtórzyć. Jak podaje Wikipedia, od turnieju w Atenach w 1896 roku do igrzysk w Rio de Janeiro w 2016 tylko 521 sportowców startowało w pięciu lub więcej igrzyskach olimpijskich. Niewielu ponad 100 z nich ma na koncie sześć występów, a rekord należy do kanadyjskiego jeźdźca, Iana Millara, który na igrzyskach reprezentował swój kraj aż 10 razy.

Długi czas uprawiania sportu na stałym, bardzo wysokim poziomie – co stanowi cechę wspólną wielu spośród tych sportowców, którzy choć raz wystartowali na igrzyskach olimpijskich – jest wynikiem dokonanego przez nich wyboru, nigdy zaś dziełem przypadku. Osoby te utrzymują motywację do stałej pracy, której celem jest stawanie się coraz lepszymi sportowcami. Uwielbiają zdobywać nową wiedzę, trenować i rywalizować. Otaczają się pozytywnymi ludźmi, szukają pomocy i nie mają oporów, aby o nią prosić. Oto kilku niezwykłych sportowców, którzy wielokrotnie stawali na arenie olimpijskich zmagań – mam nadzieję, że pozwoli ci to choć trochę zrozumieć, w jaki sposób udawało im się tak długo utrzymywać na szczycie.

Mark Grimmette jest obecnie dyrektorem programowym i głównym trenerem USA Luge, amerykańskiego związku sportów saneczkarskich. Jako saneczkarz Grimmette występował w zawodach w latach 1990–2010, uczestnicząc między innymi w pięciu zimowych igrzyskach olimpijskich. Zdobył dwa medale w męskiej dwójce: brązowy w Nagano w 1998 roku i srebrny w Salt Lake City w 2002 roku. W 2010 roku dostąpił zaszczytu bycia chorążym reprezentacji Stanów Zjednoczonych podczas ceremonii otwarcia igrzysk w Vancouver. Zapytałem go, jak udało mu się rywalizować na tak wysokim poziomie przez dwie pełne dekady. Oto co odpowiedział:

Po pierwsze – co chyba w tym wszystkim najważniejsze – saneczkarstwo było moją pasją, kochałem ten sport. Po drugie, odczuwałem silną potrzebę samodoskonalenia. Nie mam wątpliwości, że to dzięki miłości do dyscypliny byłem w stanie startować w zawodach przez taki długi czas, ale ciągłą motywację do pokonywania przeciwności losu i osiągania sukcesów zawdzięczam połączeniu jej z nieustającą ambicją stawania się coraz lepszym. Bardzo ważnym aspektem mojego sukcesu było również to, że bez względu na coraz większe doświadczenie w tym sporcie, cały czas pozostawałem otwarty na współpracę z trenerem. Naprawdę trudno przecenić wkład otaczających mnie osób w sukces, jaki stał się moim udziałem.

Peter Westbrook to sześciokrotny reprezentant USA w szermierce na igrzyskach olimpijskich – począwszy od Monachium w 1976 roku, aż po Atlantę 20 lat później. W Los Angeles w 1984 roku Westbrook zdobył brązowy medal w szabli indywidualnej mężczyzn. Na swoim koncie ma również 13 tytułów mistrza USA. Ten wybitny sportowiec również opowiedział mi o tym, co sprawiło, że przez tyle lat był jednym z najlepszych szablistów w kraju:

> Bez wątpienia pomocne było to, że mogłem połączyć pracę zarobkową z wyjazdami na zawody. Tak bardzo kochałem szermierkę, że poświęcenie jej całego życia przez tak wiele dekad nie było trudne. Aby wziąć udział w sześciu igrzyskach olimpijskich, musiałem wypracować naprawdę silną psychikę. Bez tego byłoby to niemożliwe. Moja miłość do olimpijskiej rywalizacji została przekształcona w zaangażowanie w to, by zarazić taką samą pasją tysiące dzieciaków. Dziś największą satysfakcję sprawia mi obserwowanie, jak ta zaszczepiona w nich miłość i poświęcenie pomagają im stać się olimpijczykami, medalistami olimpijskimi i wspaniałymi społecznikami.

Oprócz wsparcia finansowego, miłości do szermierki i mocnej sfery duchowej Peter wspomniał o jeszcze jednym szczególe: zarówno przed każdymi zawodami, jak i podczas nich stosował tę samą mentalną i fizyczną rutynę. Celem jej było sprawienie, aby w czasie rywalizacji jego umysł i emocje koncentrowały się na chwili obecnej, a nie na przyszłości. Powiedział: „Wyobrażałem sobie siebie jako doskonale zaprogramowanego i gotowego do optymalnego działania robota".

Walka z czasem. Największe gwiazdy sportu postrzegają swoje kariery przez pryzmat długotrwałego pozostawania na szczycie zamiast skupiania się wyłącznie na jak najszybszym osiągnięciu sukcesu. Oto kilka imponujących przykładów sportowców, którzy dzięki swoim wyjątkowym zdolnościom fizycznym i psychicznym utrzymywali się w gronie najlepszych przez wiele sezonów:

- Robert Parish, koszykarz: 21 lat gry w NBA, dziewięć razy wybierany do Meczu Gwiazd, cztery tytuły mistrzowskie (trzy z Boston Celtics i jeden z Chicago Bulls).
- Jerry Rice, futbolista: 20 lat gry w NFL, zdobył rekordowe 208 przyłożeń, w 2010 roku serwis NFL.com uznał go za najlepszego gracza futbolu amerykańskiego wszech czasów.
- Billie Jean King, tenisistka: 25 lat gry, zdobyła 129 tytułów singlowych, sześć razy była numerem jeden światowego rankingu.
- Mark Messier, hokeista: 25 lat gry w NHL, sześć Pucharów Stanleya (pięć z Edmonton Oilers i jeden z New York Rangers.
- Nolan Ryan, baseballista: 27 lat gry w MLB, wygrał 324 mecze, siedmiokrotnie zapobiegał zdobyciu bazy przez zawodnika drużyny przeciwnej poprzez uderzenie.

Jeżeli chodzi o sport, wiek nigdy nie jest przeszkodą w rozwijaniu się i osiąganiu sukcesów. Martin Brodeur na przykład, były bramkarz w grającym w lidze NHL zespole New Jersey Devils, był wciąż u szczytu formy, gdy w 2013 roku rozgrywał swój 20. sezon w zawodowej lidze – miał wtedy 41 lat. Pływaczka Dara Torres zdobyła 12 medali olimpijskich. Uczestniczyła w pięciu różnych igrzyskach olimpijskich – w wieku 41 lat w Pekinie w 2008 roku trzykrotnie stawała na drugim stopniu podium. W 2013 roku 48-letni Bernard Hopkins, bokser wagi półciężkiej, pobił swój własny rekord, zostając najstarszym mistrzem świata – jednogłośną decyzją sędziów pokonał Tavorisa Clouda, który był młodszy od niego aż o 17 lat.

W 1965 roku w wieku 52 lat Sam Snead wygrał należący do cyklu PGA Tour turniej Greater Greensboro Open (w 2007 roku nazwę zmieniono na Wyndham Championship). Leroy „Satchel" Paige, który rozpoczynał karierę w latach 20. XX wieku od gry w zespołach Negro Leagues, został najstarszym debiutantem w Major League Baseball – w 1948 roku w wieku 42 lat podpisał kontrakt z zespołem Cleveland Indians. W 1965 roku w wieku 59 lat powrócił i rozegrał jeden mecz w MLB, zostając najstarszym graczem tej ligi w historii. Jeden ze słynnych żartów Satchela brzmiał: „Wiek to kwestia przewagi umysłu nad materią. Jeżeli się nim nie przejmujesz, to nie ma on żadnego znaczenia".

Filozofia opierająca się na założeniu, że umysł ma większe znaczenie od materii, jest dokładnie tym podejściem, które Keiko Fukuda, urodzona w Japonii wnuczka samuraja, musiała przyjąć, aby w wieku 98 lat zasłużyć na 10. dan, najwyższy spośród przyznawanych w judo stopni. Jest jedyną kobietą na świecie i jedyną osobą w Stanach Zjednoczonych, która dostąpiła tego zaszczytu. To samo można powiedzieć o urodzonym w Indiach Brytyjczyku Fauja Singhu, znanym jako Tornado Turban, który jako pierwszy stulatek pokonał pełny dystans maratonu, docierając na linię mety Toronto Waterfront Marathon w 2011 roku w czasie 8 godzin i 25 minut.

Jeśli chodzi o igrzyska olimpijskie, najstarszym współczesnym olimpijczykiem jest szwedzki strzelec Oscar Swahn, który w 1920 roku w wieku 72 lat zdobył srebrny medal na igrzyskach w Antwerpii. Swahn jest również najstarszym złotym medalistą w historii igrzysk – wyczynu tego dokonał w 1908 roku w Londynie, w wieku 64 lat. Najstarszą złotą medalistką jest z kolei brytyjska łuczniczka Sybil Newall, która stanęła na najwyższym stopniu olimpijskiego podium w wieku 53 lat (również w Londynie w 1908 roku).

Od piłkarza Lionela Messiego po golfistę Chipa Becka, każdy wybitny sportowiec musiał wykazywać wykraczające poza sferę fizyczną zaangażowanie i dbałość o szczegóły, aby móc utrzymać szczytową formę przez wiele lat. Wymaga to nieustającej obsesji, całego systemu wsparcia i odporności na wszelkie pojawiające się na drodze ku doskonałości przeszkody oraz problemy. Do najczęstszych z nich należą kontuzje, spadki w rankingach i konieczność przystosowania się do nowej roli.

Nigdy nie zapominaj, dlaczego uprawiasz swój sport. Zrób dziś na treningu to, czego nie zrobią twoi rywale. Unikaj wypalenia poprzez zapewnienie ciału i umysłowi odpowiedniej ilości odpoczynku, relaksu i regeneracji. Stale dąż do poprawy i szukaj sposobów na rozwój w każdym obszarze swojej pasji. A teraz, gdy masz już całą tę wiedzę, zadaj sobie dwa ważne pytania: „Jestem kurą czy świnią?; Czym jest dla mnie mój sport – krótką przejażdżką czy długą podróżą ku marzeniom?".

EPILOG
OSTATECZNE ZWYCIĘSTWO JEST TWOJE

> Najwyższym celem nie jest wygrana,
> ale sięgnięcie na wyżyny swojego potencjału
> i rywalizacja z samym sobą do granic możliwości.
> Postępując w ten sposób, zyskujesz godność. I dumę.
> Możesz chodzić z wysoko uniesioną głową
> bez względu na osiągnięty wynik.
>
> — BILLY MILLS,
> ZŁOTY MEDALISTA OLIMPIJSKI

Pragnienie ciągłego doskonalenia się i rozwijania naturalnych zdolności jest tym, co czyni nas, ludzi, tak wyjątkowymi istotami. Wszyscy pragniemy odnosić sukcesy w najważniejszych dyscyplinach sportu. Każdy z nas chce sprawdzić swoje możliwości w porównaniu ze zdolnościami innych i pozostać zaangażowanym w osiągnięcie najwyższego celu. Chcemy być jak najlepsi, próbując mierzyć się z własnymi standardami doskonałości. I faktem jest, że wielu z nas pragnie również udowodnić, iż jest w czymś lepszych niż cała reszta ludzi na świecie.

I choć nikt nie jest w stanie być szybszym, silniejszym czy sprawniejszym niż najlepsza wersja samego siebie, to z pewnością może być od niej gorszy. Niestety ta druga sytuacja zdarza się zbyt często. Co prawda wszyscy jesteśmy podobnie zbudowani, a więc i podobnie ograniczeni fizycznie, jednak to, czy maksymalnie wykorzystujemy nasze możliwości i potencjał oraz czy docieramy do granic swoich możliwości, zależy wyłącznie od czynnika niepodlegającego żadnym ograniczeniom: nastawienia. Dlatego też głównym celem sportowców jest osiągnięcie i utrzymanie mistrzowskiej mentalności za każdym razem, gdy wychodzą na trening lub zaczynają zawody. Każdy sportowiec może i powinien dążyć do osiągnięcia jak najlepszych wyników, ponieważ tylko w ten sposób sprawdzi, czy jest w stanie zwiększyć świadomość tego, jakie są jego możliwości.

Łacińskie przysłowie *Audaces fortuna iuvat* oznacza „Szczęście sprzyja odważnym". Postępowanie zgodnie z mistrzowskimi zasadami przedstawionymi w tej książce sprawi, że z taką samą odwagą będziesz podchodził do podejmowanych przez siebie sportowych wyzwań – będziesz gotowy, by stać się tym, co jest ci przeznaczone, ponieważ doskonałość sprzyja mistrzom. Zacznij działać, wykorzystując wszystkie zgromadzone narzędzia mentalne i emocjonalne.

Nigdy nie spoczywając na laurach, prawdziwy mistrz nieustannie dąży do osiągnięcia jeszcze wyższego poziomu i przełamywania własnych barier. Trenuj i rywalizuj, wspierając się niesłabnącą pasją i zaangażowaniem w dążeniu ku doskonałości. Powtarzaj sobie: „Mój najlepszy wynik był wystarczająco dobry wczoraj" albo: „Dziś jest dzień, w którym mogę być najlepszy – wczoraj już nie istnieje".

„Mistrz potrzebuje motywacji, która wykracza daleko poza samo zwycięstwo" – powiedział Pat Riley, jeden z największych trenerów w historii koszykówki. Korzyści typowo zewnętrzne, jak nagrody pieniężne czy aprobata społeczna, mogą niekiedy stać za motywacją mistrza, ale największą siłę w dążeniu ku doskonałości daje mu raczej pragnienie zyskania wewnętrznej świadomości osobistych osiągnięć i uczucia głębokiej satysfakcji. Mistrz rywalizuje głównie z miłości do sportu i po to, by odkryć, do czego jest zdolny.

Celem mistrza jest wyrażenie i wyniesienie siebie poprzez bycie wybitnym w robieniu tego, co sprawia mu przyjemność i jest przez niego najbardziej cenione. Al Oerter zdobył złote medale w rzucie dyskiem na czterech kolejnych igrzyskach olimpijskich w latach 1956–1968. Jak sam wyjaśnił: „Nie chciałem wygrać z całym światem, chciałem tylko dać z siebie jak najwięcej". Wszyscy stajemy się lepsi i zwiększamy swoje szanse na sukces dzięki byciu w pełni sobą. Prawdziwa radość wynikająca z podejmowanych działań może zostać osiągnięta jedynie jako produkt uboczny nieustannego zaangażowania i doskonalenia się w obszarach, które uważamy za ważne.

Czy rozpatrujesz niepowodzenie zarówno w kategoriach p o r a ż k i, jak i l e k c j i? Idealny występ to taki, w którym po końcowym gwizdku, przekroczeniu linii mety lub zakończeniu treningu możesz uczciwie powiedzieć, że dałeś z siebie wszystko, niezależnie od efektów lub mierzalnego wyniku. Za każdym razem albo wygrasz, albo nauczysz się czegoś nowego. Czegoś, co umocni cię przed kolejnym wysiłkiem. Pamiętaj, aby rozczarowania traktować jako niezbędne elementy procesu uczenia się i rozwoju, a następnie skupić się na przygotowaniach do kolejnych zawodów.

Apolo Ohno, rekordzista świata w łyżwiarstwie szybkim na krótkim torze, zdobył osiem medali olimpijskich, a na najwyższym stopniu podium stawał dwukrotnie. Jego życiowa filozofia zakłada jak najlepsze wykorzystanie czasu i osiągnięcie maksimum swoich możliwości. W książce zatytułowanej *Zero Regrets: Be Greater Than Yesterday* Ohno przedstawił własną definicję zwycięstwa:

> Zwycięstwo nie zawsze oznacza zajęcie pierwszego miejsca. Drugie lub trzecie, a nawet czwarte miejsce – to także sukcesy bez względu na to, co mówią czy sądzą o tym inni. Prawdziwym zwycięstwem jest bowiem dotarcie do mety bez poczucia żalu. Dajesz z siebie wszystko. A potem akceptujesz następstwa.

Nie ma nic lepszego niż wewnętrzny spokój będący efektem świadomości tego, że zrobiło się wszystko, co było możliwe, i utrzymało przy tym odpowiednie nastawienie, wkładając w występ wszystkie siły oraz umiejętności. Nie pozwól, aby świadome zmniejszenie intensywności wysiłku lub dopuszczenie negatywnych myśli podczas zawodów stało się przyczyną niepowodzenia. Pamiętaj: tylko ty możesz kontrolować swoje nastawienie i poziom intensywności. Dlatego właśnie tak ważne jest, aby każdego dnia, w każdej sytuacji starać się być coraz lepszym – bez względu na wynik czy pozycję zespołu w tabeli rozgrywek. Działanie z wykorzystaniem maksimum swoich możliwości poprzez odkrywanie granic swoich fizycznych ograniczeń również jest prawdziwym wskaźnikiem sukcesu.

Oto jedna z cennych lekcji z zakresu psychologii życia i sportu, pochodząca z nauk Buddy:

> Lepiej jest zwyciężyć samego siebie, niż wygrać tysiąc bitew. Dopiero wtedy możesz powiedzieć, że wygrałeś. Takiego triumfu nie mogą ci odebrać ani aniołowie, ani demony, ani niebo czy piekło.

Zwycięstwo nad samym sobą oznacza w przypadku sportowca wypracowanie mistrzowskiego nastawienia. Nie pozwól, by zwątpienie i negatywne myśli powstrzymywały cię od działania w taki sposób, który uważasz za najlepszy.

Jedną z najbardziej efektywnych metod rozwoju jest wyłapywanie chwil, w których dochodzi do utraty koncentracji lub do fizycznego rozluźnienia, a następnie ponowne podkreślenie swojego zaangażowania w stanie się mistrzem poprzez pragnienie rywalizowania na najwyższym poziomie. Wykorzystaj wszelkie chwilowe negatywne emocje, np. niepokój czy znudzenie, jako ważne sygnały świadczącego o konieczności natychmiastowego przywrócenia mistrzowskiej postawy i zwiększenia wysiłku. Zadbaj o odzyskanie kontroli i znowu wejdź w rolę pana sytuacji.

Traktuj wszystko, co cię spotyka, jako okazję do stania się lepszym. Oznacza to, że musisz podejmować każde wyzwanie dokładnie w tym momencie, w którym się pojawia. Działaj, używając do tego wszystkich sił i możliwości, a następnie czerp korzyści z tego bardziej efektywnego sposobu reagowania na doświadczenia życiowe. Im więcej będziesz ćwiczył tę zmianę i odnosił sukcesy, tym bardziej utrwalisz mistrzowską mentalność.

Podróż mistrza – dążenie do najlepszego lub złotego „ja" – sama w sobie jest niezwykle cenna, jednak bez wątpienia równie trudna. Musisz stawiać sobie coraz wyższe wymagania tak na boisku, jak i poza nim. Musisz sprawić, by przekraczanie granic było regułą, a nie wyjątkiem. Musisz skupić energię na tym, aby każdego dnia dokonywać czegoś ocierającego się o doskonałość. Musisz zachować mentalność, u podstaw której leży zdolność do koncentrowania się na tym, co podczas zawodów pojawia się bezpośrednio na drodze, pomimo wszelkich czynników rozpraszających czy targających tobą wątpliwości.

Miej odwagę dążyć do tego, czego najbardziej pragniesz w sporcie i w życiu pozasportowym. Jeżeli odważysz się zacząć, zyskasz też odwagę, aby skończyć. Zdanie: „Myśl o złocie i nigdy nie zadowalaj się srebrem" musi stać się twoim życiowym mottem, którym będziesz się kierował każdego dnia. W pełni rozwijaj potencjał wynikający z samej tylko twojej obecności na tym świecie – zarówno podczas zawodów, jak i w pozostałych aspektach życia – ponieważ jesteś jego wyjątkową częścią. Wypracowanie takiego podejścia to ostateczne zwycięstwo k a ż d e g o mistrza.

Jesteś gotowy, aby złożyć honorową przysięgę mistrza:

> Nie ustanę w wysiłkach, aby moje ciało było silne,
> umysł skupiony, a determinacja nieugięta.
>
> Zobowiązuję się rywalizować tu i teraz
> z mocą, celem i pasją.
>
> Wiem, że każdy obolały mięsień i każda kropla potu
> to inwestycja w doskonałość.
>
> Pragnę być najlepszą wersją siebie, niczym mniej,
> a radość popłynie z dążenia ku temu celowi.
>
> Ból pojawia się zawsze,
> ale jestem w stanie go znieść.
>
> Moje ciało wygrywa,
> gdy umysł nie chce się poddać.
>
> Kiedy poniosę porażkę,
> będę ją analizować i wyciągnę wnioski.
>
> Gdy zwyciężę,
> będę cieszył się tą wspaniałą chwilą.
>
> Każdego dnia moje dążenie
> do sukcesu zaczyna się od nowa.

DODATEK A
JAK BYĆ MISTRZEM SPORTU W MŁODYM WIEKU

> Nauczyciele otwierają drzwi.
> Wejść musisz samodzielnie.
> — PRZYSŁOWIE CHIŃSKIE

1. Nie opuszczaj żadnych lekcji i nigdy się nie spóźniaj, niezależnie od tego, czy masz na to ochotę, czy nie.
2. Bądź skupiony i rób szczegółowe notatki.
3. Zadawaj pytania, zakładaj koła naukowe, a w razie potrzeby umawiaj się z nauczycielami na konsultacje.
4. Ucz się systematycznie, codziennie, zamiast ślęczeć nad książkami po nocach tuż przed egzaminami. Trenuj mózg, aby był gotowy do pracy o określonych, stałych porach.
5. Zdobywaj dobre oceny poprzez ciężką i mądrą pracę – w klasie i na boisku nie ma skrótów ani magicznych sztuczek zapewniających sukces. Nigdy nie lekceważ siły i możliwości zapewnianych przez dobre wykształcenie.
6. Uwierz, że jeżeli tylko się postarasz, będziesz w stanie być coraz lepszy w każdym przedmiocie.
7. Spraw, by nauka stała się sportem, i rywalizuj w klasie, traktując prace domowe czy zaliczenia jak wyzwania, którym musisz sprostać. Połączenie współzawodnictwa i współpracy sprawia, że każdy staje się lepszy.

DODATEK B
BĄDŹ MISTRZEM W SPANIU

1. Jaka ilość snu sprawia, że czujesz się dobrze? Jedną z najważniejszych rzeczy, które jako przyszły mistrz musisz zrobić, jest zapewnienie ciału i umysłowi odpowiedniej długości nocnego odpoczynku (choć oczywiście równie ważna jest jego jakość). Bardzo wiele z przestudiowanych przeze mnie wyników badań sugeruje, że większość ludzi powinna spać co najmniej osiem godzin.
2. Pamiętaj, aby przed pójściem spać zapewnić sobie trochę czasu na odprężenie. To nie jest odpowiednia pora na rozwiązywanie problemów. Na godzinę wcześniej unikaj też oglądania telewizji i przeglądania internetu. Jeżeli czujesz się pobudzony, weź jak najnudniejszą książkę lub znajdź artykuł, który w ogóle cię nie interesuje, i czytaj przez kilka, kilkanaście minut – wtedy niemal na pewno oczy same zaczną ci się zamykać.
3. Wyłącz lub przyciemnij wszystkie górne źródła światła, które sprawiają, że mózg nie odbiera naturalnych sygnałów świadczących o nadejściu nocy. W razie potrzeby użyj opaski na oczy i zatyczek do uszu, aby odizolować się od hałasu i światła.
4. Leżąc w łóżku, myśl o tym, o czym chciałbyś śnić, zamiast rozpamiętywać to, co wydarzyło się w ciągu dnia, lub martwić o to, co będzie jutro.
5. Wybierz myśl, której będziesz używał jako swoistego stymulatora uspokojenia, a następnie powtarzaj ją tak długo, aż zaśniesz.

6. Stosuj technikę 15-sekundowego oddechu i inne metody redukcji stresu opisane w tej książce.
7. Jeżeli mimo wszystko nie możesz zasnąć, nie marnuj cennego czasu. Wstań z łóżka i rób najprzyjemniejsze rzeczy, jakie tylko przyjdą ci do głowy, tak długo, aż będziesz wyczerpany.

ŹRÓDŁA

S.E. Asch, *Effects of Group Pressure upon the Modification and Distortion of Judgements,* [w:] *Groups, Leadership and Men,* wyd. H. Guetzkow, s. 177–190, Carnegie Press, Pittsburgh 1951.

A. Bandura, *Teoria społecznego uczenia się,* tłum. J. Kowalczewska, J. Radzicki, Wyd. Naukowe PWN, 2007.

A. Brooks, L. Lack, *A Brief Afternoon Nap Following Nocturnal Sleep Restriction: Which Nap Duration Is Most Recuperative?,* „Sleep" 6 (2006), s. 831–840.

D.R. Carney, J.C. Cuddy, A.J. Yap, *Power Posing: Brief Nonverbal Displays Affect Neuroendocrine Levels and Risk Tolerance,* „Psychological Science" 10 (2010), s. 1363–1368.

J. Clabby, *Helping Depressed Adolescents: A Menu of Cognitive-Behavioral Techniques for Primary Care,* „Primary Care Companion to the Journal of Clinical Psychiatry" 3 (2006), s. 131–141.

J. Craig, D. Yaeger, *Gold Medal Strategies: Business Lessons from America's Miracle Team,* Hoboken, Wiley, NJ 2011.

H. IV Davis i in., *fMRI BOLD Signal Changes in Elite Swimmers While Viewing Videos of Personal Failure,* „Brain Imaging and Behavior" 2 (2008), s. 84–93.

C.S. Dweck, *Mindset: The New Psychology of Success,* Random House, New York 2006.

R.A. Emmons, M.E. McCullough. *Counting Blessings versus Burdens: An Experimental Investigation of Gratitude and Subjective Well-Being in Daily Life,* „Journal of Personality and Social Psychology" 2 (2003), s. 377–389.

D.L Feltz, D.M. Landers, *The Effects of Mental Practice on Motor Skill Learning: A Meta--Analysis,* „Journal of Sport & Exercise Psychology" 1 (1983), s. 25–57.

S. Green, G. McAlpine, *The Way of Baseball: Finding Stillness at 95 mph,* Simon & Schuster, New York 2011.

A. Hatzigeorgiadis i in., *Self-Talk and Sports Performance: A Meta-Analysis,* „Perspectives on Psychological Science" 4 (2011), s. 348–356.

E. Herrigel, *Zen w sztuce łucznictwa,* tłum. M. Kłobukowski, Diamond Books, 2007.

K. Holmes, *Just Go For It! 6 Simple Steps to Achieve Success*, Hay House, London 2011.

B. Hölzel i in., *Mindfulness Practice Leads to Increases in Regional Brain Gray Matter Density*, „Psychiatry Research: Neuroimaging" 191 (2011), s. 36–43.

J. Kabat-Zinn, *Gdziekolwiek jesteś, bądź. Przewodnik uważnego życia*, tłum. H. Smagacz, Czarna Owca, 2020.

C.J. Knight, C.M. Boden, N.L. Holt, *Junior Tennis Players' Preferences for Parental Behaviors*, „Journal of Applied Sport Psychology" 4 (2010), s. 377–391.

B.A. Lewis, *Wanted: Rowing Coach*, Shark Press, 2007.

E. Luders i in., *The Underlying Anatomical Correlates of Long-Term Meditation: Larger Hippocampal and Frontal Volumes of Gray Matter*, „NeuroImage" 3 (2009), s. 672–678.

M. May-Treanor, J.L. Steeg, *Misty: My Journey Through Volleyball and Life*, Scribner, New York 2011.

W. Mischel, Y. Shoda, M.L. Rodriguez, *Delay of Gratification in Children*, „Science" 4907 (1989), s. 933–938.

H. Murakami, *O czym mówię, kiedy mówię o bieganiu*, tłum. J. Polak, Muza, 2010.

A. Ohno, *Zero Regrets: Be Greater Than Yesterday*, Atria, New York 2010.

D. Pedroia, E.J. Delaney, *Born to Play: My Life in the Game*, Gallery, New York 2010.

M. Phelps, A. Abrahamson, *Bez granic*, tłum. J. Pierzchała, Świat Książki 2010.

B. Rotella, B. Cullen, *Golf Is Not a Game of Perfect*, Simon & Schuster, New York 1995.

M. Stewart, *Kobe Bryant: Hard to the Hoop*, Millbrook Press, 2000.

F. Strack, L.L. Martin, S. Stepper, *Inhibiting and Facilitating Conditions of the Human Smile: A Nonobtrusive Test of the Facial Feedback Hypothesis*, „Journal of Personality and Social Psychology" 5 (1989), s. 768–777.

Y.-Y. Tang i in., *Mechanisms of White Matter Changes Induced by Meditation*, „Proceedings of the National Academy of Sciences of the United States of America" 26 (2012), s. 10570–10574.

N. Triplett, *The Dynamogenic Factors in Pacemaking and Competition*, „American Journal of Psychology" 4 (1898), s. 507–533.

M. Verstegen, P. Williams, *Core Performance: The Revolutionary Workout Program to Transform Your Body and Your Life*, Rodale, New York 2005.

M. Verstegen, P. Williams, *Core Performance Endurance: A New Fitness and Nutrition Program That Revolutionizes Your Workouts*, Rodale, New York 2008.

M. Verstegen, P. Williams, *Core Performance Essentials: The Revolutionary Nutrition and Exercise Plan Adapted for Everyday Use*, Rodale, New York 2006.

M. Verstegen, P. Williams, *Core Performance Golf: The Revolutionary Training and Nutrition Program for Success On and Off the Course*, Rodale, New York 2008.

M. Verstegen, P. Williams, *Core Performance Women: Burn Fat and Build Lean Muscle*, Rodale, New York 2009.

J. Wooden, S. Jamison, *Wooden on Leadership: How to Create a Winning Organization*, McGraw-Hill, New York 2005.

PODZIĘKOWANIA

Chciałbym podziękować mojej wspaniałej agentce, Helen Zimmermann, za jej wiarę w to przedsięwzięcie i wszystko, co zrobiła, aby moje marzenie o napisaniu tej książki mogło się spełnić.

Jestem wdzięczny Ursuli Cary, mojej redaktorce, za jej wizję i konkretne wskazówki redakcyjne. Dziękuję również Erin Williams, Chrisowi Rhoadsowi, Jess Fromm, Brentowi Gallenbergerowi, Emily Weber i pozostałym członkom zwycięskiego zespołu wydawnictwa Rodale Books.

Specjalne podziękowania kieruję do mistrzów olimpijskich, którzy podzielili się osobistymi i niezwykle inspirującymi historiami, a są to: Duncan Armstrong, John Montgomery, Gabriele Cipollone, Adam Kreek, Dana Hee, Nick Hysong, Phil Mahre, Natalie Cook i Glenroy Gilbert.

Podziękowania należą się również Jimowi Craigowi, dr. Gary'emu Hallowi, Duffowi Gibsonowi, Steve'owi Backleyowi, Curtowi Tomaseviczowi, Sheili Taorminie, dr. Jose Antoniowi, Amandzie Sage, Bradowi Alanowi Lewisowi, Bobowi Tewksbury'emu, Chipowi Beckowi, Markowi Grimmette'owi i Peterowi Westbrookowi za ich nieoceniony wkład w powstawanie tej książki.

Jestem szczególnie wdzięczny za to, że mogłem poznać tak wielu wybitnych sportowców i trenerów, którzy przez lata nauczyli mnie tak wielu rzeczy na temat rozwoju mentalności mistrza i wygrywania dzięki wewnętrznej sile.

Przede wszystkim jednak dziękuję mojej wspaniałej rodzinie: żonie Anne i naszej córce Marii Paz. To dzięki nim moje życie jest tak wyjątkowe.

INDEKS

A
Aaron, Hank 227
Abdul-Jabbar, Kareem 17
adaptacja 98–99, 193
Addison, Joseph 115
afirmacje, osobiste 76–78; *patrz też* mowa wewnętrzna
Ali, Muhammad 22, 76
Allen, Woody 133
Allport, Floyd 164
Antonio, Jose 138
Arizona Diamondbacks (drużyna baseballowa) 82
Armstrong, Duncan 200, 201–204, 222
Arystoteles 133
Asch, Solomon 160
autodestrukcja, unikanie 109, 125
autorefleksja 145

B
Backley, Steve 50
Bandura, Albert 56
Beard, Amanda 94
Beck, Chip 252–253, 257
Belfour, Ed 84
Belichick, Bill 92, 183
Berlin, Irving 245
Bertman, Skip 71
bezwarunkowa samoakceptacja 120–121
błędy 111, 179, 234–238
    mentalne 234–238
Bolt, Usain 18, 120
Boyle, Michael 134–135
Brady, Tom 148
Brodeur, Martin 256
Brooks, Amber 153
Bryant, Kobe 129, 248–249
Bubka, Siergiej 25

Buffalo Bills (drużyna futbolu amerykańskiego) 89, 148
Burroughs, Jordan 21
bycie sobą 84

C
Calipari, John 70
Carroll, Pete 115
chaos i bałagan, dbanie o porządek 32
chińskie przysłowie 84, 265
chwila obecna, pozostawanie w 60–61, 67, 178–179, 194–195
ciągły rozwój 116, 172–173
cierpliwość 150
Cipollone, Gabriele 200, 207–208
Clabby, John 73, 74
Cochet, Henri 88
Connors, Jimmy 69
Cook, Natalie 201, 217–219
Counsilman, James 142
Craig, Jim 109–110, 130
Curtis, Donald 152
czas regeneracji, maksymalne wykorzystanie 150
czerpanie siły z przeciwności 114
czynniki rozpraszające 59–60, 63
czytanie w myślach, unikanie 33

Ć
ćwiczenia 133–138

D
Davis, Henry „Hap" 48–49
demobilizacja, unikanie 95–96
destrukcyjne myśli, unikanie 96
dieta 138–141
Djokovic, Novak 17
długowieczność w sporcie
    a obsesja, nieustanna 246–247
    a poświęcenie 249–250

a proces starzenia 256–258
a przypowieść o kurczaku i świni 245–246
a regeneracja 251–253
a wdzięczność 250–251
a wizja, dalekosiężna 245
a wybór 254–255
a wytrwałość 250–251
a wyznaczanie priorytetów 247–249
Donovan, Billy 232–233
Dorrance, Anson 23–24
doskonałość
   a stawianie sobie wyzwań 19–20
   a wyznaczanie celów 245
   a zarządzanie bólem 146
   a zwycięska mentalność 20
   codzienne starania 27–28, 42
   jako zwycięska droga do ideału 25
   osiąganie 2, 27, 42, 245
   przykłady 23–24
dostosowywanie się, pozytywne 39–42
drzemki 153–154
duma, unikanie 113
Durant, Kevin 118
Dweck, Carol 121
Dylan, Bob 22
dyscyplina 28, 84, 188
dyskomfort, zarządzenie i akceptowanie 63, 127, 144–146
działanie jak mistrz 25–26
dziennik treningowy 137
Dziesięć dzbanów wina, lekcja 34–35

E
Eminem 95
Emmons, Robert 168
Ethier, Andre 148–149

F
Federer, Roger 18, 251–252
Feltz, Deborah 48
Fernandez, Lisa 116
Fleming, Peggy 119
Franklin, Benjamin 223
frazy mocy 76–78
frustracja, ukierunkowanie 115
Fukuda, Keiko 257

G
Gable, Dan 200, 248
Gerulaitis, Vitas 69
Gibson, Duff 50, 230
Gilbert, Glenroy 201, 219–222

głębokie oddychanie 61–63, 67, 87, 191
głupia gadka, radzenie sobie z 92, 182–183
gniew, odpowiednie ukierunkowanie 92–93
gospodarowanie czasem 30
Graf, Steffi 69
granie tak, aby nie przegrać 79–80
granie tak, aby wygrać
   a dyscyplina 84–85
   a działania, skupienie na 100
   a gniew, ukierunkowywanie 92–93
   a granie tak, aby nie przegrać 79–80
   a improwizowanie 98–99
   a mistrz 79
   a motta zespołów 82–83
   a mowa wewnętrzna, pozytywna 99–100
   a muzyka, słuchanie 94–95
   a nadmiar, unikanie 95–96
   a naturalne reakcje 84
   a osobiste troski, odkładanie na później 83–84
   a pośpiech, zachowanie spokoju 87
   a powrót po przerwie 88–90
   a presja, zarządzanie 101–102
   a proces rywalizacji 85–86
   a prostota 86
   a pytania, zadawanie odpowiednich 93–94
   a starania 90–91
   a świętowanie sukcesów 87–88
   a talent, wiara w 102–104
   a tryb sportowca, utrzymywanie 91
   a wymówki, unikanie 96–97
   a wytrenowanie 91–92
   porady 80–81
Grant, Ryan 64–65
gratyfikacja, opóźniona 161–163
Green, Shawn 175–176
Greene, Maurice 55
Griffin, Blake 148
Grimmette, Mark 254–255

H
Hall, Gary senior 46–47
Hamm, Mia 24, 63
Hatzigeorgiadis, Antonis 54
Hee, Dana 200, 212–214
Herodot 159
Herrigel, Eugen 187
Hipokrates 138
Hogan, Ben 113, 118
Holmes, Kelly 24
Hölzel, Britta 170–171

honorowa przysięga mistrza 263
Hopkins, Bernard 256
Howe, Gordie 109
Hysong, Nick 200, 214–215

I
improwizowanie 98–99
informacje zwrotne, przypominanie sobie pozytywnych 56–57
intensywność 74–76
Iverson, Allen 142, 248

J
Jackson, Bo 44
Jackson, Phil 62
James, LeBron 107–108
Jansen, Dan 45
Jenner, Bruce 43
Jennings, Kerri Walsh 32–33, 99
Jordan, Michael 79, 100, 111–112, 130, 248, 252
Joyner-Kersee, Jackie 142

K
Kabat-Zinn, Jon 171, 172
kalorie, spożycie i spalanie 141
karta punktacyjna, mentalna 224–227
Kelly, Chip 27, 28
King, Billie Jean 101, 256
Knight, Camilla 166
kondycja, przejmowanie odpowiedzialności 137
konformizm, unikanie 159–161
kontrola 122–123; *patrz też* przeznaczenie, samodzielna kontrola
kontrola oddechu 63–63; *patrz też* głębokie oddychanie
kontuzje, sposoby radzenia 147–151
Koufax, Sandy 118
kreatywność 67, 103, 129
Kreek, Adam 200, 209–211
krytyka, produktywna 34

L
Lack, Leon 153
Landers, Daniel 48
Lao-tsy 128, 152
Lee, Bruce 126
Lewis, Brad Alan 246–247
Lewis, Carl 86
Lewis, Lennox 93
Lewis, Ray 94

Lewis, Ryan 95
Leyva, Danell 231
lęk 190
  przed zwycięstwem 80
  lista do zrobienia teraz 29–32
Lombardi, Vince 37, 128–129, 152
Luders, Eileen 170

M
Mack, Gary 196
Mahre, Phil 201, 216–217
Majewski, Tomasz 108
Manning, Peyton 17
Marciano, Rocky 118
Maroney, McKayla 97
Mays, Willie 52
May-Treanor, Misty 32–33, 99
Mayweather, Floyd jr. 183
mądrości buddyjskie 262
mądrość mistrza
  bądź najlepszym kibicem 125
  buduj swoje mocne strony 116
  mistrzowska postawa 105–107
  naucz się *Modlitwy o pogodę ducha* 122–123
  naucz się rozpoznawać i eliminować swoje słabe strony 116
  nie pozwól, aby pokonał cię własny umysł 125
  nie ustawaj w swoich dążeniach 117–118
  nigdy nie przestań się uczyć 121–122
  oceniaj postępy 129–131
  pamiętaj o tym, dlaczego grasz 119–120
  pamiętaj, że szczytowa forma jest jak góra piasku 127
  podchodź do treningów tak samo jak do zawodów 118–119
  porzuć idoli 112–113
  pracuj ciężko 115–116
  spraw, aby dyskomfort stał się komfortowy 127
  stale się rozwijaj 107–108, 128–129
  szukaj pomocy, aby się rozwijać 113
  trenuj systematycznie i mądrze 121–122
  ucz się z porażek 111–112
  utrzymuj wspaniałą perspektywę 123–124
  wierz w siebie 109–110
  wyrażaj się w pełni 108
  zaakceptuj się takim, jaki jesteś 120–121
  zachowuj się jak zawodowiec 126
  zachowuj spokój umysłu 109
  zapomnij o popełnionych błędach 111

zapracuj na miejsce w pierwszym składzie 115
źródłem siły jest wysiłek 114
McCullough, Michael 168
McEnroe, John 55
McIlroy, Rory 90–91
„mechaniczne odtworzenie", stan 186
medytacja 169–173
    uważności 170–172
    zen 169–170
mentalna karta punktacyjna 224–227
mentalne poprawki 235–238
mentalność mistrza 17–22
Messi, Lionel 249
Messier, Mark 256
Millar, Ian 254
Miller, Shannon 123–124
Millman, Dan 58
Mills, Billy 64, 259
Mischel, Walter 161–163
mistrz; *patrz też* proces stawania się mistrzem; konkretne nazwiska; mądrość mistrza
    a dążenie i przeszkody 21–22, 260
    a granie tak, by wygrać 79–80
    a sen 267–268
    cel 260
    działaj jak 25–26
    honorowa przysięga 263
    jako przywódca 37–39
    lista rzeczy do zrobienia teraz 29–32
    mentalność 17–22
    nastawienie 17–22, 97, 98, 242–243
    podróż 262–263
    pytania pomocnicze 22–24, 242
    sportu, młody wiek 265
    traktowanie się jak 138
    w młodym wieku 265
    życie jako wizualizacja 22–24
miś Yogi 15, 32, 89
mocne strony, budowanie 116
Modlitwa o pogodę ducha 122
Montaigne, Michel de 241
Montana, Joe 68–69
Montgomery, Jon 200, 204–206
Morceli, Noureddine 56
Moses, Edwin 122
motta, zespołów 82–83
motywacja 92, 149–150
mowa ciała 71–74
mowa wewnętrzna, osobista 232–234
mowa wewnętrzna, pozytywna 52–54, 99–100

Munenori, Yagyū 47
Murakami, Haruki 143
muzyka, słuchanie 94–95, 146
myśli i uczucia 240

N

Na, Li 118
nadmiar myśli, unikanie 95–96
nadmierna analiza, unikanie 86, 102, 185–187
nadmierne starania, unikanie 236–237
najlepsza wersja samego siebie 18–19, 73–74
nastawienie
    a najlepsze wyniki 76
    do zespołu 125
    jako wybór 21
    jako wyuczone zachowanie 21
    mistrza 87
    zwycięskie 109
nastawienie mistrzowskie 17–22, 98, 242–243; *patrz też* cecha szczególna
nastawienie zwycięskie 109
nastrój, poprawa 32, 94–95, 146
naturalne reakcje 84
Navy SEALs, amerykańska jednostka specjalna 82
negatywna mowa ciała 72
negatywne myślenie, unikanie 146
negatywne nastawienie, unikanie 237–238
Newall, Sybil 257
Nicklaus, Jack 55
Niebuhr, Reinhold 122
niepokój (stany lękowe) 92
niepowodzenia 151
Nietzsche, Friedrich 114
nieustanna obsesja 246–247
Nurmi, Paavo 18

O

obelgi, ignorowanie 182–183
obrazowanie mentalne 23, 47–52, 115, 150, 184–185, 190, 226–227, 238–240
O'Brien, Dan 81
ocena postępów 129–130
odnawianie poziomu energii 152–157, 251–253
odporność psychiczna 63–65
odpowiedzialność osobista 137, 177–178
Oerter, Al 260
ograniczenia, zarządzanie 110–111
Ohno, Apolo 261
okazje, korzystanie 181–182

opanowanie, samokontrola 181
opóźniona gratyfikacja 161–163
organizowanie życia i przestrzeni 31–32
osądzanie, unikanie pośpiechu w 181
osobiste troski, odsuwanie na bok 83
otwartość na nową wiedzę i umiejętności 177
Owens, Jesse 169

P

Paige, Leroy „Satchel" 257
Palmer, Arnold 88–89
panika, reakcja, zarządzanie 65–67
panowanie nad bólem 142–147
panowanie nad niepokojem (lękiem) 65–68
Parcells, Bill 82
Parish, Robert 256
partnerzy treningowi 136–137
Paul, Chris 35–36
Pedroia, Dustin 116
perfekcjonizm, unikanie 34, 102
perspektywa, pielęgnowanie wspaniałej 123–124
Peterson, Adrian 148
pewność siebie 55–58, 194
Phelps, Michael 17–18, 28, 58, 92–93
pierwszy skład, wchodzenie do 115
plan działania, mistrzowski
  a błędy mentalne 234–238
  a mentalna karta punktacyjna 224–227
  a mentalne zmiany 235–238
  a mowa wewnętrzna, osobista 232–234
  a przedstartowe przygotowanie mentalne 227–231
  a równoległe rzeczywistości 238–240
  równowaga pomiędzy sportem a resztą życia 241–243
  układanie 223
plan działania, poza sportem 29–32
plan posiłków 139; patrz też dieta
Platon 168
poczucie humoru 68–71
poczucie własnej wartości 109–110
podenerwowanie, naturalna reakcja 67
podstawy (trenowanego) sportu
  opanowywanie do perfekcji 193
podziw a uwielbienie
  w stosunku do ulubionych sportowców 112–113
pomoc, proszenie o 113
Popovich, Gregg 20
porady dietetyczne 138–141; patrz też dieta

porady treningowe 25–26, 136–138; patrz też ćwiczenia
porażka
  a akceptacja 81
  a konieczność szybkiego zapominania 56, 179
  jako nauka 111–112
  lęk przed 80
postępy
  a konsekwencja w działaniu 117–118, 172–173
  ocena 129–131
poświęcanie się 249–250
powiedzenie buddyjskie 39
powrót do gry po przerwie, kiedy 88–90
poziom komfortu
  zarządzanie zmianami 63, 127, 144–146
pozytywna mowa ciała 71–74
pozytywna mowa wewnętrzna 52–54, 99–100
pozytywne myślenie 68, 146
pozytywne nastawienie, utrzymywanie 238
praca zespołowa 34–36; patrz też konkretna nazwa zespołu
praca, jej konieczność 115–116
pragnienie, skupienie na 100
praktyka
  a występ 186–187
  a zdyscyplinowany umysł 188
  jako mistrzowskie podejście 118–119
  obrazowanie mentalne 51–52
prawa, znajomość własnych 33
presja
  jako przywilej 101–102
  panowanie nad 101–102
  praktykowanie sytuacji stresogennych 102, 118–119, 193
problemy
  omawianie 33–34
  przezwyciężanie 99
proces starzenia a długość kariery 256–257
proces stawania się mistrzem
  a doskonałość 14
  a najlepsza wersja samego siebie 18–19
  działanie jak mistrz 25–26
  nastawienie 17–22
  plan działania, poza sportem 29–32
  praca zespołowa 34–36
  przywództwo 37–39
  pytanie mistrza, najważniejsze 22–24
  relacje społeczne 32–34
  test determinacji i nastawienia 29

wyznaczanie celów na dziś 27–29
zmiana, adaptacja do 39–42
profesjonalizm (jako postawa), utrzymywanie 19, 126
profetyzm, kontrolowanie
    negatywny 67
progresywna relaksacja mięśni, metoda 154–156
prostota 86
próżniactwo społeczne 35
przebieg rywalizacji 85–86
przeciwności losu
    a kształtowanie charakteru 114
przedstartowe przygotowanie mentalne 227–231
przesuwanie łańcuchów 117–118
przeznaczenie, samodzielna kontrola
    a badania, przegląd 159
    a ciągły rozwój 172–173
    a medytacja 169–173
    a relacje społeczne 163–165
    a test cukierkowy 161–163
    a wdzięczność 168–169
    a zachowania rodzicielskie 165–168
    osiąganie 194
    syndrom myślenia grupowego, unikanie 160–161
przygotowanie 66–67, 227–231; patrz też plan działania, mistrzowski
przygotowanie mentalne, przed zawodami 227–231
przyjemność 30, 120
przypowieści zen
    Arcydzieło 188–189
    Brzemię 178–179
    Chwila napięcia 181–182
    Ciężka praca 183–184
    Dar obelg 182–183
    Dopasowanie 193
    Figurka 196–197
    Gonitwa za dwoma królikami 194–195
    Gospoda 195–196
    Kropla wody 180
    Król i konkurs na obraz spokoju 189–190
    Malowany tygrys 190
    Mnich i lustro 177–178
    Może 180–181
    Oddychanie 191
    Opróżnij swoją filiżankę 177
    Poskramianie umysłu 187–188
    Przeznaczenie 194
    Rąb drewno, noś wodę 192

To minie 191–192
    uzasadnienie 176–177, 197
    Wielkie fale 184–185
    wykorzystanie 175–177
    Żaba i stonoga 185–187
Przypowieść o dwóch wilkach (czirokeska) 52–53
Przypowieść o świni i kurze 245–246
przysłowie buddyjskie 112
przysłowie japońskie 34, 113
przysłowie łacińskie 260
przysłowie zen 199
przywództwo 37–39
Pujols, Albert 148
Puller, Chesty 70
pytania
    granie, aby wygrać, zadawanie odpowiednich pytań 93–94
    mistrza 22–24, 242
    test determinacji i nastawienia 29

R
Ravizza, Ken 127
reakcja na stres, symulowanie 102
reakcja relaksacyjna 67
reakcje ciała podczas wysiłku, kontrola 145
Redgrave, sir Steve 110
redukcja stresu poprzez medytację uważności (metoda) 171
regeneracja 152–157, 251–253
rekord osobisty, poprawa 107, 260
rekordy, pobite 195–196
relacje społeczne 163–165
    a wsparcie 32–34, 149–150
relaksacja 152–157
Rice, Jerry 249–250, 256
Riley, Pat 246, 260
Rivera, Mariano 94
Robles, Anthony 77
Rotella, Bob 103, 238
Royal, Darrell 234
rozwój, ciągły 107–108, 114, 225–226
równoległe rzeczywistości 238–240
równowaga pomiędzy sportem a resztą życia 241–243
Rudolph, Wilma 114
Ruth, Babe 55, 231
Ryan, Nolan 256
rywalizacja
    powody 119–120
    proces 85–86, 183–184, 240

S

Saban, Nick 235
samoakceptacja
    bezwarunkowa 120–121
samoanaliza, unikanie 91
samodyscyplina 28–29, 187–188
samokontrola 161–163
Sampras, Pete 126
Sanders, Deion 74
Satoro, Ryūnosuke 82
Sayers, Gale 105
Scott, Dave 146–147
Self, Billy 233
sen 153–154
Sharma, Chris 60
Singh, Fauja 257
skupienie
    jako zdolność mentalna 58–61
    na dobrych rzeczach 146
    na działaniu 100
    na otoczeniu 102–103
    na przebiegu rywalizacji 85–86, 183–184, 240
    na słuchaniu 33
    na własnym wnętrzu, unikanie 102–103
    na zadaniu 146, 194–195
słabe strony, rozpoznawanie i eliminowanie 116
słuchanie, utrzymywanie skupienia 33
Smith, Ozzie 186–187
Snead, Sam 226, 256–257
Sojun, Ikkyu 175
spadek formy, przechodzenie przez 151
Speads, Carola 61
Spitz, Mark 27–28
spokój, wewnętrzny 109, 189–190, 196
sportowcy 17–18; *patrz też* mistrz; konkretne nazwiska
sportowe CV 20–21
sportowi rodzice 165–168
starania 20, 28, 34, 115–116, 121, 129, 180
Stevenson, Robert Louis 108
St-Pierre, Georges 29, 148–149
strefa, bycie w 74–76, 190
stres, odreagowywanie 153
sukces
    jako spokój umysłu 109, 196
    pamiętanie o 56
    strój, odpowiedni 74
    świętowanie 87–88
Sutton, Hal 113
Swahn, Oscar 257

syndrom lęku przedstartowego 227
syndrom myślenia grupowego, unikanie 159–161
system celów, trzypoziomowy 46
sytuacje, maksymalne wykorzystanie 180
szczegóły, uważność 180
szczytowa forma 19, 76, 84, 127–128, 197
Szekspir, William 25, 173

Ś

„śmieci na wejściu – śmieci na wyjściu", powiedzenie 128
środowisko i dieta 140
świętowanie sukcesów 88

T

talent, wiara w 102–104
Tang, Yi-Yuan 170
Taormina, Sheila 124
Telamon z Arkadii 199
tempo, stałe 87
test cukierkowy 161–163
test determinacji i nastawienia, codzienny 29
Tewksbury, Bob 250–251
Thoreau, Henry David 77
tolerancja na ból 144
Tomasevicz, Curt 103–104
Torres, Dara 256
trenerzy 20, 23–24, 27, 37, 62, 70, 82, 87, 92, 115, 135, 152, 182–183, 199–200, 202, 209, 232–235, 246, 248, 250, 254, 260; *patrz też* konkretne nazwiska
trening, w trakcie 121–122; *patrz też* ćwiczenia
Trias-Kelley, Roberta 175
Triplett, Norman 163–164
tryb sportowca, utrzymanie 91
typy sportowców 105–107
    egocentryk 105–106

U

uczenie się, nieustanne 121–122
ulubieni sportowcy, podziw a uwielbienie 112–113
ustalanie celów 27–29, 44–47
ustalanie priorytetów 30, 247–248
utrata, etapy 149
utwory energetyczne, propozycje 95
uwaga selektywna 33, 58–61
uważność 33; *patrz też* skupienie; uwaga selektywna

V

Verstegen, Mark 134
Vonn, Lindsey 111

W

w strefie 74–76, 190
Warner, Kurt 118
Watson, Tom 252
wdzięczność 168–169, 250–251
Westbrook, Peter 255
wewnętrzne czynniki rozpraszające, typowe 59
„wewnętrzny" złoty medal 200
White, Shaun 94
Whitman, Walt 238
Wieber, Jordyn 89
Wilkinson, Laura 150
Williams, Susan 143
Wilson, Russell 101, 107
wizja, dalekosiężna 245
wizualizacja 22–24, 47–52, 115, 146, 150, 184–185, 190, 225–226, 238–239
Womack, Tony 14
Wooden, John 37, 87, 109
Woods, Tiger 14, 113, 122
wybitność, dostrzeganie 14, 197
wybór 26, 254–255
wymówki po zawodach, unikanie 96–97
wynik, unikanie wyolbrzymiania 235–236
wyniki, niemartwienie się o 183–184
wyrażanie siebie 108
wysiłek
  a postawa mistrza 20–21, 260
  czerpanie siły z 114
  utrzymywanie 25–26, 63, 90
występ
  a dieta 138–141
  a kontuzje 147–151
  a panowanie nad bólem 142–147
  a praktyka 186–187
  a regeneracja 152–157
  a starania 188
  a trening 133–138
  chwilowość 191–192, 195–196
  elementy składowe 128, 157
  idealny 261
  lęk 92, 190
  plan przygotowania mentalnego 226
  szczytowy 19, 76, 84, 127–128, 197
  zwykły (śmieci) 19
wytrwałość 250–251
wyzwania, określanie odpowiedniej dziennej liczby 30–31

Y

Young, Steve 107

Z

zaburzenia odżywiania, unikanie 140–141
zachowania rodzicielskie 165–168
zadanie, skupienie na 146, 194–195
Zátopek, Emil 64
„zderzenie ze ścianą" 142–143, 145
zdolności mentalne
  afirmacje, osobiste 76–78
  budowanie 43
  intensywność 74–76
  kontrola oddechu 61–63
  mowa ciała, pozytywna 71–74
  mowa wewnętrzna, pozytywna 52–54
  odporność psychiczna 63–65
  panowanie nad niepokojem 65–68
  pewność siebie 55–58
  poczucie humoru 68–71
  skupienie 58–61
  ustalanie celu 44–47
  wyobrażenie 47–52
zdolność fizyczna 17
zdrowie, a indywidualna odpowiedzialność 137
zdyscyplinowany umysł 187–188
zen (filozofia) 176
Zenkai, Gisan 180
zewnętrzne czynniki rozpraszające, najczęstsze 59
złota reguła 125
złota wizja, tworzenie własnej 22–24
zmęczenie 142–143, 152
zmiana, adaptacja do 39–42, 193
zmiany w grze lub działaniu, w trakcie 128–129
zwycięstwo, ostateczne 200, 259–263
zwyciężanie, lęk przed 80; *patrz też* granie, aby wygrać

Ż

żadnych wymówek, zasada 96–97
życie jako mistrz, wyobrażanie 22–24